记忆中原丛书

风生牧野 新乡

总主编 赵素萍
执行主编 苏长青
本册主编 刘 英

河南科学技术出版社
·郑州·

图书在版编目（CIP）数据

风生牧野：新乡 / 刘英主编．— 郑州：河南科学技术出版社，2018.9

（记忆中原丛书 / 赵素萍主编）

ISBN 978-7-5349-9214-8

Ⅰ．①风… Ⅱ．①刘… Ⅲ．①文化史－新乡 Ⅳ．①K296.13

中国版本图书馆 CIP 数据核字（2018）第 065367 号

出版发行：河南科学技术出版社

地址：郑州市经五路 66 号　　邮编：450002

电话：（0371）65737028　65788613

网址：www.hnstp.cn

策划编辑：李喜婷　汪林中　冯俊杰

责任编辑：王莉香　马国宝

责任校对：李振方

责任印制：张　巍

书籍设计：赵　钧

排　　版：蔡　凤

印　　刷：河南博雅彩印有限公司

经　　销：全国新华书店

开　　本：787 mm × 1092 mm　1/16　**印张：**16　**字数：**240 千字

版　　次：2018 年 9 月第 1 版　　2018 年 9 月第 1 次印刷

定　　价：108.00 元

《记忆中原丛书》编委会

不忘本来　开创未来

《诗经·小雅·吉日》曰："瞻彼中原，其祁孔有。"

中原，本意为天下至中的原野，后来逐渐演化为泛指黄河中下游地区，也称中土、中州、华夏。在某些特定的语境中，中原又是"中国"的代名词。

中原文化是中原地区，主要是河南省的物质文化和精神文化的总称。中原文化是中华文化的母体和主干，在漫长的中国历史中长期居于正统、主流地位，中原文化一定程度上代表着中国传统文化。

河南人爱说"中"。一个"中"字，尽显中原文化的正大气象和源远流长。

中原这块沃土，不仅是东亚现代人类的主要起源地，而且自上古时期就形成了发达的农业文明，并率先跨过了"文明的门槛"。

从夏代到北宋的3 000多年间，先后有22个朝代、200多位帝王在河南建都。全国十大古都河南有其四。河南曾长期是全国政治、经济、军事、文化的中心，中国古代创造发明的中心，向全国和世界传播交流文明的中心。

中华文明丰富的文化景观、文化遗存、历史文物、文化典籍和艺术珍品在中原大地比比皆是，使河南如同一座浩瀚的历史博物馆，一本看得见、摸得着的中国历史文化教科书。河南的馆藏文物、国家历史文化名城和全国重点文物保护单位数量，均居全国前列。甲骨文在这里发现，四大发明与河南关系密切，连接东西享誉世界的丝绸之路从这里起步。

水有源，树有根，人有姓。河南是中国姓氏的重要发源地，依人口数量排名的100个大姓中，有70余个起源于河南。中华传统文化通过姓氏家族延续传承，跟随姓氏漂洋过海。"贵姓""仙乡何处"的寻常问候常常引起游子无限的乡思乡愁，也成为近年来河南根亲文化的"重头戏"。

天下名人，中州过半。在《二十四史》中，立传的名人共5 700余人，仅汉、唐、宋、明四个朝代，河南籍名人就达912人。在耳熟能详的文化圣人当中，出生于河南或长期在河南活动的近30位。谋圣姜太公、道圣老子、墨圣墨子、商圣范蠡、医圣张仲景、科圣张衡、字圣许慎、诗圣杜甫、画圣吴道子、律圣朱载堉，等等，都是中华文化发展史上的不朽丰碑。

中原文化门类齐全，博大精深。文学星空，河南人星光璀璨；武术杂技，少林太极称双雄；婚丧嫁娶，人生礼仪在斯；梆弦声里，地方戏风靡大河南北。洋洋洒洒，中原书风千载传承；丹青妙手，河南画苑代有佳作……

中原文化之于中华文化，就内容讲，是最基础、最基本的部分；就特点讲，是最具代表性的部分；就历史发展过程讲，是最具贯穿性的部分；就地域讲，是最具影响力的部分。中原文化具有根源性、原创性、包容性、开放性等诸多特质，开放与包容使得中原文化具有绵绵不绝的生命力与创造力。

中原地处“天地之中”、华夏腹地，九州通衢的独特地理位置决定了中原文化始终处于与外部文化的交流融合当中，这种交流与融合影响到中原文化的方方面面。

早在新石器时代，中原文化便成为推动中国境内各种文化交汇的强大动力，加快了中华文明的进程。

夏、商、周三代是中国历史上的重要时期，其时中原和周边地区交流融合、相互促进，奠定了中华文明形成和发展的基础。汉代，中外贸易频繁，形成了后人熟知的丝绸之路，洛阳成为丝绸之路的东方起点。隋唐时期，洛阳是当时的国际性大都市之一，成为了东西方文化、贸易交流和传播的中心。以开封为中心的北宋文化，以丰厚的底蕴、深邃的思想、恢宏的气势、绚丽的色彩，把中原历史文化推向高峰。唐宋之际，中原文化通过丝绸之路、大运河及海上丝绸之路跨出国门，影响波及亚洲乃至世界。

古往今来，无数中原的思想家，用自己的思考深刻地影响着历史的进程，成为中国思想文化的主干，并对世界文化产生了很大影响。西方许多杰出人物如伏尔泰、狄德罗、托尔斯泰等都曾受到《道德经》的影响。而在中原的腹地嵩山脚下，儒、释、道“三教合流”，经过千百年的融汇发展，儒、释、道三种文化已经深深熔铸在我们民族的生命力、凝聚力和创造力之中。

中华文化革故鼎新、生生不息的生命力，源于中华文化与周边文化持续不断的碰撞和融合。

梁启超先生曾指出，中原的中国经过秦汉一统，成为中国的中国；中国的中国经由与印度、日本等接触，成为亚洲的中国；近世以来，中国进入世界舞台，与欧美竞争，而成为世界的中国。

从世界范围来看，不同文明之间的碰撞与交流成为世界历史发展的主要动力；从中国范围内来看，中原文化与周边文化的互动奠定了中华文化的根基；从中原范围内来看，以嵩山周围为核心的河洛文化与周边文化的融合助推中原文化茁壮成长。

八方风雨会中州。目前河南共有18个省辖市，每个市都有其独特的文化，尤其是一些与外省接壤的省辖市，更是中原文化与周边文化交流碰撞的前沿。南阳的“楚风汉韵”、信阳的“豫风楚韵”久负盛名，三门峡与秦晋文化的交汇，安阳、鹤壁与燕赵文化的融通，濮阳、商丘与齐鲁文化的交融，周口、驻马店与江淮文化的互动，焦作、济源与三晋文化的交流等，都形成了地域文化的独特小环境。这些区域文化之间的开合、融通铸就了中原文化的生命力。

冠八枢而奠中原，得中原者得天下。

中原文化，出彩千年！

习近平总书记提出，让中原更加出彩。

河南在全面建成小康社会的快车道上，始终不忘提升中原文化的整体实力和影响力。从“加快文化资源大省向文化强省跨越”，到“加快建设文化强省”，再到“加快构筑全国重要的文化高地”，这种渐次提升既契合党中央关于强化文化发展的新理念、新思想、新战略，又体现了河南省委对文化建设的高度重视。

从中原崛起到建设经济强省，博大精深的中原文化始终是河南最为倚重的资源之一；从华夏历史文明传承创新区到全球华人精神家园和心灵故乡的打造，中原文化已经、正在，而且还将要以更加丰富多彩的形式、手段被挖掘、整理，传承和创新。

党的十九大报告指出：推动中华优秀传统文化创造性转化、创新性发展，继承革命文化，发展社会主义先进文化，不忘本来、吸收外来、面向未来，更好地构筑中国精神、中国价值、中国力量，为人民提供精神指引。

多年来，依托厚重的中原文化，河南的文史研究、新闻出版、广播影视等部门进行了卓有成效的工作，取得了丰硕的成果。经过充分调研，中共河南省委宣传部决定组织全省各省辖市市委宣传部编纂大型精品文化普及读物“记忆中原”丛书，一套19卷，分为《品读中原》以及18个地市卷。丛书围绕中原文化精华这条主线，选择各地文化经典和精要，系统梳理河南地域文化特色，全面展示中原文化风貌，讲好中原故事，传播中华文化，凝聚中国力量。“记忆中原”丛书作为一种融媒体出版物，融合多种媒体形式，书籍与文创产品并重，文化与旅游资源嫁接，这种创新的出版方式是中原文化更加出彩的一种生动体现，也为中原更加出彩提供精神力量。

天下中原，老家河南。

中原是一座“文化的活态博物馆”。河南堪称全球华人的根亲文化圣地。与其在远处仰望，不如到中原走访。真诚希望读者朋友能从书中感受到中原文化的魅力，更期望朋友们以这套丛书为“路标”，到河南走走，回老家看看。厚重河南欢迎您，壮美中原欢迎您。

“记忆中原”丛书编委会

2018年7月

目录

谈古说今

——如画新乡风采秀　1

新乡概貌 …… 2
厚重历史 …… 3
富饶资源 …… 7
文化优势 …… 9
风流今朝 …… 10

要事回放

——牧野古今竞风流　15

鸣条之战——商汤伐桀商代夏 …… 16
牧野之战——武王伐纣周代商 …… 16
围魏救赵——三十六计用桂陵 …… 17
张良刺秦——壮士遗恨博浪沙 …… 18
火烧乌巢——曹操智胜袁家军 …… 19
竹书纪年——历史事件有佐证 …… 20
陈桥兵变——黄袍加身建北宋 …… 21
岳飞抗金——黄河北岸十八营 …… 22
修筑道清铁路——新乡嬗变助推器 …… 23
三年平原省——励精图治维新政 …… 25
新乡大事记 …… 27

名人扫描

——江山代有才人出 31

谏臣极则——比干 …… 32
东方谋圣——姜太公 …… 32
智勇名士——毛遂 …… 33
父子宰相——周勃 周亚夫 …… 35
“奇计安天下”——陈平 …… 37
宰相数学家——张苍 …… 39
太守发明家——杜诗 …… 40
唾面自干——娄师德 …… 41
著名词人——贺铸 …… 43
“温然长者”——李戴 …… 44
民国总统——徐世昌 …… 45
新乡工业之父——王晏卿 …… 46
豫剧阎派宗师——阎立品 …… 48
农村党支部书记的榜样——史来贺 …… 50
中国当代作家——刘震云 …… 52
阅兵检阅车设计师——常冰 …… 53
新乡名人录 …… 54

寻根问祖

——四海万里自有源 59

根扎牧野枝叶茂——起源于新乡的姓氏 …… 60
千古高风传到今——新乡姓氏故事 …… 65

古城印象

——历经风雨韵犹存　71

历史文化名城——卫辉 …………………… 72
清代民居典范——小店河 …………………… 80
龙虎把门福地——张泗沟 …………………… 82
悬崖上的古村落——郭亮村 …………………… 85
昔日石磨产地——水磨村 …………………… 86

考古探秘

——穿越时空访遗迹　89

早期遗址（含城址） …………………… 90
古代墓葬与地上文物 …………………… 104
馆藏文物 …………………… 114
新乡国家级、省级文物保护单位名录 ……… 126

胜景掠影

——诗意牧野山水秀 131

南太行山水旅游线 …………………………… 132
牧野古文化旅游线 …………………………… 154
黄河滩区生态旅游线 ………………………… 179
红色旅游线 …………………………………… 184

名品荟萃

——物华天宝灵秀地 189

原阳大米 ……………………………………… 190
延津小麦 ……………………………………… 191
封丘金银花 …………………………………… 192
封丘石榴 ……………………………………… 193
石粉彩画 ……………………………………… 193
大块戏装 ……………………………………… 194
新乡共砚 ……………………………………… 195
延津火烧 ……………………………………… 196
获嘉饸饹条 …………………………………… 197

“非遗”概览

——薪火赓续代代传 199

国家级非物质文化遗产 …………………… 200
省级非物质文化遗产 …………………… 204
市级非物质文化遗产 …………………… 224

城市名片

——继往开来著华章 229

《诗经》之乡 …………………… 230
英模之乡 …………………… 231
财智之都 …………………… 234

本书音频资源列表

音频故事	来源	页码
高适与封丘	原创	9
牧野大战	原创	16
张良刺秦	原创	18
火烧乌巢	原创	20
汲冢发现	原创	21
赵匡胤黄袍加身的故事	原创	22
毛泽东视察七里营	原创	29
比干剖心谏殷纣	原创	32
姜子牙算卦时来运转	原创	32
毛遂自荐的故事	原创	34
周亚夫和他的细柳营	原创	36
陈平奇计安天下	原创	38
宰相数学家——张苍	原创	39
太守发明家——杜诗	原创	41
李戴拒米献盐	原创	44
阎立品拜师梅兰芳	原创	48
刘震云的创作之路	原创	52
共工怒触不周山	原创	61
袁世凯在卫辉	原创	78
陈玉成延津就义	原创	130
皮定均将军在新乡	原创	153
百泉书院	原创	160
谁盗挖了潞王陵	原创	166
平原游击队李向阳原型——郭兴的故事	原创	188
《西厢记》故事起源	原创	206
六月送羊	原创	223
“比翼鸟”“连理枝”的文化渊源	原创	225
竹林七贤在辉县	原创	225

本书视频资源列表

视频	来源	页码
风生牧野	原创	1
竹林七贤在新乡	原创	4
古代战争——牧野之战	《国宝档案》	17
张良传奇 刺杀秦始皇	《法律讲堂》（文史版）	18
三国演义经典故事 · 火烧乌巢	《夕阳红》	19
王立群读宋史《宋太祖》陈桥兵变	《百家讲坛》	22
中国故事 · 爱国篇　岳飞	《百家讲坛》	22
商贾传奇 · 贩夫治国（姜子牙）	《百家讲坛》	33
文景之治　重臣周勃	《百家讲坛》	35
文景之治　有文又有武　大将周亚夫	《百家讲坛》	36
大风歌 · 奇谋天才（陈平）	《百家讲坛》	38
大唐英雄传 · 忍字当先娄师德	《百家讲坛》	42
多面词人贺铸	《宋之韵》	44
艺之风范——阎立品	原创	48
中国豫剧 · 阎派	《戏曲采风》	49
百家姓（第二部）盛 林	《百家讲坛》	60
百家姓（第四部）封 芮 羿 储	《百家讲坛》	63
百家姓（第四部）井 段 富	《百家讲坛》	63
卫辉建置沿革	原创	73
望京楼	原创	74
云中的村落	《地理 · 中国》	85
郭亮村——自强不息	《记住乡愁》（第二季）	86
长城内外 · 行走战国魏长城	《远方的家》	101
国宝记忆——探宝琉璃阁	《国宝档案》	104
平原博物院	原创	114
赵孟頫	《文化大百科》	117
董其昌	《文化大百科》	120
郑板桥	《文化大百科》	121
壮哉南太行　最美在新乡	原创	132
自然奇观 · 喊泉之谜	《地理 · 中国》	136
醉美宝泉	原创	139

视频	来源	页码
宝泉幽谷（上）（下）	《地理·中国》	140
轿顶山	原创	141
老爷顶传奇	《地理·中国》	147
龙卧岩	原创	153
比干庙	原创	155
毛遂故里原阳考	原创	171
千年古镇　大宋源头——陈桥（上）（下）	原创	175
天光云影——青龙湖	原创	181
金银花开济世香	原创	192
巧韵天成物华新　刘宝忠	原创	195
河南新乡味道	《蔚蓝的故乡》	198
传统戏曲大平调（河南·延津）	《乡村大世界》	200
辉县剪纸	《农广天地》	201
马皮舞	原创	211
马皮舞	《文化大百科》	211
柳位高跷	原创	217
李金梅毛笔	原创	221
相思树	原创	225
农民雕刻家——刘玉洲	原创	225
史氏痔瘘	原创	226
中原正声——祥符调	原创	226
庞寨舞狮	原创	227
基石　献给中国共产党建党九十周年	原创	233
新乡现象：先进辈出　代代传续	《新闻联播》	234

谈古说今

——如画新乡风采秀

新乡地处中原腹地，背靠太行山脉，南临黄河，与省会郑州、古都开封隔河相望；北与鹤壁、安阳毗邻；西连焦作，与晋东南接壤；东接濮阳，与鲁西相连。是中原城市群核心发展区重要城市之一，豫北政治、经济、文化、教育和交通中心。

新乡历史文化悠久，仰韶文化、龙山文化都有遗存，名胜古迹遍布，旅游资源丰富。现有国家级文物保护单位20处，省级文物保护单位43处，市县级文物保护单位500余处；共有A级旅游景区20余家，其中，AAAA级旅游景区9家，AAA级旅游景区11家。

新乡人杰地灵，英才辈出，优秀历史人物众多，如比干、姜太公、陈平、周勃、周亚夫、徐世昌等。现当代则涌现出一批以歌唱家关牧村、著名作家刘震云、奥运冠军刘国梁等为代表的文化体育界名人。

新乡这片守望梦想的土壤，永不停歇地孕育着创新、创造的灵感，在继承与创新的路上，不断创造着奇迹。

风生牧野

• 新乡概貌 •

新乡地处中原腹地，背靠太行山脉，位于北纬35° 18′，东经113° 54′。南临黄河，与省会郑州、古都开封隔河相望；北与鹤壁、安阳毗邻；西连焦作，与晋东南接壤；东接濮阳，与鲁西相连。是中原城市群核心发展区重要城市之一，豫北政治、经济、文化、教育和交通中心。现辖两市（卫辉、辉县）、六县（新乡、获嘉、原阳、延津、封丘、长垣）、四区（卫滨、红旗、牧野、凤泉）及两个国家级开发区（新乡高新技术产业开发区和新乡经济技术开发区）、一个全省城乡一体化示范区（平原城乡一体化示范区）。总面积8249平方千米，总人口610.82万（2016年），市区面积110平方千米，市区人口106万（2016年）。

新乡是一个既有传统优势，又有现代发展实力的城市。目前已拥有国家卫生城市、国家园林城市、国家森林城市、中国优秀旅游城市、中国金融生态城市、全国质量兴市先进市、全国文明城市创建工作先进市、全国双拥模范城、中国城市竞争力百强市、中国十佳和谐可持续发展城市、中西部加工贸易梯度转移重点承接地、福布斯2007中国大陆百佳商业城市、外商眼中的河南最佳投资城市、中国最具影响力旅游名城、全国社会治安综合治理优秀市、全国粮食生产先进市、全国首个“中国优质小麦产业化强市”、全国绿化模范城市、“中国电池工业之都”、国家“公交都市”示范城市、全国第一批新能源汽车推广应用城市、国家知识产权示范城市、国家信息消费试点城市等多项荣誉；被科技部批准为第六批国家农业科技园区；被国家知识产权局列为首批国家知识产权投融资试点城市；获国家循环经济示范市、“宽带中国”示范城市、全国“年度质量魅力城市”等称号。

近几年崛起的平原新区是郑州连接豫北地区的重要接点，位于黄河大桥北4千米处，规划总面积188平方千米，距郑州市中心仅20千米，距新乡市中心45千米，距焦作市中心35千米，位于三市交会中心。按照规划，平原新区的功能定位是：中部崛起承载区；产城融合、可持续发展的城乡统筹示范区；以农业科技研发集群为代表的“中国农业硅谷”；以动力电池为主、高科技产业集中的科技新城；郑州连接豫北及新乡对接郑州的商业、物流、第三产业的桥头堡。产业定位是：重点发展以科技研发、中试孵化和高新技术产业化生产为主导的产业，辅助发展现代农业、现代服务业、房地产业和休闲娱乐业。

• 厚重历史 •

新乡是中华民族文明发祥地之一，北依太行，气候温和，草木繁茂，适宜人类生存繁衍。远古时期，人类的祖先就在这里生活、劳动，使这一区域逐渐得到开发。

从发现的古代文化遗址考证，原始社会中期，新乡大部分区域已进入仰韶、龙山文化时期。原始社会末期，即传说的尧、舜时期，我国分为九州，新乡现辖的新乡县、获嘉县、卫辉市、辉县市及新乡市区属冀州，延津县、封丘县、原阳县西部属兖州，原阳县东部属豫州。夏代时期是夏族活动的中心区域，夏后氏之世，古封父国即在今封丘县境内。夏末有名的鸣条之战，据说就发生在封丘、长垣一带，最后桀败夏亡。

商代，今新乡辖区大部属畿内地。这时的小城邑有牧（今卫辉市北）、凡（今辉县市南凡城）、宁（今获嘉县西）、鸣条（今封丘县东）、封父（今封丘县西）等。

武王灭商后，分殷畿内地为三个诸侯国，以监殷民，史称三监。即武王之弟蔡叔封于鄘城（今新乡市区、新乡县、卫辉市一带），管叔封于卫（今滑县、淇县一带），霍叔封于邶（今汤阴东）。武王死后，三监叛周，周公讨平三监，将其地全部封给他的弟弟康叔。康叔居于卫（今淇县），今新乡辖区即为卫地。当时区内的小诸侯国和一些小城邑还有凡、共（今辉县市）、胙（今延津城东大城村）和封父等。

春秋时期，西周分封的诸侯国日益强大，出现诸侯林立、大国争霸的局面。今新乡市区的新乡县、卫辉市、辉县市、获嘉县、封丘县和延津县北部当时属卫，延津县南部及原阳县属郑。公元前632年，晋楚城濮之战后，晋国逐渐称霸中原，今新乡辖区全属晋土。

战国时期，七国争雄，连年征战。公元前403年，韩、赵、魏三家分晋，今新乡市区、新乡县、卫辉市、辉县市、获嘉县、原阳县、延津县属魏，封丘县先属韩，继而属魏。公元前266年后，新乡全区均属秦有。

秦统一中国后，天下分为36郡，后增至40郡，郡下设县。今新乡辖区当时设有8个县，分属三川郡和东郡。属三川郡的有修武（今获嘉县和新乡市区及新乡西南部）、汲（今卫辉市和新乡县北部，另说属东郡东境）、共（今辉县市）、卷（今原阳县西）和阳武（今属原阳县）；属东郡的有酸枣（今延津县，另说先属三川郡，后属东郡）、平丘（今封丘县东部）、长垣（今长垣县）。

西汉时期，全国设司隶部和十三刺史部，部辖郡，郡辖县。今新乡辖区设12县，分属2部4郡。属司隶部河内郡（郡治怀县）的有汲（今卫辉市和新乡县部分）、共（今辉县市）、获嘉（始置，今新乡市区及新乡县西南部）、修武（今获嘉县）4县；属司隶部河南郡（郡治洛阳）的有原武（今属原阳县）、阳武（今原阳县东南）和卷（今原阳县西）3县；属兖州刺史部陈留郡（郡治陈留）的有封丘（今封丘县一部分）、平丘（今封丘县东部）和酸枣（今延津县）、长垣4县；属兖州刺史部东郡（郡治濮阳）的有燕（今延

新乡平原博物院　摄影：晚风

竹林七贤在新乡

津城东北）。

东汉时，除司隶部改为司隶校尉部、河南郡改为河南尹外，其他与西汉大体相同。

三国时，今新乡辖区属魏，设有12县，先后分属3州3郡1尹1国。汲、获嘉、共、修武4县先属司州（州治洛阳）河内郡，魏文帝黄初年间，河内郡析置朝歌郡（郡治淇县）改属冀州（治今河北衡水市冀州区），4县随之改属，后又回归河内；属司州河南尹的有卷（今原阳县西）、原武、阳武3县；属兖州（州治廪丘，今山东郓城西北）陈留国的有封丘、酸枣、平丘、长垣4县；属兖州东郡的有燕。

西晋时，今新乡辖区设10县，分属2州3郡1国。属司州汲郡的有汲、共、获嘉、修武4县；属司州荥阳郡的有卷和阳武2县；属兖州陈留郡的有酸枣、封丘、长垣3县；属兖州濮阳国的有东燕（今延津县境）。

十六国时期，今新乡辖区先后曾属前赵、后赵、前燕、前秦、后燕等国，当时战乱频仍，郡县区划变化不大，多沿晋制。

北魏时，今新乡辖区设有11县。由于北魏分为东、西魏，今新乡辖区均属东魏。北朝的齐、周对峙时期，今新乡辖区设有5县，分属3郡。

隋统一全国，结束南北朝时的分裂局面，重新调整行政区划，今新乡辖区设10县，分属4郡。属河内郡的有获嘉、新乡2县；属东郡的有封丘、胙城、长垣3县；属荥阳郡的有酸枣、阳武和原武3县；属汲郡的有汲、隋兴（今汲县境）2县。

唐代，在行政区划上实行道、州（府）、县三级体制，今新乡辖区设11县，分属2道4州。属河北道的有获嘉县，属卫州［今淇县境，贞观元年（627）移治汲县］的有汲（今卫辉市）、共城、新乡3县；属河南道滑州（今滑县境）的有胙城、酸枣、匡城、长垣4县；属河南郑州（今郑州市）的有原武、阳武2县，属汴州的有封丘县。

五代时，今新乡辖区设10县，分属4州1府。

宋代，分全国为24路，路辖州（府），州（府）辖县，今新乡辖区设10县，分属3路1府3州。属京畿路开封府的有封丘、阳武、延津；属京西北路郑州的有原武，属京西北路滑州的有胙城；属河北西路卫州的有汲、新乡、获嘉和共城。

金时，建五京，置14总管府，共为19

路，路辖州（府），州（府）辖县，今新乡辖区当时设10县，分属2路1府2州。元代，立中书省1个，行中书省11个，省辖路，路辖县，也有路辖州，州又辖县的。今新乡辖区设9县，分属直隶中书省和行中书省。

明代洪武初，废行中书省，分全国为京师和13布政使司，并改路为府，司辖府（州），府（州）辖县。今新乡辖区设10县，分属河南布政使司开封府、卫辉府和开州。属开封府的有阳武、原武、封丘和延津4县；属卫辉府的有汲县、胙城、新乡、获嘉、辉县5县；属大名路开州的有长垣县。

清代，今新乡辖区设9县，分属2省3府。原武属河南省怀庆府；汲县、新乡、辉县、获嘉、延津和封丘属河南省卫辉府；长垣属直隶省大名府。

1912年，中华民国建立，全国废府存县，易为省直属。1913年，河南成立豫北道，1914年改为河北道（道治汲县），今新乡辖区的新乡县、获嘉、汲县、辉县、阳武、原武、延津、封丘8县属之，长垣属直隶省大名道。1927年，北洋政府下令撤销道级建制。1932年，南京国民政府调整地方行政区划，河南省下设行政督察区，今新乡辖区除长垣属河北省第十一行政督察区、汲县属河南第三行政督察区（治安阳）外，其余均属河南第四行政督察区（治新乡）。

1937年7月7日，日本侵略者挑起卢沟桥事变，1938年2月底，今新乡辖区大部分县城沦陷，出现日伪、国民党、共产党3种政权并存局面：国民党政权多属流亡性质；日伪政权分属河南省豫北道、河北省冀南道；抗日民主政权分属太行七专区、太行八专区、太岳四专区、冀鲁豫四专区管辖。

抗日战争胜利后，太行八专区改为太行四专区，辖获嘉一部分。辉县、汲县、新乡、原阳及获嘉一部分归太行五专区管辖。延津、封丘归冀鲁豫四专区管辖。长垣归河北省第十四行政督察区管辖。

解放战争时期，国民党军队于1945年9月占据了今新乡辖区大部分县城和农村，并恢复原行政督察专员公署，辖国民党统治区地面。1946年6月，内战全面爆发，今新乡辖区人民在共产党和民主政府领导下，开展革命斗争。1947年，解放延津、封丘、长垣。1948年，解放获嘉、汲县、原阳及新乡县广大农村。

1948年11月，中共新乡市委、新乡市

人民政府在新乡县小冀镇成立。1949年5月5日，新乡和平解放，5月7日，中共新乡市委、市政府、市军事管制委员会（简称军管会）由小冀镇随军入城，划新乡县城关、火车站及周围14个村庄，正式成立新乡市。1949年8月，平原省宣告成立，新乡市成为平原省省会。平原省辖今整个豫北地区及山东西南、山西东南、河北南部的56个县，6个专区，2个省辖市。

1952年11月，平原省建制撤销，新乡划归河南省，为河南省省辖市。不久，又成为新乡专署所在地。

1958年，新乡、安阳两专区合并为新乡专区，今新乡辖区全境属之。1959年2月，撤销新乡郊区建制。1960年，撤销新乡、获嘉两县建制，并入新乡市。1961年10月，恢复新乡、获嘉两县建制，同时新乡、安阳两专区分治。新乡市和获嘉、辉县、新乡县、汲县、原阳、延津、封丘归新乡专区，长垣县归安阳专区。1966年1月，恢复新乡郊区建制。1967年，新乡专区改名新乡地区。1974年，新乡市改为省地双重领导。1978年1月，又改归新乡地区领导。1983年9月，新乡县和汲县划归新乡市领导，获嘉、辉县、原阳、延津、封丘仍隶属新乡地区。1986年2月，新乡地区撤销，新乡市辖新乡县、汲县、获嘉、辉县、原阳、延津、封丘、长垣8县。至此，形成了新乡延续至今的市带县体制。1988年11月，汲县改为卫辉市，辉县改为辉县市，隶属关系未变。2003年12月，国务院批准新乡市新华区更名为卫滨区，北站区更名为凤泉区，郊区更名为牧野区。2010年2月，新乡平原新区建设总体方案获河南省政府通过。2012年，新乡高新技术开发区、新乡经济技术开发区升级为国家级开发区。2014年1月，长垣县划归省直管县（2018年1月结束省直管县体制）。2014年2月，平原新区更名为新乡市平原城乡一体化示范区。

• 富饶资源 •

新乡历史文化悠久，仰韶文化、龙山文化都有遗存。名胜古迹遍布，旅游资源丰富，有文化古迹、自然景观和人文景观三大类型。以万仙山、八里沟、关山、回龙等为代表的南太行山水景观和以百泉、潞王陵、比干庙为代表的人文景观各具特

壮美太行 摄影：海之韵

色。黄河流经新乡170千米，沿黄滩区面积居全省之首，有黄河湿地鸟类国家级自然保护区、青龙湖、曹岗险工、万亩刺槐林等，形成了秀美的沿黄旅游景观。新乡现有国家级文物保护单位20处，省级文物保护单位43处，市县级文物保护单位500余处；共有A级旅游景区20余家，其中，AAAA级旅游景区9家，AAA级旅游景区11家。

新乡拥有独特的山水文化优势。山区总面积近2000平方千米，植被茂密，具有良好的自然生态系统；黄河在新乡调头向东，奔海而去；穿城而过的卫河，曾经是隋唐大运河的重要组成部分；静静流淌的

醉美太行 摄影：石榴小溪

秀美太行　摄影：石榴小溪

孟姜女河，留下了两千多年前那段忠贞不渝的爱情传说。

新乡倾力打造南太行山水旅游品牌，盘活山水文化。新乡南太行景区年接待游客量近500万人次，其中韩国游客突破15万人次。如今的新乡正在构筑“山水田林湖”生命综合体，努力将自己建设为郑新深度融合发展的美丽后花园。山河相映，也赋予了新乡刚柔相济的城市文化品质。

文化优势

新乡，从隋开皇六年（586）设新乡县建制，至今已有1400多年的历史。新乡是《诗经》重要发源地之一，流行于古代新乡地区的诗歌，占国风的四分之一。发现于新乡的《竹书纪年》，与甲骨文、敦煌藏经洞、孔壁藏书一起被视为我国四大文化发现。反映朝代兴衰更迭的牧野之战、张良刺秦、陈桥兵变等重大历史事件也都发生在这里。

新乡境内古文化遗存丰富，优秀历史人物众多，如姜太公、比干、陈平、周勃、周亚夫、徐世昌等。新乡还是历代圣贤名人、名流高士、文人墨客、帝王将相的游览讲学栖居地，孔子讲学杏坛、子路治宰于长垣、高适主政于封丘、岳

高适与封丘

飞驻营于新乡、七贤竹林高卧、孙登百泉长啸，李白、苏轼、元好问、乾隆皇帝等遍访新乡山水名胜，留下不朽华章。新乡也是历史上不少重要事件的发生地，同盟山会盟、牧野大战、围魏救赵、官渡之战、陈桥兵变等都发生在这里。新乡境内还保留了大量有价值的古建筑、古陵墓、古庙宇、古碑刻，如中国第一王陵——潞王陵、祭祀第一忠臣的庙宇——比干庙，以及孔子剑刻碑、苏东坡撰书《海索赋》碑、小店河明清故居等。

新乡文化具有独特的地域符号，有以姜姓、林姓为代表的姓氏文化；有以南太行为代表的山文化，以黄河、卫河为代表的水文化；有以牧野文化、大宋文化源头为代表的农耕文化；有以刘伯承、陈赓太行抗战为代表的革命文化；有以科教创新为特色的创新文化，特别是以史来贺、吴金印等基层干部为主而孕育形成的干部文化，由新乡不同时期的全国道德模范、全国诚信人物、最美新乡人等一个个鲜活的普通百姓积淀形成的先进群体文化，为新乡聚精会神搞建设、一心一意谋发展提供了正能量的群众文化样本，为夯实执政基础和群众基础提供了启迪和积极探索，也使得新乡具备了中华优秀传统文化、革命文化和社会主义先进文化三种文化的要素基因。

新乡人杰地灵，英才辈出，现当代涌现出一批以歌唱家关牧村、著名作家刘震云、奥运冠军刘国梁等为代表的文化体育界名人。其中，刘震云被聘请为“书香新乡”推广大使和新乡市“文明城市代言人”，助力书香牧野建设。新乡这片守望梦想的土壤，永不停歇地孕育着创新、创造的灵感，在继承与创新的路上，不断创造着奇迹。

• 风流今朝 •

新乡之新，在于常新。新乡不仅历史文化悠久，自然、旅游资源丰富，更具有顺势而为的发展优势。

交通区位优势突出。地理位置和区位环境决定了新乡得天独厚的交通优势，四通八达的铁路和公路成为新乡发展的羽翼。新乡是豫北地区唯一的国家公路运输枢纽城市，京广高铁、京广铁路、新菏铁路、新月铁路等4条铁路，107国道，京港澳、大广、济东及正在建设的新晋、鹤辉等5条高速公路穿境而过，从新乡市区驾车往新郑国际机场及郑州航空港经济综合实验区仅需50分钟，乘京广高铁2个半小时可达北京，7小时可达广州、深圳。郑州至济南快速铁路也将由新乡东站引出，即将打造成为中原经济区“米”字形交通北部枢纽，以新乡为中心600千米半径内辐射5亿人口。2016年年末，新乡公路通车里程13 480千米，高速公路通车里程232千米，农村公路总里程11681千米。

工业实力日渐雄厚。新乡工业基础良好，门类齐全，结构合理，产品科技含量较高，具有较强的产品配套能力，是中原地区重要的工业基地，工业结构方面涉及41个行业大类中的33个。新飞集团、金龙铜管、白鹭化纤、科隆电器、华兰生物、新航集团等企业在国内同行业中名列前茅。现有规模以上工业企业（不含长垣）1257家，60多个产品位居国内同行业前五位，动力电池与电动车、生物与新医药、电子信息等战略性新兴产业初具规模。新乡是中国电池工业之都、国家新能源电池及电池材料产业区域集聚发展试点城市、国家新型电池及材料产业基地、新能源汽车推广应用城市（全省仅郑州和新乡）、生物医药特色产业基地和起重机械产业基地，“神十”“神九”“蛟龙”、辽宁号航母核心部件均有新乡企业的贡献。

新乡风采　摄影：石榴小溪

新乡夜景 摄影：晚风

目前，新乡正在推进实施“4325”产业发展工程，优化提升特色装备制造、食品加工、纺织服装、现代家居4大支柱产业，重点突破电池与电动车、生物与新医药和电子信息3大新兴产业，大力发展大旅游大健康和现代服务业，力争到“十三五”末，7大产业主营业务收入达到5000亿元。

现代农业发展迅速。新乡地处黄河中下游，黄河流经新乡170千米，流域面积4558平方千米。全市平原面积占总面积的78%，土层深厚，土壤肥沃，是全国重要的商品粮基地和优质小麦生产基地，优质专用小麦种植面积占小麦种植面积的比重超过80%，被评为全国粮食生产先进市。农业产业化全省领先，农业科研实力雄厚，新乡市农科院居全国地市级农业科研机构前十强。已形成优质小麦、优质水稻、无公害蔬菜等10多个区域支柱产业。中国科学院、中国农业科学院、河南省农业科学院均在新乡设有农业示范、试验基地，为国家级、省级现代农业科技创新与示范基地。小麦新品种矮抗58选育及应用项目荣获国家科技进步一等奖，实现了该奖项零的突破。10个产业化集群被认定为省级农业产业化集群。市级以上农产品品牌达到178个，原阳大米被誉为“中国第一米”，封丘县成为全国最大的金银花种植基地。新乡市畜牧业发展水平也较高，全市肉、蛋、奶产量较大且比较稳定，雨润集团、泰国正大、高金集团在新乡均建有大型生产、加工基地。

科技研发优势明显。新乡科研院所、高校众多，拥有247家国家级、省级研发中心，6所本科院校，3所本科层次的独立二级学院，在校大学生15万多人，城区中小学生18万多人，教育资源居全省第二位。新乡是郑洛新国家自主创新示范区、国家产业集聚集群创新发展综合改革试点城市、“中国制造2025”试点示范城市；新乡科技研发投入占全市GDP的比重连续3年居全省第一；H1N1、H7N9流感疫苗及锂电池隔膜等70多项重大发明填补国内空白；中国科学院、中国农业科学院等30余家科研院所合作项目落户新乡；新乡90%规模以上企业与科研院所、高校建立了合作关系，为新乡“大众创业、万众创新”提供了得天独厚的优越条件。新乡还是中国电源行业的“黄埔军校”，中国电波传播研究所、中国航空工业新乡航空工业（集团）有限公司，用精雕细刻的创新产品为神九、神十、“辽宁号”、大飞机C919等“国之重器”提供了新乡“智造”……河南科技学院教授茹振钢瞄准国际尖端育种技术，育成“百农”系列抗病虫优质小麦品种，推广种植超亿亩，被誉为“小麦之父”，曾因在小麦常规育种方面的重要贡献获国家科技进步一等奖。2017年，他和他的团队成功培育出BNS型二系杂交小麦，填补了世界杂交小麦的空白。

对外开放成效显著。新乡具备吸引外资的区位和生产基础优势，多年来，逐渐发展并形成较强规模的工业园区，成为国内外投资者的青睐之地，英国联合生命、法国达能、美国沃尔玛、新加坡丰隆、澳门宝龙、上海宝钢等一大批国内外知名企业落户新乡，使新乡的实力更加雄厚。同时形成紧跟发展要求的现代物流、仓储和邮政业、批发零售业、旅游业、金融业和房地产业等支柱产业，新乡现代公铁物流园、中部医药物流园等一批重点现代物流项目正在加紧建设或已投入使用。新乡正以其独特的优势和发展的实力在河南的城市竞争中脱颖而出，在诸多发展优势引领下，实施跨越发展的宏伟蓝图！

要事回放

——牧野古今竞风流

新乡文化灿烂，人杰地灵，历史文化的滋润，灵山秀水的哺育，使新乡既英才辈出，又群贤毕至。新乡历史上虽没有做过国都，却见证了一个又一个影响朝代更替、政权更迭的历史事件。在这片生生不息的土地上，曾上演过一幕幕传奇：鸣条之战是最早有确切文字记载的阵法战役，此经典之役完成了夏商更替；牧野之战导致商周改朝，结束了商朝六百年的统治，为西周奴隶制礼乐文明的全面兴盛开辟了道路，对后世产生了深远影响；张良刺秦掀起人民反抗秦暴政高潮；官渡之战写下以少胜多辉煌篇章；陈桥兵变开创大宋王朝；岳飞抗金留下十八座营盘；西晋时期出土的《竹书纪年》，成为中国文化史上的四大发现之一……

• 鸣条之战——商汤伐桀商代夏 •

鸣条之战，是夏朝末年在商灭夏的战争中，商汤率领商部落士兵与夏军在鸣条（今河南封丘东，一说今山西运城东北）进行的一场决战。战争的结果导致夏王朝灭亡，商汤建立了中国历史上第二个王朝——商朝。

约公元前16世纪，夏王桀的统治出现了危机。夏朝在东方的属国商，积极筹划灭夏计划。商汤首先任用了伊尹和仲虺为左右相，提拔重用了出身低下而有才干的人，出兵灭了葛、韦、顾、昆吾等夏朝属国。商汤越战越强，“十一征而无敌于天下”，使夏桀陷于孤立的境地。

在完成对夏桀的战略包围后，商汤对最后决战仍持十分慎重的态度，几经试探和权衡才做出决定。后商汤见灭夏的时机已经成熟，于是果断下令起兵。

大约公元前1600年，商汤正式兴兵伐夏。夏桀仓促应战，同商汤军队在鸣条一带展开战略决战。

夏桀兵败，率少数残部仓皇逃奔南巢（今安徽寿县东南）后被商军追上俘获，夏王朝宣告灭亡。

就这样，大约在公元前16世纪，即距今三千七百多年以前，在夏王朝的废墟之上，商汤正式建立了我国历史上第二个奴隶制国家——商朝。

• 牧野之战——武王伐纣周代商 •

牧野之战是周武王伐纣的重大历史事件，即商周之际，周武王在姜尚等人辅佐下，率领大军灭亡商朝的一次战略决战。这一战役决定了延续555年的商王朝的灭亡，开创了周王朝791年的基业。当时的商都朝歌在现在的河南淇县，发生战争的牧野在现今的淇县以南卫河以北，大部分为新乡所辖，这也是新乡所称“牧野”的由来。

商朝到了商纣王（帝辛）时期，政治腐败，刑罚酷虐，连年对外用兵，民众负担沉重；贵族内部矛盾重重，分崩离析。这导致了整个社会动荡不安。

牧野大战

与日薄西山的商王朝形成鲜明对比的是，商的原属国周的国势却如日中天，其迅速强盛起来。

公元前1050年，周文王逝世，世子姬发继位，是为武王。周武王继位后，秉承文王天命，继续利用商朝暂时无暇西顾的良机向东扩张。而商朝发生了激烈的内乱：纣王杀了叔父比干，囚禁了另一个叔父箕子，太师疵、少师彊投奔了周国。商军主力远征东夷未还，朝歌兵力空虚。伐商时机已经成熟，周武王决定出兵。商纣王仓促迎战周师于牧野。

公元前1046年1月20日凌晨，周军布阵完毕，庄严誓师，史称“牧誓”。誓师后，武王下令向商军发起总攻击。商军中的奴隶和战俘心向武王，这时便纷纷起义，掉转戈矛，帮助周军作战。周武王乘势以主力猛烈冲杀敌军，商军十几万之众土崩瓦解。纣王见大势尽去，于当天晚上仓皇逃回朝歌，登上鹿台自焚而死。

央视网

古代战争——牧野之战

牧野之战是我国古代车战初期的著名战例，它终止了殷商王朝的统治，确立了周王朝对中原地区的统治秩序，为西周奴隶制礼乐文明的全面兴盛开辟了道路，对后世历史发展产生了深远的影响。

• 围魏救赵——三十六计用桂陵 •

公元前353年，魏将庞涓率军围攻赵都邯郸，赵求救于齐。齐王命大将田忌、军师孙膑率军往救。田忌采纳孙膑的建议，以声东击西、围魏救赵的战术，迅速向魏国都城大梁（今开封）进逼，切断魏国的运输要道，并在桂陵（今新乡长垣县西北）设下埋伏。魏军八万大军回师自救，长途跋涉，过濮水后与齐兵相遇。齐军占据有利地形，以逸待劳，出其不意，大败魏军，生擒其主帅庞涓。桂陵之战是历史上著名的截击战，孙膑在此战中避实击虚，创造了“围魏救赵”战法，被后来的军事家们列为三十六计中的一计。

• 张良刺秦——壮士遗恨博浪沙 •

公元前221年，秦始皇先后灭掉韩、赵、魏、楚、燕、齐六国，统一了中国。为加强中央集权，他采取了诸多措施，如推行郡县制，统一度量衡，统一文字等，推动了历史的进步。然而他横征暴敛，使百姓苦不堪言，最终引发了全国人民的反抗。

祖父和父亲都曾在韩国为相的张良，在秦始皇灭掉韩国之后，深怀国仇家恨，到处结交反秦义士。后来他找到一位大力士，让此人身揣120斤重的大铁椎，埋伏在博浪沙，准备袭击秦始皇。

公元前218年的一天，秦始皇带着大队人马浩浩荡荡向东方巡游。为防意外，秦始皇特地做了两套一模一样的车辇。一为正车，由秦始皇乘用；一为副车，由侍臣乘坐。当车队到达博浪沙时，猛听一声巨响，副车被突然飞来的铁椎砸了个粉碎，侍臣等人惨死在车上。秦始皇大惊，急忙命武士向四周荒野搜寻，又传檄天下，大索十日，结果什么也没搜到。

张良击秦未得成功，更姓埋名逃到下邳（今江苏睢宁北）。到下邳后，他拜黄石公为师，勤奋学习《太公兵法》，后投奔刘邦做谋臣，帮刘邦运筹帷幄，决胜千里，为西汉王朝的建立立下了不朽的功

博浪沙碑亭

张良刺秦

张良传奇　刺杀秦始皇

勋。

张良谋刺秦始皇的壮举虽未成功，但他不畏强暴的精神却广为流传。后人为纪念张良的这一壮举，在原阳县城东南当年张良刺秦的地方，留下了纪念之地，称古博浪沙。这里现今还保存着清康熙二年（1663）阳武县知县谢包京镌刻的“古博浪沙”石碑。

• 火烧乌巢——曹操智胜袁家军 •

官渡之战是曹操大败袁绍的一次大战，也是历史上以少胜多的著名战役。其中“白马解围”“延津诱敌”和“火烧乌巢”是官渡之战中著名的三次大战，很多大战都和延津有关，而其中的“火烧乌巢”更是发生在新乡的延津县境内。

199年夏，袁绍与曹操沿黄河中下游形成南北对峙的局面。当时，袁绍拥兵10万，实力雄厚，准备南下与曹操决战。而曹操不过三四万人，且南有刘表、江东有孙策与之为敌，处于不利的地位。这年八月，得到袁绍南下的消息，曹操把部队主力调到官渡，以阻挡袁绍的正面进攻，同时派人带领精兵进入青州牵制袁军，又派骑兵2000余人屯守延津渡口。

火烧乌巢

200年春，刘备占据徐州、下邳等地，打算与袁绍共同对付曹操。曹操先声夺人，亲率精兵东击刘备，擒获了关羽，刘备兵败投靠了袁绍。就在曹刘开战时，袁绍的谋士田丰建议袁绍从背后袭击曹操，袁绍不听，失去有利战机。

十月，袁绍派大将淳于琼带一万人马从邺城将军粮运到乌巢（今河南延津东南）囤积起来。谋士许攸献计说：“曹军集结官渡，后方空

央视网

三国演义经典故事·火烧乌巢

虚，可派轻骑偷袭许都，使曹军首尾不能相顾，进而取胜。”袁绍不屑一顾地说：“不必，我一定要在此擒获曹操。”许攸觉得袁绍如此轻敌必然失败。正在这时，许攸的家人在邺城犯法被关押起来。许攸一怒之下，连夜投奔曹操。

曹操听说许攸前来，高兴得连鞋子都来不及穿，光着脚跑出去迎接，连说：“我的大事可以成了。”许攸见曹操礼贤下士，就把袁绍在乌巢囤积军粮的情况讲了出来，并建议派轻骑前往偷袭。曹操喜出望外，因曹军当时已经只剩一个月的军粮了，正在琢磨出奇制胜之策。许攸的建议正中曹操下怀，他立即按许攸的计策行事。

火烧乌巢

夜晚，曹操留下曹洪等人防守官渡大营，亲自率骑兵5000人，打着袁军旗号，从小路直奔乌巢。曹军顺利到达目的地，团团围住粮囤放起火来。黑夜中浓烟四起，火光冲天，袁军乱作一团，乌巢守将淳于琼慌忙应战，被曹军所杀。正在官渡的袁军听说乌巢起火，都无心恋战，大将张郃、高览带兵投降了曹操。曹军乘势英勇作战，袁军溃散。袁绍及其儿子袁谭来不及穿戴，带着剩下的800多骑兵逃回河北。

官渡之战以官渡命名，部分战场则是在延津，“火烧乌巢”则是官渡之战中发生在延津、事关曹军胜败的一场大战。

• 竹书纪年——历史事件有佐证 •

《汲冢书》发现于新乡卫辉，而《竹书纪年》是《汲冢书》中价值最大的史料。国内史学界把《汲冢书》与在河南安阳发现的殷墟和甲骨文，西汉武帝时从孔子旧宅夹壁中发现的古文《尚书》《礼记》《论语》《孝经》等古文经书，以及敦煌藏经洞的藏书，一并誉为我国文化史上的四大发现。

汲冢位于今新乡卫辉市孙杏村镇娘娘庙村南约200米处，自东至西有七冢，均为战国时期魏国墓葬。因西晋时这里为汲郡所辖，郡治又在汲县（今河南卫辉），所以被称为“汲冢”。《汲冢书》出土于其中第三号冢的魏安釐王（一说魏襄王）墓中，是其墓葬里发现的竹简内容的总称，现存十三卷。《竹书纪年》则是《汲冢

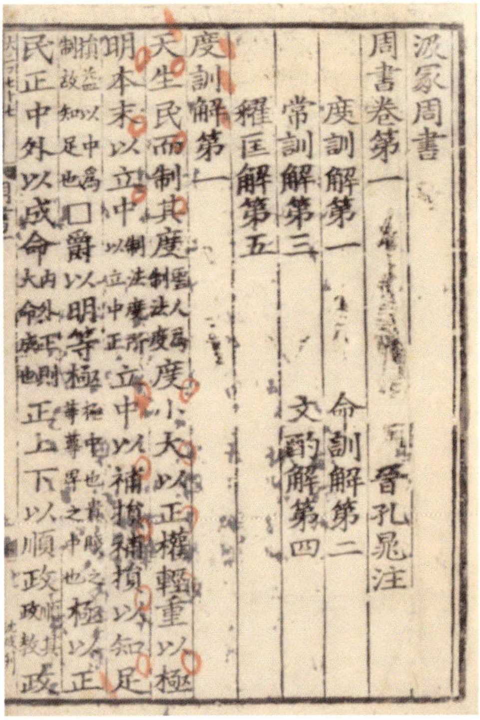
汲冢周書
周書卷第一 晉孔晁注
度訓解第一 命訓解第二
常訓解第三 文酌解第四
糴匡解第五
度訓解第一
天生民而制其度 度小大以正權輕重以極
明本末以立中 以補損補損以知足
民 正中外以成命 正上下以順政

《汲冢书》影印书

书》中价值最大的史料，故又称《汲竹书纪年》。

《竹书纪年》是目前发现的最古老的通史性编年体著作，因写在竹简上，又是编年体记述而得名。

《竹书纪年》原有13篇，主要记载夏、商、春秋、战国各个时期的重要事件，史料丰富，内容翔实，具有较高的学术价值和文献价值。《竹书纪年》的最大特点，就是它所记载的史实与其他传统正史记载不大一样，而与甲骨文、青铜铭文记载却一脉相承。可以说，这部书是研究我国上古史的重要依据。可惜的是，《竹书纪年》原简早已在漫长的战乱岁月中散失，今天我们所能看到的，像朱右曾的《汲冢纪年存真》、王国维的《古本竹书纪年辑校》等，只是后代学者对各种古籍的点滴辑录。

汲冢发现

《汲冢书》的文史价值是多方面的，其中《竹书纪年》在对一些重大历史事件的时限认定方面，有着别的文献难以替代的史料根源。因此，国家“九五”科技攻关重点项目“夏商周断代工程”将《竹书纪年》作为重要的历史典籍佐证，比如依据其记载把夏朝的统治时间定位于公元前2070年至公元前1600年。成语“汲冢鲁壁”足以说明人们早已将它视为瑰宝，的确值得我们引以为荣。

• 陈桥兵变——黄袍加身建北宋 •

陈桥驿位于新乡市封丘县境内。宋代之前，陈桥在黄河南岸，原是一个驿站，名陈桥驿，是直接担负朝廷政令、军令、军事情报传递及过往官员食宿安排等任务的地方。

960年，赵匡胤和他的谋士就是在这里发动兵变，赵匡胤黄袍加身，成了一代君主，开创了长达168年的北宋王朝，从此结束了五代十国长达53年的纷乱政治局面。陈桥从此成为历史上不可不说的一个地方，陈桥驿也成为著名的文物景点。

五代后周时，赵匡胤因跟随后周周世宗柴荣作战有功，由一般的军官被提升为殿前都点检，统帅精锐的禁军，负责保卫京都东京（今河南开封）的安全及皇帝的身家性命。

960年夏历正月初一，符太后和周恭帝在宫中大摆宴席，和群臣欢庆春节，忽接报告：北边的辽国和北汉联合拥兵南犯，向东京杀来。符太后就下令赵匡胤率军前往拦截。

大年初三，赵匡胤和他率领的大军来到位于新乡封丘的陈桥驿住下。这天晚上，军中将士数十人在赵光义、赵普的策动下，拥入赵匡胤军帐之内，声称上天有意，要赵匡胤做皇帝，并将一件预先做好的只有皇帝才能穿的黄袍加在赵匡胤的身上，然后跪拜，高呼“万岁”。

随后赵匡胤率部队返回开封，这时开封城自有人前来“迎驾”。赵匡胤来到皇宫，周恭帝只得退位。

赵匡胤黄袍加身的故事

央视网

王立群读宋史《宋太祖》陈桥兵变

• 岳飞抗金——黄河北岸十八营 •

从新乡县小冀到现在新乡市区的饮马口，曾为岳飞抗金的一溜十八营营盘，因都在黄河以北，也称黄河北岸十八营。

1127年九月二十一日，王彦率领岳飞、白安民、张翼等十多名将领和7000多兵士准备渡黄河北上。位于新乡县南的八柳树村当时是一个渡口，王彦率兵从这里渡河，直捣新乡县城。岳飞率先冲入敌阵，经过激战，新乡县城很快被攻克。宋军声威大振。金人以为是南宋重兵到来，马上集结数万人马围攻新乡。守在新乡城内的王彦、岳飞等7000人马奋力抵抗，但金兵来势凶猛，王彦等人在坚守数日后于九月二十九日突围。冲出重围后，在商量下一步行动时，王彦与岳飞产生了

央视网

中国故事·爱国篇 岳飞

分歧，岳飞一气之下“自为一军”，带领一部分人马分手而去。

岳飞带领一部分人到辉县市西北的侯兆川时，与金兵大队人马相遇，经过拼死冲杀，终于击退金兵。

激战过后，岳飞率部扎营辉县苏门山下。夜半时分金兵又至，岳飞又奋战取胜。之后，岳飞向北游击作战。在太行山中，岳飞生擒金将拓跋耶乌，单人独骑斩杀“黑风大王”。在牛皮寨（今辉县侯兆川西北台头村西），岳飞用缝制的牛皮阻淇河流水，然后放水淹杀金兵。后来处境日益艰难，孤军难支，岳飞这时意识到和王彦分手是个失误，决定再投王彦。

王彦考虑抗金大局，又十分爱惜岳飞这样的人才，就让他去见宗泽。宗泽见到岳飞后，让他戴罪立功。

岳飞带领部下，逐渐建立自己的抗金营盘，形成抗金的长蛇阵。第二年，岳飞

岳母刺字

在延津县胙城和黑龙潭与金兵大战，均取得胜利，复在汜水关射杀金将。从此，岳飞在抗金斗争中名声大振，直至1142年39岁时被秦桧所害，为抗金事业献出了短暂壮烈的一生。

新乡一溜十八营，至今成为岳飞在新乡留下的一段佳话，现在新乡市区的饮马口就是当年岳家军平时放马饮水的地方。

• 修筑道清铁路——新乡嬗变助推器 •

道清铁路是新乡境内同时也是豫北乃至河南境内的首条铁路。

据史料记载，20世纪初，英帝国主义为掠夺山西晋城和河南焦作的煤矿资源修筑了道清铁路。

1840年鸦片战争后，帝国主义便将魔爪伸向这里。清光绪二十二年（1896），意大利牧师罗沙第以调查中日战争后中国

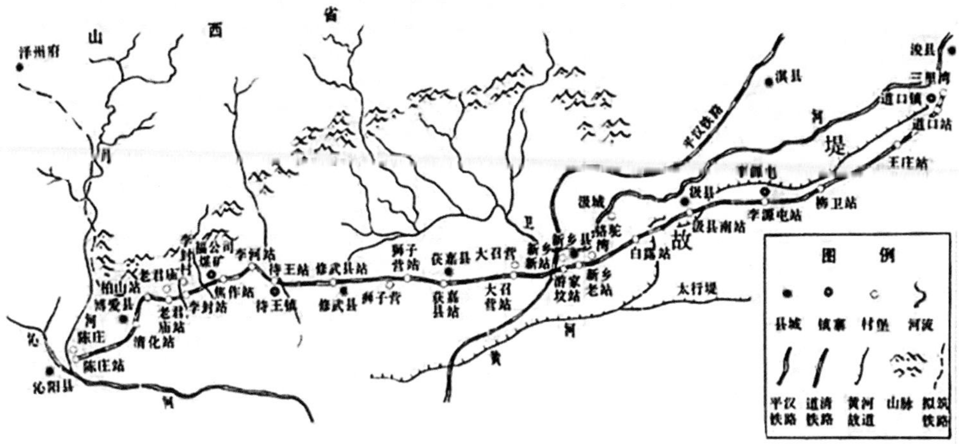

1933年道清铁路线路图

1933 年道清铁路线路图

经济状况为由，到豫、晋、陕3省勘探煤炭，发现泽州和焦作的煤炭不但储量丰富，而且品质优良，便游说英国、意大利资本家到中国开矿。1897年为开矿而成立的英国伦敦福公司打通关系，取得山西泽州、潞安等府和河南怀庆左右及黄河以南、以西诸山各矿60年的矿山开采权。

1902年，福公司以“开矿不可不建铁路”为由，与清政府签订所谓《矿务合同》，于当年开始修筑运煤铁路专线。专线铁路原名为道泽铁路，原计划东起滑县道口镇三里湾村，经新乡西至清化（今焦作市博爱县），再向北延伸至泽州。但是经过3年施工，才从三里湾村修到了柏山镇（位于今焦作市博爱县）。1905年，福公司开始进行小规模运煤业务，不料竟入不敷出，收回的资金还不够道路和车辆维修费用。

未达到目的的福公司便想将费用转嫁给清政府，通过英驻华大使向清政府外务部提出了“让清政府收归国有”的请求。迫于英帝国主义的压力，清政府命中国铁路总公司督办大臣盛宣怀与福公司签订协议，借给福公司70万英镑。有了70万英镑的投入，1905年当年，福公司修通柏山至清化一段，将道泽铁路更名为道清铁路，并于1906年正式营运。

道清铁路横跨浚县、滑县、汲县、新乡、获嘉、修武、河内等7县，全长150余千米。后来，又从清化又向西南延修13.25千米。至此，道清铁路全长163.70千米。

道清铁路一半路段在新乡境内，提

升了新乡在河南特别是豫北地区的经济、政治地位，使新乡从一个三等小县变为豫北重镇，成为豫北地区政治、经济、文化中心，逐步取代了豫北三府（彰德府、卫辉府、怀庆府）的地位，并跻身于全国中等城市行列。1927年，道清铁路英籍职员全部撤离，由中国人接管。1938年，豫北地区全部沦陷，道清铁路这条豫北经济大动脉，很快成为日寇向冀、鲁、豫边区发动侵略的工具。当时，抗日统一战线已确立。当年8月初，由杨得志、王新亭领导的八路军第688团、第689团，进驻道口至李源屯的铁路沿线各村，在汲县（今卫辉市）国民党抗日部队王协和部的配合下，动员群众将道清铁路汲县段拆除。与此同时，国民党军炸毁了黄河堤坝与铁路，以水陆两路阻止日军南下。

1905年到1938年，道清铁路新乡段33年的盛衰，浓缩了中国近代铁路建设的演变，成为新乡发展一段不可越过的历史。

• 三年平原省——励精图治维新政 •

1949年8月20日，中共平原省委、平原省人民政府、人民解放军平原省军区在新乡市同时宣告成立，新乡市为平原省省会。

平原省由鲁西南、豫北、冀南三部分组成，是华北与华中解放区联结的纽带。全省共辖新乡、安阳、濮阳、聊城、菏泽、湖西6个专区，56个县，新乡、安阳2个省辖市。

平原省大部分地区是革命老根据地。建省之初，全省人口超过1500万。当时土地改革废除了几千年来束缚农民的封建土地关系，广大农民生产积极性大为提高，这是发展农业生产的基础；工业生产开始打破旧中国几十年的步履维艰局面，纺织业、轻工业发展较快，奠定了工业发展的基础。

根据平原省的特点及实际情况，中共平原省委提出了如下几点工作任务：

第一，重点发展农业生产，为工业发展创造条件。

第二，1949年冬和1950年春必须完成土地改革，消灭封建制度，发展农业生产。

第三，提高警惕，肃清匪特，巩固革命秩序，保卫生产建设。

平原省委旧址

第四，治理好黄河。

第五，为完成以上任务，必须提高平原省党员干部的马列主义、毛泽东思想理论水平，保证正确执行党的路线方针和政策，完成党赋予的伟大历史任务。

经过三年零三个月的时间，中共平原省委、省人民政府各项工作取得了显著的成绩：

第一，完成了由战争至和平，由土改至生产，由农村至城市的思想转变。

第二，开展抗美援朝、镇压反革命和爱国丰产运动，工农业生产有了很大发展，粮棉产量大有提高。

第三，在党内开展了反对不问政治倾向和反对无组织、无纪律的斗争，有计划地进行整党，极大提高了干部、群众的阶级觉悟与爱国热情，进一步推进了生产运动及各项建设工作。

第四，“三反”“五反”运动取得胜利，爱国增产节约运动深入开展。

第五，治理黄河，造福人民。结束了黄河泛滥成灾的历史，开创了黄河治理的新纪元。

第六，剿匪反霸，维护社会治安。有力打击了敌人的嚣张气焰，保卫了生产建设的顺利进行，维护了社会治安。

第七，加强了党的建设，三年发展党员5万多人。

考虑到平原省处在五省结合部，缺乏经济中心城市，而河南、山东两省在经济和文化建设上又需要与其原属豫北、鲁西地区相结合，且恢复大省制有利于中央领导及以后大规模的经济建设，中央决定撤销平原省建制。1952年11月16日，中共平原省委发出《关于正确执行中央撤销平原省建制的指示》，从9月开始于11月30日移交完毕，平原省建制撤销，新乡市归河南省直辖。

• 新乡大事记 •

先秦时期

公元前16世纪，夏桀为商汤所败，夏军主力被灭于鸣条（今河南封丘东，一说今山西运城东北）。

公元前1047年，纣王暴虐，比干强谏，被剖心而死，葬于汲（今河南卫辉）。

公元前1048年，周武王姬发以姜尚为军师，率西夷诸侯各部落伐纣，观兵孟津。后与殷大战于牧野，殷军纷纷倒戈。纣王逃回朝歌（今河南淇县），登鹿台自焚而死。

武王灭商，分畿内地为鄘（今新乡、卫辉一带）、卫、邶三个诸侯国，以监殷民，史称三监。武王死后，三监叛周。周公讨平三监，全部将其地封给武王之弟康叔。康叔居于卫，此一带为卫地。

西周末年，周厉王专制，利令智昏，派卫巫监谤，禁止国人谈论国事，违者杀戮。国人忍无可忍，起而暴动，厉王出奔。国人邀请共国（今辉县）国君共伯和执政，史称“共和行政”。这一年是公元前841 年，即共和元年，这是中国史籍记载有确切纪年的开始。

周襄王二十年（前632），晋、齐、鲁、宋、郑、蔡、莒、卫在践土（今原阳西）会盟。周襄王派王室代表至会所，命晋侯为侯伯。其后晋国逐渐称霸中原。今市属区域，当时多为晋土。

周敬王三十八年（前482），吴王夫差、晋定公、鲁哀公、周卿士单平公会于黄池（今封丘西南）。

秦汉时期

秦王政二十九年（前218），始皇东游至博浪沙（今原阳东），韩人张良遣力士刺杀之，未中。

汉高祖三年（前204），刘邦彭城溃退，败走延乡（今封丘），据传遇翟母进饭，得免于难。后于延乡置封丘县，封翟母为封丘侯。

汉武帝元鼎六年（前111），汉武帝东巡至新中乡（今新乡西南张固城村），获吕嘉首，遂以此置县，名为获嘉。

汉献帝建安五年（200），曹操、袁绍大战于官渡，战事涉及今延津、原阳一带。

魏晋南北朝时期

魏文帝黄初元年（220）十月，曹丕代汉称帝。十一月，以汉献帝为山阳公，令居于今辉县城西南60里之邓城村北。

魏齐王正始五年（244），阮籍、嵇康、山涛、向秀、刘伶、阮咸及王戎等7人聚居于今辉县山阳一带，游于竹林之间，史称“竹林七贤”。

晋武帝咸宁五年（279），汲人不准盗发战国魏安釐王（一说魏襄王）墓，得先秦古籍竹书数十车，十余万言。后经整理为《汲冢书》。

北魏孝文帝太和十八年（494）一月，孝文帝南巡经汲，祭比干墓，立庙。

隋唐五代时期

隋文帝开皇六年（586），于获嘉、汲县（今卫辉西南）地置县，取原“新中乡”首尾二字为县名，治古新乐城（今新乡县城）。“新乡”之名始于此。

隋炀帝大业四年（608），发河北男女百余万开永济渠，南引黄河水，又分沁水过获嘉、汲县，连数河，北达涿郡（今北京西南）。

唐玄宗开元二十三年（735），大诗人高适任封丘尉。

唐玄宗天宝十四年（755），安禄山反，陷卫州（今新乡）。

唐肃宗乾元元年（758），郭子仪大败安庆绪（安禄山之子）于卫州。

后汉天福十二年（947）一月，契丹皇帝耶律德光大举侵后晋，陷东京（今开封），纵骑四出，分番剽掠，谓之“打谷草”。京畿属县数百里财畜殆尽，封丘、长垣、原阳、延津受害尤甚。

宋元时期

宋太祖建隆元年（960），后周殿前都点检赵匡胤于陈桥驿（今封丘陈桥村）发动兵变，建立宋朝。

宋神宗熙宁七年（1074）十一月，王安石上疏奏准，令淤田司引黄河水淤酸枣（今延津）、阳武（今原阳）县田，役民夫4万多人，后因计划欠周、地面难淤而中止。此为历史上原阳、延津引黄淤田的第一次尝试。

宋钦宗靖康二年（1127），卫州沦于金。宋副元帅宗泽大败金兵于卫州。九月，岳飞抗金军攻克新乡，旋与金兵激战于辉县北之侯兆川（今辉县南村乡境）。

宋高宗建炎二年（1128），岳飞在新乡、汲县间的黑龙潭和胙城大败金兵。

宋高宗绍兴十年（1140），岳飞部将梁兴收复卫州，留王贵驻守新乡县八柳树村。

金宣宗贞祐二年（1214）一月，蒙古兵陷卫州，将全城百姓驱赶至城河边杀害。同年冬，道士萧辅道招募人力，收葬遗骸于汲县城西北2里处，封土以祭，人称“堆金冢”。

元窝阔台汗十三年（1241），姚枢弃官携家来辉县，后与其他学者创建太极书院。四方求学者，络绎不绝，遂使苏门一席地，成为当时文化、理学中心。

元世祖中统元年（1260），设卫辉路总管府，治汲县。

明清时期

明太祖洪武八年（1375），辉县百泉药材大会开始举办。

明宪宗成化十六年（1480），河南提学佥事吴伯通与卫辉知府张谦建百泉书院，为当时河南四大书院之一。

明神宗万历十二年（1584），潞简王朱翊鏐藩卫辉，赐庄田4万顷。经营多种工商业，控制食盐专卖权，残酷剥削百姓。1585年在汲县建潞王府，耗银40余万两。1589年潞简王就藩。1614年卒，葬于太行山余脉凤凰山下（今新乡市凤泉区）。

明思宗崇祯十七年（1644），李自成部将刘智、陈永福进军卫辉，府、县官兵仓皇逃走。

1644年十二月，清将多铎渡黄河南下，今新乡一带属清。

光绪二十七年（1901），奉清廷令，各县之收院改为小学堂。11月，《辛丑条约》签订后，光绪皇帝和慈禧太后自西安返京，经开封、封丘、延津、汲县北上，仅驻汲县一日，耗银17万两。

光绪二十九年（1903），京汉铁路修至新乡。1904年，道清铁路新乡站通车。

毛泽东视察七里营

名人扫描

——江山代有才人出

新乡，古属鄘、卫之地，隋朝始称新乡。中华人民共和国成立之初曾是平原省省会，交通便利，经济发达。古往今来的仁人志士，在此谱写了一部部可歌可泣的动人篇章。从传说中的姜尚、陈平、周勃直到当代英模史来贺、太行公仆吴金印等，人才辈出，各领风骚，真正是物华天宝，人杰地灵。

•谏臣极则——比干•

比干，子姓，沫邑（今卫辉市北）人。生于殷帝乙丙子之七祀（公元前1092年夏历四月初四），卒于公元前1029年。为商王太丁之子，名干。

比干像

比干幼年聪慧，勤奋好学，20岁就以太师高位辅佐帝乙，又受托孤重辅帝辛。干从政40多年，主张减轻赋税徭役，鼓励发展农牧业生产，提倡冶炼铸造，富国强兵。

据传商纣王到了晚年的时候，残暴无道，误国害民，大臣们多次劝谏，纣王都不理会。

于是比干亲自去进谏商纣王，毅然登上摘星楼，劝谏纣王洗心革面、重整朝纲。先是说，后是喊，最后是骂，一连三天强谏不走，以死抗争。

比干剖心谏殷纣

这样一连三天，商纣王恼羞成怒：“我听说圣人的心有七个孔窍，我倒要看看你的心是什么样子！”遂杀比干剖视其心，比干卒，终年64岁。

•东方谋圣——姜太公•

姜太公，姓姜，字子牙，又称吕尚、吕望等，商末牧邑（今卫辉市）人，杰出的政治家、军事家和谋略家，一生经历了商王朝的武乙、文丁、帝乙、帝辛和周朝的武王、成王、康王等共七代君主。所经历的王朝之多，时间之长，堪称中国历史之最，世界历史之最。

姜子牙算卦时来运转

姜太公是周文王倾商、武王克殷的首席谋主、最高军事统帅与西周的开国

姜太公像

元勋，是齐国的缔造者和齐文化的创始人，亦是中国古代一位影响久远的杰出韬略家、军事家与政治家，历代典籍都公认他的历史地位，儒、道、法、兵、纵横诸家皆追他为本家人物，被尊为“百家宗师”。其所著《六韬》又称《太公六韬》《太公兵法》《素书》，是一部集先秦军事思想之大成的著作，对后代的军事思想有很大的影响，被誉为兵家权谋类的始祖，已被翻译成日、法、朝、越、英、俄等多种文字。

央视网

商贾传奇·贩夫治国（姜子牙）

姜子牙出世时，家境已经败落。但他人穷志不短，始终勤奋刻苦地学习天文地理、军事谋略，研究治国安邦之道，期望能有一天为国家施展才华。

相传姜子牙72岁时垂钓渭水之滨磻溪（今宝鸡市陈仓区天王镇伐鱼河畔），才遇到求贤若渴的西伯侯姬昌（后来的周文王）。姬昌认为姜子牙是个奇才，请他坐车同归，并拜他为师，从此姜子牙开始了他兴周灭商的人生道路。

姜尚先被立为国师，后来升为国相，总管全国政治和军事。文王死后，武王即位。姜尚助力武王在牧野誓师，进伐商纣。牧野之战中，商纣军队彻底崩溃。商纣王回身逃跑，登鹿台自焚而死，从此商亡周立。

武王平定商纣，成为天下之王，就把齐国营丘封赏给姜太公，齐国建立。太公死时一百余岁，其子丁公吕伋继位。

• 智勇名士——毛遂 •

毛遂（前285—前228），战国时期赵国人。毛遂故里在今新乡市原阳县西路庄村，原有毛遂庙，现有毛遂自荐亭和石碑多通，还存毛遂岗，实为游览瞻拜之胜地。

毛遂原为赵国平原君的一名普通门

毛遂像

客，曾自荐出使楚国，促成楚赵合纵，声威大振，赢得“三寸之舌强于百万之师”之美誉，官至谏议大夫之职。

公元前260年，赵王中了秦的反间之计，以只能纸上谈兵的赵括代替廉颇守卫重地长平，使得赵国40万大军被困长平，最后全部为秦将白起坑杀，精锐丧失殆尽。公元前257年，秦兵包围赵都邯郸，赵王急召平原君商议退敌救国之策。平原君道：“为今之计，只有求救于诸侯。魏国与在下有姻亲关系，关系素善，求之则发救兵。楚乃大国，且路途遥远，唯有以‘合纵’之策促其发兵，臣愿亲往。”赵王依之，派平原君到楚国求救。平原君要在食客中选出能文能武的得力人员20名同去，可挑来选去，只选出19名。

毛遂自荐的故事

这时，毛遂就向平原君自我推荐，要求同去。

到了楚国，平原君拜见楚王，要求楚王迅速派出援军，和赵国联合抗秦，楚王不情愿。毛遂从容上殿，对平原君说：“赵楚联合抗秦的利害关系，两句话就可以说清楚，为什么说了半天还决定不下来呢？”楚王问平原君：“这是什么人？”平原君说：“是我的门客，也是我的随员。”

楚王便转向毛遂呵斥道：“还不快给我下去！我正同你们主人谈话，你算什么？”毛遂按剑而前，对楚王说：“你仗着楚国是个大国，就这样随意呵斥人？你要知道，眼前在这十步之内，大国也没有用，你的性命全在我的手里。你们楚国确实是个地大兵多的国家，但并不强盛。秦将白起不是曾经一下子把你们打败了吗？还攻破了你们的首都，侮辱了你们的祖宗，这是百世难忘的深仇。我们赵国人都替你们感到羞愧，而你倒满不在乎。其实，咱们两国联合抗秦，同样是为了楚国，你以为我们仅仅为了赵国吗？”楚王听了很觉惭愧，立即对毛遂说：“对，对，你的话完全正确，我和你们联合抗秦。”立即奉毛遂为上宾。由此，“毛遂自荐”“脱颖而出”“因人成事”等成语典故就流传下来。

• 父子宰相——周勃　周亚夫 •

周勃，祖先原为卷县（今河南原阳西南）人，后徙居沛县（今江苏沛县）。周勃少时家贫，靠编织养蚕用的蚕箔为生，还常给办丧事的人家吹箫，助人料理丧事。

秦二世元年（前209）九月，刘邦在沛县起事。周勃以中涓亲近侍从的身份随同刘邦起兵，从此开始了南北征战的生涯。在推翻秦王朝及楚汉战争的过程中，周勃浴血疆场，功勋卓著，为汉王朝的建立立下了汗马功劳。刘邦称帝后，周勃受封为绛侯。

周勃像

汉朝初定，各诸侯王的反叛不绝，周勃成为汉初平乱的主将。在平定韩王信的叛乱中，周勃率军攻下霍人县、晋阳县和太原郡的六座城池。后击韩王信军于硰石，北追八十里。还攻楼烦三城。因有力打击了韩王信的主力部队，并阻击韩王信的匈奴骑兵有功被升为太尉。

周勃一生战功赫赫，既是开国功臣，又是定鼎重臣。文帝即位后，周勃被封为右丞相。文帝十一年（前169）卒，谥武侯。

周亚夫为周勃次子，袭父爵被封为条侯。周亚夫继承了父亲的耿直，但因为出生将门，也格外自负。周亚夫的哥哥绛侯周胜之犯了死罪，文帝选周勃子孙中有贤德的人嗣立为侯，周亚夫因此被封

央视网

文景之治　重臣周勃

为条侯，继承了绛侯爵位。

文帝即位之后，一直跟匈奴保持和亲的政策，双方没有发生大规模的战争。后来，匈奴的单于跟汉朝绝交。公元前158年，匈奴单于起兵六万，大举入侵上郡（治所在今陕西榆林东南）和云中（治所在今内蒙古托克托东北），杀了不少老百姓，抢掠了不少财物。文帝任命周亚夫为将军，驻守细柳（今陕西咸阳西南）。

文帝在视察细柳军营时，目睹周亚夫治军有方，军纪严明，赞美他是“真将军”。也就是这次视察，使“将在外，君命有所不受”的细柳营佳话，成为中国军事史上的美谈。

周亚夫的治军给文帝留下了深刻的印象，文帝临死时，还特意嘱咐告诫太子刘启（后来的景帝）说：“周亚夫缓急可恃，将来如有变乱，尽可使他掌兵，不必多疑。”公元前157年六月，文帝在长安未央宫去世，景帝即位，任周亚夫为车骑将军。

汉景帝称帝不久，发生了以吴王刘濞为首的七王之乱。景帝命周亚夫率领36将迎击吴、楚军。周亚夫以中尉代行太尉的职务，领兵向东进击吴、楚。此次平定吴、楚之乱，周亚夫前后只用了三个月，可谓神速。这个时候，先前一直不大服气的将领们才认为周亚夫的计划谋略得当，对他佩服得五体投地。汉军凯旋后，汉朝廷重新设置太尉官，正式任命周亚夫为太尉。过了五年，景帝七年（前150年）二月，周亚夫升任丞相，深受景帝的器重。

周亚夫和他的细柳营

在平定七国之乱中，梁王刘武因周亚夫一直不肯发兵救梁国，对周亚夫怀恨在心。梁王为景弟最小的弟弟，备受窦太后喜爱。梁王刘武一直记恨前事，每次上朝，都会在母亲窦太后和兄长景帝的面前数说周亚夫的不是。

央视网

文景之治　有文又有武　大将周亚夫

周亚夫像

久而久之，窦太后和景帝对周亚夫都很厌恶。尤其是窦太后在朝中势力很大，周亚夫因此在朝中处于相当孤立的位置。周亚夫却没有觉察，性情没有任何改变，这直接铸成了后来的悲剧。景帝七年，景帝要废掉栗太子刘荣。丞相周亚夫坚决反对，却没有达到劝阻的目的。景帝最终还是立另一个儿子刘彻（后来的汉武帝）为太子，还因此事疏远了周亚夫。

后来，周亚夫的儿子给父亲买了五百件皇家殉葬用的铠甲、盾牌，这让景帝一下抓住了机会。由于周亚夫的儿子不给搬运的雇工们钱，雇工们知道周亚夫的儿子偷买的是天子用的器物，一怒就上告周亚夫的儿子要反叛，事情自然牵连到周亚夫。有关部门把罪行书写于册，一条条地按问，要求周亚夫如实回答。然而，周亚夫却拒不答话，保持了他一贯的高傲，也因而将事情引向更糟糕的结果。景帝知道周亚夫的态度后，大骂道“吾不用也”，下诏将周亚夫交给廷尉治罪。

当官吏去逮捕条侯时，周亚夫不甘受辱，本想当场自杀，后夫人劝阻，因此没死。被关进监狱后，周亚夫一连绝食五天，最后吐血而死。时为景帝后元元年（前143）。

可以说，周勃和周亚夫是靠性情走上了历史的重要舞台，周勃因“重厚少文”而被高祖刘邦所器重，周亚夫因治军严谨而留下细柳营的千古佳话。可叹周勃和周亚夫这样的性情人物，能在沙场上建功立业，却无法在政治斗争中生存。

•“奇计安天下”——陈平•

陈平（？—前178），阳武（今原阳县）阳阿乡阳阿村人，楚汉争雄时是刘邦帐下的得力谋臣，以足智多谋、善出奇计闻名。先后被封为户牖侯、曲逆侯，后官居丞相，是我国汉代杰出的政治家、军事家、谋略家和外交家。

年轻的陈平抱着治国安天下的雄心投奔楚王项羽，却因得不到重用而壮志难酬。后又辗转到刘邦帐下，得到了刘邦的赏识。

刘项两军对峙期间，手握重兵的韩信按兵不动，要求刘邦封他为假（代理）齐王，然后才肯出兵。刘邦对韩信的拥兵要挟十分恼火，正要发作，陈平暗地里用

陈平像

脚踩了刘邦一下并小声说“小不忍则乱大谋”。刘邦立刻醒悟，就假意怒斥韩信派来的使者道：“大丈夫要做就做真齐王，何必做假齐王！”接着就封韩信为齐王。这样，韩信便出兵击楚，大败项羽。

汉朝建立政权后，韩信自恃功高，不听调遣，成为刘邦的心腹大患。刘邦深恐韩信谋反，可又慑于韩信的力量，不敢轻易剥夺其兵权。此时，陈平又出奇谋，让刘邦以游云梦泽（地名，在今湖北省潜江市西南）为名，骗韩信来见，趁韩信接驾之时，逮捕了韩信，从而不用一兵一卒就除掉了心腹之患。

刚刚建国不久的西汉政权，周边极不稳定。公元前200年，刘邦决定亲征匈奴。可是出师不利，30万大军被匈奴兵层层包围于白登山（今山西大同西）达7天7夜。汉军既无粮草，又无援军，形势千钧一发。此时，陈平又出奇谋，派人用重金贿赂匈奴王的妻子，并对她说，汉朝准备用美女换取匈奴王退兵，如果此事成功，那些美女到了匈奴，肯定对你不利，不如你来劝匈奴王退兵。匈奴王的妻子怕将来自己失宠，就做她丈夫的工作，说我们即使捉住了刘邦也不可能长期统治汉朝，刘邦有神保佑。匈奴王被说动，最终撤兵，白登山之围遂解。

陈平奇计安天下

央视网

大风歌·奇谋天才（陈平）

刘邦死后，吕后专权，汉初重臣一个个或被杀，或被流放，西汉政权面临旁落的危险。此时，身居丞相要职的陈平，一方面顺从吕后，另一方面借助自己丞相的职位多方联络朝中老臣待机行动。吕后死后，陈平和太尉周勃等携手，果断地诛杀了吕产、吕禄等人，迎立汉文帝即位。

由于周勃在铲除诸吕中立有大功，陈平深恐周勃与自己争功导致朝政不稳，便主动请求将右丞相之位让给周勃。后来，周勃自知能力确实不如陈平，又主动辞职。就这样，陈平担任右丞相直至病死。后人评价他“奇计安天下，大谋善始终”。

• 宰相数学家——张苍 •

张苍（前256—前152），西汉阳武（今原阳县）张大夫寨村人，西汉初年历算学方面的杰出代表，司马迁称赞他精通文章学问、音乐、历法，是汉朝的一代名相。

西汉初年，为了巩固新王朝的统治，汉朝统治者十分注重农业生产的恢复和发展，与农业生产有着密切关系的历法、算学和度量衡制度等，取得了很高的成就。由秦入汉的张苍，就是西汉初年历算学方面的突出代表。秦朝时，他曾经当过御史，管理文书，因抨击秦暴政而被追捕，逃回家乡才躲过一劫，后投奔了刘邦。

张苍像

西汉王朝建立后，张苍先后担任过代国丞相、赵国丞相等官职，后因帮助刘邦清除燕王臧荼叛乱有功，被汉高祖晋封为北平侯。后又迁升为计相。萧何担任相国时，张苍“以列侯居相府，领主郡国上计”。汉文帝四年（前176），丞相灌婴死后，张苍接任丞相15年。张苍在西汉初期的经济恢复和发展时期，不仅在治理国家方面做出一定的成绩，而且在历法和算学方面也做出了卓越贡献。据《汉书》记载：“苍好书，无所不观，无所不通，而尤究律历。”这是史家对张苍的公允评价。

在历法、算学方面，张苍提出和制订了一套比较完整的关于度量衡方面的理论，把算学研究成果直接用于国计民生。《汉书》上说：“天下既定，命萧

宰相数学家——张苍

何次律令，韩信申军法，张苍定章程。”这里说的“章程”，不是我们现在对一切规章制度的广义解释，而是对基本算术和度量衡制度的规定。后人注释说：“章，历数之章术也；程者，权衡丈尺斗斛之平法也。”就是说章是对基本算术法则的规定，程是计算长度、重量、体积的方法和规定。

张苍所制订的章程，包括五个方面的内容：一是备数，二是和声，三是审度，四是嘉量，五是权衡。张苍不仅作了详尽的规定，还解释了为什么要这样规定以及它们之间的关系，并在社会上加以宣传、推广，使得秦朝已经统一了的度量衡到汉代更加具体、规范，并形成文字保存了下来。张苍的贡献，对当时和后世的国计民生以及科学技术的发展有着极其深远的影响，有些制度到现在我们还在沿用。

• 太守发明家——杜诗 •

杜诗（？—38），字君公，河内汲县（今河南省卫辉市）人，东汉官员及发明家。年轻时有才能，以公平著称。

光武帝时，杜诗为侍御史。建武七年（31），官升至南阳郡太守。杜诗在任南阳郡太守时，兴修水利，发明了水排，对当地的水利和农业生产做出特殊贡献，南阳人称赞说：“前有召父（召信臣），后有杜母”。［秦汉时期，长江流域的灌溉以汉水支流唐白河地区的发展最为显著，而唐白河的灌溉又以今河南的南阳、邓州、唐河、新野一带较为发达。唐白河地区为侵蚀、冲积平原，气候温和，适于作物生长。这里开发较早，到西汉中期经济已相当发达，农田水利在西汉后期有突飞猛进的发展。元帝时（前48—前33），南阳太守召信臣对此地的水利和农业生产有特殊贡献，因而受到当地百姓的拥戴，被誉为“召父”。］

杜诗像

杜诗在南阳郡上一共任职七年。他为

官清廉，对百姓之生计很是关心，所以他对农业的发展、粮食的产量很重视。也正是这种时刻关注百姓的赤诚之心，给了他动力。他不仅大力兴修水利，还发明了水排（水力鼓风机），以水力传动机械，使皮制的鼓风囊连续开合，将空气送入冶铁炉，铸造农具，用力少而见效多。水排的出现，对炼钢产业有很大的推动，当然也间接推动了农业的发展。东汉时期，南阳水利事业进一步兴盛，杜诗在这方面也做出了很大成绩，史载杜诗“修治陂池，广拓土田，郡内比室殷足”。

青年之时，杜诗就才华毕露，在河内郡任职。时逢乱世，王莽篡位。而在此光景下，杜诗却可以将一方治理得井井有条，且在民众中留下处事公平的美名，着实不易，实在是乱世中的治国能臣。杜诗为官一任，不但心系一方百姓，同时还承担着举荐的重任。在任期间，他曾先后举荐明士清河刘统、鲁阳董崇等有才之士。一心之间常系百姓，一身正气任行乾坤。建武十四年（38），杜诗因病去世。去世之时，身后“贫困无田宅，丧无所归”，甚至连他自己的棺材本钱都没有留下，最后司隶校尉鲍永将其情况上报，最后由朝廷赐赙才得以丧葬。

太守发明家——杜诗

• 唾面自干——娄师德 •

娄师德（630—699），字宗仁，汉族，唐郑州原武（今河南省原阳县原武镇）人，唐朝大臣、名将，唐高宗、武则天两代大臣，驻守边疆30余年。才能卓著，尤以谨慎忍让闻名，唾面自干的典故即来自他。

唐高宗时，娄师德任监察御史。当时监察御史品位虽低，但权力很大，纠察整肃刑察朝仪，监察巡视百官郡县，而且生活比较安逸。这时，吐蕃突然侵犯边塞，唐高宗招募猛士前往讨伐。娄师德毫不犹豫自荐前往。唐高宗很高兴，破例让他代理朝散大夫，从军西征。上了战场，他八攻八克，屡建奇功，被提升为殿中侍御史兼河源军司马并知营田事。690年，他官授左金吾将军兼检校丰州都督，但仍旧知营田事。

在他负责屯田事务期间，部队收获

娄师德像

颇丰，到处都堆满了粮食，减少了国家大量开支，同时也减轻了运输粮草的艰难，使部队此后数年供给都不成问题，因此受到当时女皇武则天的嘉奖，武则天称赞他“素积忠勤，兼怀武略”。692年，他被任命为兵部侍郎，次年提升为凤阁鸾台平章事，后又调任刑部尚书。

娄师德一生为将、相数十年，恭勤朴实，为人忠厚，气量宽宏。他的弟弟被委任为代豫州刺史，娄师德前去送行。路上他问弟弟：“你我位居高官，宠荣已极，最容易遭到人们的忌妒，你如何对待？”他弟弟回答说：“从今天开始，就是有人朝我脸上吐唾沫，我也仅仅是擦干而已，不作任何计较。”娄师德说：“你这样做，正是违背了对方的意愿。他想让你丢人，你就不要去擦，让唾沫自己干好了。”

有一次，他与同僚李昭德同行。娄师德体态较胖，行动迟缓，不能快走。李昭德嫌他走得慢，耽误行程，骂他：“你简直是个田舍子。”（当时，田舍子是对农民的蔑称，犹如今天骂人为“土包子”，在唐代实际比这更难听）娄师德宽厚地笑着说：“我不是田舍子，谁还能是？”

娄师德为人宽厚，对自己却要求很严。他当兵部尚书时，有一次去山西并州巡查，附近的县令都来了。中午吃饭时，怕给驿站添麻烦，娄师德就和大家在一个厅里吃饭。驿站给他吃的是精细的白米饭，给其他人吃的却是粗糙的黑米饭。娄师德把驿站的站长叫来，责备说：“你为什么用两种米饭来待客？”驿长回答：“一时搞不来那么多细米。”娄师德说：“这不好，客人不应分等级。”随即自己换了黑米饭和大家同吃。

娄师德的这些故事后来被传为美谈，其中“唾面自干”成了气量宽宏、涵养至极的代名词。

695年，吐蕃又入侵，娄师德再次出征，与吐蕃大将论钦陵、赞婆大战于素罗

大唐英雄传·忍字当先娄师德

汗山，因用兵不当，吃了败仗，被贬为原州（治高平，今宁夏固原）员外司马。699年，他任凤阁侍郎同凤阁鸾台平章事。这一年突厥来犯，武则天任娄师德为充天兵军大总管，这时他已年近七旬，依旧勇敢前往。由于操劳过度，娄师德死于任上。

娄师德死后，家乡人民十分怀念他，就在现在的原阳县师寨镇安庄村南给他修了墓。1996年，原阳县人民又将他的墓修葺一新，并修建了纪念馆。

•著名词人——贺铸•

贺铸（1052—1125），字方回，号庆湖遗老。汉族，卫州（治今河南卫辉）人。宋太祖贺皇后族孙，所娶亦宗室之女。为人豪侠尚气。早岁为武弁，后转文职，曾任泗州通判，晚年退居苏州，为北宋著名词人。

贺铸从小就饱读诗书，博学强记，而且喜欢练武，性格刚烈，很有侠士风采。7岁时就能作诗，而且诗、词、文俱佳，但是由于他的词多出名，后人皆诵其词，所以把他的诗名给掩盖了。贺铸的词风格多样，善于融化前人成句，兼具婉约与豪放的风格，为北宋后期重要词家，历代诗话对他评价都很高。

宋元祐三年（1088），37岁的贺铸任和州管界巡检，负责社会治安、训练甲兵、擒捕盗匪等工作。在和州，词人贺铸目睹宋夏战争给当地百姓带来的巨大苦难，表示深切同情。他以闺中的怨妇思念戍边的征夫为题，写下了著名的《捣练子》系列词。这几首词以概括简练的语言、民歌的形式、清绝哀婉的风格，给广大读者塑造了一个鲜活的思妇形象，用闺情描写戍边征夫之苦，这在宋词中是比较罕见的，可谓是宋词中罕见的珍品。

贺铸长相奇丑，又因为个性耿介，得

贺铸像

【知识链接】 **贺铸《青玉案》**

凌波不过横塘路，但目送、芳尘去。锦瑟华年谁与度？月台花榭，琐窗朱户，只有春知处。

碧云冉冉蘅皋暮，彩笔新题断肠句。试问闲愁都几许？一川烟草，满城风絮，梅子黄时雨。

罪过不少豪门显贵，因此，他一生都只能混迹于下层官员的职务上，郁郁不得志。而妻子赵氏则是他人生中最亲近最钟爱的人之一，她的早早过世，实在是贺铸人生之一大不幸。

央视网

多面词人贺铸

“温然长者”——李戴

李戴，字仁夫，号对泉，延津县城关镇东街人。隆庆二年（1568）进士。历任官职为户部尚书、工部尚书。

李戴自幼聪颖，八岁时日诵数千言。明代嘉靖年间，25岁的李戴考中举人，32岁时中进士。仕途伊始，李戴担任江苏兴化县知县，因政绩突出，此后不断得到提拔擢升。在任山东巡抚时，恰逢大旱，李戴力请免除租税，赈济饥民，先后上疏十二次，得到当时皇帝的允许。

万历二十六年（1598），吏部尚书蔡国珍被罢免，当时该职位的被推荐者一共有七人，李戴本来居末位，但明神宗特擢李戴为吏部尚书。在主持吏部的6年中，李戴谨守新令，惠政爱民，引之以宽，豁达大度，有“温然长者”之誉。

据史书记载，明神宗在位40余年间，后期有20余年不上朝接见大臣，国家运转几乎停摆。明神宗强征矿税，使明朝逐渐走向衰亡。任职期间，李戴整顿税收，改革政治，限制贪官恶势力，为民请命，他曾两次请求重新起用被宦官迫害的官员，数次率九卿乞请停止开矿增税，在

李戴拒米献盐

当时尤为难能可贵。

1603年，李戴辞官返乡。历官四十余年间，他无高贵之态，不追逐权势，不求名，不结党，不立派，在朝中始终保持高尚节操。李戴死后，皇帝赐予其“忠肃公”称号，李戴被追赠为“少保”，葬于延津城东关的“天官坟”。

• 民国总统——徐世昌 •

徐世昌（1855—1939），字卜五，号菊人。生于汲县（今卫辉），乳名卫生，2岁时随家迁往开封，后又随母迁回卫辉贡院街居住，7岁丧父，家道败落，成年后在沁阳、太康、淮宁等县署做文书和家馆教师。

1879年，徐世昌结识袁世凯，受袁资助北上应试，1882年中举人，1886年中进士，1889年授翰林院编修，后协助袁世凯创办北洋军，成为其得力助手。1900年受袁世凯保举，被慈禧太后召见，从此青云直上，历任商部左丞、兵部侍郎、军机大臣、政务大臣、民政部尚书、东三省总督、邮传部尚书、内阁大学士、协理大臣等职。

徐世昌

1912年中华民国成立后，徐世昌以清室遗老的身份退隐老家（在辉县城西水竹村营建别墅），后因安全原因又避至青岛。1914年受袁世凯之邀出任北洋政府“国务卿”。1915年袁世凯推行帝制后，徐世昌预料到政局动荡的危险，辞官回辉县水竹村隐居。

袁世凯死后，北洋军阀分裂，各派间明争暗斗。1916年年底，徐世昌以北洋元老的资格应邀赴京，调解“总统”黎元洪和“总理”段祺瑞之间的权力之争，事后移居天津。1918年10月，徐世昌被段祺瑞控制的“安福国会”选举为北洋政府第五任总统。他是北洋政府总统中唯一文人出身的总统，上台后以“文治总统”自诩，极力号召“偃武修文”，但他根本难以驾驭各派军阀，终以傀儡之身居“总统”之位近4年。1922年6月，第一次直奉战争后，徐世昌被直系军阀赶下台，从此退居天津，专心著书立说、赋诗作画和研习书法。

1917年，北洋政府在卫辉拍卖官产，由徐世昌在卫辉的堂弟出面，购买原卫辉府参将衙门旧址，改建为徐氏家祠，1918年动工，历时3年竣工。落成后，徐世昌偕同逊位的溥仪专程来卫辉参加徐氏家祠的落成庆典。

华北沦陷后，日本人曾设计由徐世昌出面组织华北伪政权。日本侵华军师团长板垣征四郎及特务头子土肥原贤二约徐世昌会面，他托病不见；大小汉奸多次游说，也均遭徐世昌的严词拒绝。1939年春，徐世昌病情恶化，医生建议他到北京住院治疗，但他担心遭日本人劫持，坚持不去北京，于6月6日病死天津。6月7日，香港《大公报》发表了《徐世昌死矣》的社论，评论其生平，肯定“徐氏晚节，殆远胜于问政时期”。6月8日，国民政府主席林森下令褒扬。

徐世昌死后，家人遵嘱将他的灵柩从天津英租界迁葬辉县苏门山下的百泉湖畔，实现了他“叶落归根”的遗愿。徐世昌晚年编撰有《清儒学案》《颜李遗书》《大清畿辅先哲传》《水竹村人诗集》等20余种书籍，其中的文献资料具有很高的史学价值。

• 新乡工业之父——王晏卿 •

王晏卿（1886—1984），新乡人，是著名的爱国实业家。1912年，他在新乡开创了同和裕银号，其后在全国各地建分号43处，开办工商企业105家，在当时的河南乃至全国金融界、工商界占有重要地位。

王晏卿之父王清臣经营同和银楼。王晏卿从小立志做大生意，以“鸢飞月窟地，鱼跃海中天”自我激励。18岁时，他到新乡最大的商号当学徒，走南闯北，人称“长腿伙计”。25岁时，他决心自己创业，和另外3人集资在新乡成立同和裕银号，他任经理，银号在新乡很快站稳了脚

王晏卿像

跟。

王晏卿的经营之道是“寓金融于商业，以商业固金融，从金融起家，大量涉足工商实业”。因为金融业、工商业并举，有利于摆脱社会动荡对经济活动的影响，建立以工商业为基础的牢固金融阵地。

凭过人的胆识、严格的管理和诚信经营，同和裕银号异军突起，经济实力在中原银号中首屈一指。1930年时，进入内地金融界的官僚资本，一时间也难与之竞争，也因此它与官僚资本水火不容，遭其打压排挤。当时的中国银行、交通银行、金城银行、河南省农工银行以银行团的名义，联合发起攻势，使同和裕银号发生了几次大的挤兑风潮。王晏卿为图存冒尽风险，四处求救。其间，孔祥熙曾声称可帮王晏卿脱困，条件是让王晏卿给他办金融产业，王晏卿婉言谢绝。

王晏卿在经营银号的同时，开办的工商企业有天津大东洋行、天津环海贸易公司、道口货柜、新乡货柜、修文印刷厂、万顺机器制造厂、造纸厂、榨油厂等。他以同和裕银号的社会存款为资本，连续开办或接办了蛋厂、火电厂、砖瓦厂、食品厂、粮行、布铺、棉花行、五金店、杂货行、肥皂厂、安阳电灯公司、开封百货店、新乡中药店、新乡水电公司等企业，有的形成了行业垄断，王晏卿因此被称为“新乡现代工业之父”。

王晏卿不仅是金融巨子，还是爱国赤子。抗日战争期间，日本人出于政治目的，逼他担任伪政府的财政科长，他巧辞不就，相反却冒险掩护抗日志士王锡璋、蔡康志等。1943年，他还通过义兴洋行营救共产党遇险干部。1944年，他亲赴豫鄂边区与共产党边区政府做生意，支持抗日战争。鉴于他在发展民族工商业方面的突出贡献和政治上的进步，新中国成立后他被选举担任了第一届新乡市政协副主席，并历任新乡市工商联主任委员、平原省法律审查委员会委员、新乡市政府委员、平原省政府委员。

豫剧阎派宗师——阎立品

阎立品（1921—1990），女，原名阎桂荣，封丘县荆隆宫乡仝蔡寨村人。曾当选河南省政协委员、开封市人大代表，曾任中国戏剧家协会河南分会副主席，是中国豫剧名旦六大家之一。

阎立品祖辈务农，父亲阎彩云是豫剧祥符调著名男旦艺人，母亲李青枝，生她姐弟三人。迫于生活贫困，1932年她拜杨金玉为师学戏。次年初，阎桂荣登台演出了她第一个戏《打金枝》。由于她扮相美，奶腔优美动听，多次获得观众掌声，又因为她个头小，赢得个“小闺女”的昵称，观众甚至为她编了首顺口溜：“少吃一顿饭，少穿一件衣，也要看看‘小闺女’。”

阎立品剧照

1936年4月，阎立品随父到太康民醒剧社搭班。抗日战争爆发后，为了不给日本鬼子和汉奸们演戏，她削发明志，女扮男装，躲避在偏僻农村。1939年秋，阎立品离开扶沟到许昌时，当地士绅赠送给她一块上书“品清艺精”的匾额。当年秋天，阎立品作为主演搭进一道辙戏班，在许昌、漯河演出。她对外宣布戒荤、不唱堂会、不到豪门官邸清唱、不拜客等几条规矩。于是，许昌各界送她“立身不使白玉玷，品高当与青云齐”匾额。从此，她改名阎立品，立人品，立艺品，以勉励自己“立业需先立身，立身必先立品”。

1954年初，京剧艺术大师梅兰芳先生收阎立品和评剧名演员新凤霞为弟子，这是梅先生第一次收地方戏演员为徒。1956年，阎立品在河南省戏曲会演中荣获一等奖。

阎立品拜师梅兰芳

“文化大革命”开始后，阎立品被视为“黑线人物”，被迫离开舞台

艺之风范——阎立品

长达10年之久，直至粉碎“四人帮”后才得以恢复演出的权利。重新登上舞台的阎立品凭借着自己深厚的艺术功力和在身处逆境却一刻未曾停止的艺术追求，一登台便引起巨大轰动。1980年，河南省举行豫剧流派汇报演出，阎立品自编自演《秦雪梅》，以纤细优美、委婉生动的唱腔，含蓄典雅、庄重奔放的表演，博得观众和专家们的一致好评，被誉为豫剧旦行五大艺术流派之一。

1984年，她回到封丘县豫剧团领衔主演，授徒传艺。阎立品率团奔波于省内外城市乡村，历时半年，把演出所得1万元酬金，全部捐献给封丘儿童福利基金会。从20世纪60年代开始，她就热心培养后辈。“文化大革命”后，更是将精力放在收徒传艺上，其弟子遍布全国许多省区。

倦鸟归巢，人老思乡。晚年的阎立品回归故里封丘，1996年8月11日在家乡病逝，享年75岁。

央视网

中国豫剧·阎派

【知识链接】

阎立品的艺术特点

阎立品在豫剧旦行诸流派中独树一帜，清雅之风怡人心神，从她在其代表剧目《游龟山》《秦雪梅》《碧玉簪》等剧的精彩表演中，我们可以看到阎立品的艺术特点有一个重要特征，就是在豫剧及地方戏中都甚为少见的“精细”，而这个“精细”可以说是阎立品得益于梅兰芳先生亲传的结果。在向梅先生学习时，阎立品没有单纯学习梅先生外部的表演技巧，而是着重学习梅先生的表演神韵。在声腔、表演、情感变化等方面，阎立品都很注重把梅派艺术的神韵同豫剧艺术巧妙地融合起来，使其表演艺术不仅具有豫剧艺术本身的特点．而且使豫剧闺门旦行当的表演具有了以“精细”为基础的新发展。

在表演上，阎立品尤重从人物出发，精心研究人物后再细致设计表演程式。其在《藏舟》中所饰胡凤莲的表演就堪称是阎派艺术的典范之作，尤其是“接杯”一段的表演，更是令人叹服。在这段戏中，阎立品通过不同的形体动作、不同的眼神和富于变化的指法，多层次地表现出了少女胡凤莲的羞涩心理和人物在特定环境中的特殊心态。而最后胡凤莲转过身子将手从背后伸出让田玉川将蝴蝶杯放在手上这一身段设计之巧妙、之合理，更显出阎立品对艺术追求之精细。

• 农村党支部书记的榜样——史来贺 •

史来贺（1930—2003），河南省新乡市刘庄村原党委书记，全国著名劳动模范。与雷锋、焦裕禄、王进喜、钱学森并列，被中共中央组织部誉为“在群众中享有崇高威望的共产党员的优秀代表”。多次被授予全国民兵英雄、全国植棉能手、全国特级劳动模范等光荣称号，曾经9次受到毛泽东主席的接见，中共中央组织部把史来贺树为全国人民学习的榜样。

史来贺在担任刘庄村党支部书记的50年里，坚持走社会主义道路，坚持实事求是，坚持走群众路线，把一个贫穷落后的不足2000人的小村庄，建设成了文明富裕的社会主义新农村。

从实际出发，坚持实事求是原则，是史来贺的一大特点。1956年，区里要求“并大社”，要将史来贺所在的刘庄与另外几个村的20多个初级社合并成一个高级社。史来贺认为，成立大社条件不成熟，不如一村一社更有利于发展生产。于是，他顶着压力成立了自己村的高级社。1957年，刘庄实现了粮食亩产215公斤，皮棉亩产53.5公斤的历史最高纪录，一跃成为全国的丰产典型。周恩来总理接见了他，亲切地鼓励他：“千亩棉花亩产百斤以上，你们带了个头。希望你们高产再高产，彻底改变贫困面貌，给全国树立个榜样！”

史来贺为人正直，不做“墙头草”。1966年“文化大革命”开始，“穷光荣，富必修”“宁要社会主义的草，不要资本主义的苗”等口号很是时髦，史来贺成了“只知低头拉车，不知抬头看路”的“黑劳模”，刘庄被批为“唯生产力论”的典型，但史来贺顶着压力，坚持发展生产不动摇。他对到外地串联的人说：“你们‘革命’吧，我抓生产哩。”正因如此，全村粮食年年丰收，而且还建起了造纸厂、畜牧场、轧花厂、面粉厂、机械厂等企业。其中，机械厂生产的汽车喇叭，响遍全国各地；小型奶粉机还填补了河南省的空白，产品销往全国20多个省、市、自治区。在许多地方大搞“革命”的时候，刘庄却在发展经济的道路上快速前行，开始从第一产业向第二产业转移，为壮大集体经济打下了坚实的基础。

“泥腿子出身”的史来贺，还是思想

解放的开拓者。党的十一届三中全会后，史来贺进一步大胆改革，只留少部分人从事农业生产，组织大部分人进入第二、第三产业。到1980年，刘庄便率先跨入“小康”行列。1985年，史来贺开始问鼎高科技——创办当时我国最大的肌苷制造厂华星药厂。搞制药，科技含量高，技术难度大，史来贺采取“送出去，请进来”的办法培训自己村的技术队伍。如今的刘庄华星药厂，已发展成为能生产肌苷、青霉素钾盐、青霉素钠盐、红霉素等多种原料药和成品药的科技型企业。

史来贺坚信“知识就是力量”，号召村民树立新观念，学习新本领，增长新才干。他不仅自己坚持看书读报，而且还投入巨资先后建起了包括幼儿园、小学、中学的刘庄学校，盖起了教学大楼、实验大楼、教师办公楼。聘请大专院校的教师到村里办班，建立了电视差转台、地面卫星接收站、图书室。早在2003年，刘庄就已有130多名大中专毕业生，已有167人获得高级、中级和一级、二级技术员职称；华星药厂已实现管理电脑化，并通过互联网获取世界最新的医药信息。

史来贺生活简朴，清正廉洁，先人后己。他当干部以后，一直按群众平均水平拿工分，上级规定给干部的补贴，他一分也不要。1965年，他开始拿国家干部工资。当他的工资高于群众平均收入时，他就把工资交给集体，按劳力平均水平参加分配；当群众的收入超过他的工资收入时，他仅拿自己的工资，不要村上的补贴。1976年，刘庄建新村，当第一批楼房盖好后，干部群众公推他先搬新居，他不搬。第二批、第三批又盖好了，他还是住在那间20世纪50年代初建的破房里。村里的干部实在不忍心让他再住旧房，就趁他到北京开会之际，留给他一套新房。他回来后，立即将给他留的房让给了群众。直到6年后刘庄住宅楼全部盖齐，他才最后一批搬进了与群众一样的新居。

50年沧桑巨变，刘庄始终在前进。一位外国记者到刘庄参观时，曾大惑不解地问：“中国农村几经风雨，刘庄为什么能常胜？”史来贺说：“坚持社会主义道路，坚持实事求是原则，坚持走群众路线的方法，这就是我们的秘诀。”现在，这位农村党支部书记已经过世，但他的精神将永远活在人们心中。

• 中国当代作家——刘震云 •

刘震云，1958年5月生于新乡市延津县。著名作家、中国人民大学文学院教授，茅盾文学奖得主。现为中国作家协会全国委员会委员、北京市青年联合会委员、一级作家。

刘震云1973年参加中国人民解放军。1978年复员，在家乡当中学教师，同年考入北京大学中文系，是当年高考河南省文科状元。1982年毕业到《农民日报》工作。1988年至1991年在北京师范大学、鲁迅文学院读研究生。他1982年开始创作，1987年后连续在《人民文学》发表了《塔铺》《新兵连》《头人》《单位》《官场》《一地鸡毛》《官人》《温故一九四二》等描写城市社会的“单位系列”和干部生活的“官场系列”的作品，引起强烈反响。在这些作品中，他迅速表现出成为大作家的潜在能力，确立了创作中的平民立场，将目光集中于历史、权力和民生问题，但又不失于简洁直接的白描手法，也因此被称为“新写实主义”作家。其中，他的代表作《塔铺》则获1987—1988年全国优秀短篇小说奖。

刘震云的创作之路

刘震云现有长篇小说《故乡天下黄花》《故乡相处流传》《故乡面和花朵》（四卷）、《一腔废话》等，作品集《刘震云文集》（四卷）、《刘震云》等，中短篇小说《塔铺》《新兵连》《单位》《一地鸡毛》《温故一九四二》等，共四百多万字，作品多次获奖、被评介、改编和翻译。2012年，小说《温故一九四二》被冯小刚导演拍成电影《一九四二》，于2012年11月29日上映。

刘震云

• 阅兵检阅车设计师——常冰 •

常冰，1977年12月出生于延津县马庄乡袁庄村，父母都是马庄乡供销社普通职工。从两三岁开始，常冰就对汽车表现出特别的兴趣，这得益于其父母所在单位乡供销社，使他比其他人更有机会接触到汽车，他还能画出自己想象中的汽车的模样。

多年后，谁也没想到这个爱画汽车的农村娃，名字竟与抗战胜利70周年大阅兵连在了一起。 2015年9月3日，红旗检阅车在北京天安门阅兵式上荣耀登场，作为“中国第一车”的红旗车再一次闪亮登场，气派、尊贵、豪迈、大气的外形，彰显出作为国车应有的庄重和典雅。少有人知的是，这款检阅车的造型设计，出自中国一汽技术中心红旗品牌首席设计师、造型设计团队负责人常冰之手！

常冰

也许是天赋使然，对汽车痴迷成就了他的专业。正因为这份痴迷，常冰考上了以汽车设计制造专业著称的吉林工业大学，选择了梦寐以求的工业设计（汽车车身）系。学习期间，常冰便接触到了中国汽车设计元老——大红旗设计师程正先生，更深受长春这座与红旗品牌紧紧相连的城市文化熏陶。2001年一毕业，他就选择了一汽，圆了自己从小到大的汽车“造型设计梦”。这种源于内心的热爱成为常冰最强大的设计原动力，参加工作的第二年，他便以优异的方案赢得了红旗明仕换代开发的主设计权，这对汽车设计师来说是极为难得的荣耀——25岁便拥有了量产设计作品，而且是车头飘扬着红旗的历史名牌！

如果说小红旗的换代改款只是常冰初露锋芒，那么他在2005年4月上海国际车展上推出的全新大红旗HQD概念车则堪称自主品牌设计发展史上的里程碑式大作。这款新鲜出炉的HQD概念车在上海一经展出，就好评如潮。前辈程正老先生不顾年迈之躯，激动地从长春飞往上海展场，颤抖着与常冰在全新大红旗旁握手。这一刻相聚，更定格了红旗设计跨越世纪的更迭。几年后，红旗检阅车就是在“概念版”的基础上，经过局部调整后，进入实际量产设计阶段，进而生产制造出来的。在设计“大红旗”车时，常冰几乎没有休息日，即使是偶尔休息，他也会溜达到单位埋头设计。正是这种近乎痴迷的工作状态，逐渐成就了他的首席设计师职位。

2009年国庆阅兵式上，常冰设计的红旗CA7600J成为首长检阅车，第一次正式登台。2015年9月3日阅兵式上使用的也是这一款，虽然车辆重新进行了极为细致的整备，但其造型设计是相同的。在这次阅兵式上，习近平主席乘坐的检阅车，常冰不仅担任首席设计师，还是整车专利第一设计人。同时，阅兵总指挥宋普选上将乘坐的“红旗H7”，也是常冰率团队完成造型设计的。这两款红旗车整车造型设计专利上的第一设计人，署的均是“常冰”这个延津人的名字。

“虽然没能亲身体验天安门观礼台的盛况，但两次都激动得流泪了。红旗检阅车进入镜头的那一瞬间，自己这一生所有关于汽车的记忆和经历都飞速闪过，而所有这一切的总和又仿佛全都集中在了红旗车上……”说起检阅车，常冰仍然很动情，内心有种鏖战拼搏之后的释然。

• 新乡名人录 •

人 物	时 代	生卒年	籍 贯	生平、主要事迹
苌 弘	东 周	？—前492	封丘县	东周周景王、周敬王时期著名的政治家。在东周末年国势倾颓、诸侯纷争的环境里支撑着风雨飘摇的没落王国。孔子曾向苌弘求教学习“乐”。后为周敬王所杀
毛 玠	东汉	？—216	封丘县	字孝先，封丘人，东汉末年为县吏，以“清公”称。向曹操进献“挟天子以令诸侯”策略，助曹操成就霸业

续表1

人物	时代	生卒年	籍贯	生平、主要事迹
孙登	三国	不详	卫辉市	字公和，汲郡（今卫辉）人。与曹魏当权者司马氏集团不和，隐居在苏门山
刘政会	唐	不详	延津县	延津县胙城人。在李渊父子举事反隋时立有大功，死后追赠渝国公，画像入绘凌烟阁
韦思谦	唐	？—689	原阳县	本名仁约，字思谦，河南阳武（今河南原阳）人。唐高宗时，任尚书左丞，武则天光宅元年（684）迁凤阁鸾台三品（相当于丞相）。其二子韦承庆、韦嗣立皆为丞相
关播	唐	不详	卫辉市	字务元，汲郡（今卫辉）人。德宗时期任宰相，在平定泾源节度使叛乱时护卫有功，升太子少师
李恽	五代	不详	原阳县	字孟涂，原阳人。官至北汉平章政事（丞相）
李穆	五代	928—984	原阳县	李恽之弟。宋太宗时曾任参知政事
吕大防	北宋	1027—1097	卫辉市	字微仲，京兆蓝田（今陕西蓝田）人，祖籍汲郡（今河南卫辉）。元初（1086）封汲郡公，拜尚书左仆射，兼门下侍郎，与范纯仁同心辅政，号称贤相
王恽	元	1127—1304	卫辉市	字仲谋，号秋涧，卫州路汲县（今河南卫辉）人。元朝著名学者、诗人、政治家，一生仕宦，刚直不阿，好学善文，著有诗文集《秋涧集》一百卷
张思明	元	1259—1337	获嘉县	字士瞻，祖籍获嘉，后迁居辉县。元代大臣，曾任中书参知政事。一生不置产业，不蓄钱财，对法令颇有研究，收藏书籍达三万七千余卷
贺盛瑞	明	1553—1615	获嘉县	字太微，号凤山，获嘉县人，明代皇家建筑专家。万历年间（1573—1620）任工部营缮司郎中，主持维修了景陵、献陵、永宁公主坟和乾清、坤宁两宫
郭淐	明	1563—1622	新乡县	字原仲，号苏门山人，新乡县人。万历三十一年（1603），任翰林侍读学士兼东宫少傅，入为帝师。著有《绿竹园诗文集》《苏门山房诗草》
张缙彦	明末清初	1600—1672	新乡县	新乡县翟坡乡小宋佛村人。明崇祯四年（1631）考中进士，崇祯十六年（1643）为兵部尚书。降清后因获罪被流放宁古塔，为东北的文化经济开发做出了一定的贡献

续表2

人物	时代	生卒年	籍贯	生平、主要事迹
申启贤	清	？—1839	延津县	字子敬，号镜汀，延津南街人。清嘉庆七年（1802）进士，后历任福建道、江西道监察御史、顺天府尹、吏部侍郎、山西巡抚等职。嘉庆十八年（1813）写了一个《禁鸦片法》上奏朝廷，提出四条禁烟措施，比林则徐提出的禁烟主张要早25年，故后人称其为"禁烟先驱"
田芸生	清末民初	1860—1926	新乡县	字香圃，晚号迂叟。曾与黎元洪合作整顿汉阳兵工厂务，创办兵工学堂
王锡彤	清末民初	1865—1938	卫辉市	字筱汀，卫辉城关人，中国近现代史上著名的爱国实业家，被誉为"洋灰（水泥）王"
李敏修	清末民初	1866—1943	卫辉市	号暗斋，卫辉人，26岁中进士。民国时期，出任河南教育司司长，与当时天津的严修、江南的张謇并称"教育三杰"。一生治学勤奋，著作甚丰，主要有《论语之政治学》《中州人物稿》《中州学系考》等
郭仲隗	当代	1887—1959	新乡县	新乡县大召营人，1908年参加同盟会，曾先后两次受到孙中山的接见，并委以讨袁重任。由于他敢于仗义执言，为民请命，与国民党内的右派势力做斗争，人送绰号"郭大炮"，被誉为"民国海瑞"
王柄程	民国	1895—1936	卫辉市	字怡柯，卫辉人，著名经济学家，中国现代史上村治建设的领袖人物
嵇文甫	当代	1895—1963	卫辉市	原名嵇明，卫辉市吕村人，哲学家、史学家，中国科学院学部委员（院士），领导创办了《史学月刊》
秦希娴	民国	1900—1930	新乡县	字景屈，女，新乡县七里营人。曾任小学教员、校长，新乡县第一届妇女协会主任，新乡县妇女放脚分处处长，是新乡县妇女解放和新文化运动的积极倡导者之一
李春昱	当代	1904—1988	卫辉市	字赓阳，卫辉市安都乡斜道村人，著名地质学家，中国科学院学部委员（院士）。最早引入板块构造学说
傅德明	民国	1905—1931	新乡县	字诚斋，出生于新乡县块村营一户普通农民家庭，是新乡最早的革命烈士之一

续表3

人 物	时 代	生卒年	籍 贯	生平、主要事迹
潘钟祥	当代	1906—1983	卫辉市	卫辉市唐庄镇侯庄村人，是我国石油学会创始人之一，陆相生油学说的首倡者、大庆油田的发现者之一
李毅之	当代	1907—1955	新乡县	新乡县小块村人。新乡早期参加革命活动的领导人之一。1948年11月，新乡市人民政府成立，李毅之就任第一任市长
刘知侠	当代	1918—1991	卫辉市	原名刘兆麟，卫辉市庞寨乡柳卫村人，著名作家。代表作《铁道游击队》
郑永和	当代	1921—2007	辉县市	曾任中共辉县县委书记、国家水电部副部长、中共河南省委副书记。在任辉县县委书记时，带领全县人民艰苦奋斗15年，一部《辉县人民干得好》的纪录片，使辉县在20世纪70年代成为全国人民学习的榜样
侯德昌	当代	1934—	辉县市	辉县市孟庄镇北田庄人。中央文史研究馆馆员，著名书画家。书写的“伟大的领袖和导师毛泽东主席永垂不朽”十七个大字被制成金字镶嵌于毛主席纪念堂瞻仰大厅
刘炳银	当代	1941—2001	河北省武安市	河南新飞电器集团创始人
吴金印	当代	1942—	卫辉市	卫辉市唐庄镇党委书记，全国优秀共产党员，当选100位新中国成立以来感动中国人物
关牧村	当代	1953—	辽宁省沈阳市	生于新乡，满族，我国著名女中音歌唱家。演唱的《打起手鼓唱起歌》《祝酒歌》《吐鲁番的葡萄熟了》等歌曲深受人们喜爱
刘震云	当代	1958—	延津县	中国作家协会会员，著名作家。著有《塔铺》《官场》《一地鸡毛》《故乡天下黄花》《我叫刘跃进》《手机》等作品，被称为“新写实主义”作家
刘国梁	当代	1976—	新乡市	中国著名乒乓球运动员，曾任中国国家乒乓球队男队主教练。中国第一位世乒赛、世界杯和奥运会男单“大满贯”得主，多次获得单打冠军

寻根问祖

——四海万里自有源

黄河是中华民族发祥地之一，新乡是黄河中下游的一颗璀璨明珠，悠久的历史造就了灿烂的文明，几千年来，人们在这里繁衍生息，许多姓氏就发源于新乡，不同的姓氏演绎着不同的历史故事。

• 根扎牧野枝叶茂——起源于新乡的姓氏 •

林姓

姓氏渊源

第一个渊源：源自子姓。为商朝末年名臣比干的后裔，属于王侯赐姓为氏。商末，纣王无道，比干犯颜直谏被杀。比干夫人陈氏逃入长林山中，生下了儿子泉。周灭商后，因泉生于林中，其父比干坚贞不屈，被周武王赐以林为姓。

第二个渊源：源自姬姓。出自周平王的世子姬开，字林，属于以先祖字为氏。

第三个渊源：源自官位。出自西周时期官吏林衡（又叫林人，主要掌管树木，负责植树造林、养护浇灌，尤其是照顾王家的园林），属于以官职称谓为氏。

第四个渊源：源于少数民族改姓。

得姓始祖

林姓得姓始祖林坚是比干的遗腹子。因商纣王残暴无道，比干多次犯颜强谏，反遭杀害。当时，比干的夫人陈氏身怀六甲，带着四个侍女逃到牧野避难，住在树林掩映的石洞里，后来，夫人生下一个儿子，取名坚，字长思。周武王伐纣取胜，比干的夫人携子坚拜见周武王。因为坚是在树林里出世的，所以，周武王以“林”赐姓，拜为大夫，食采西河，后移封博陵公。

百家姓（第二部）盛　林

人口分布

林姓在全国的分布主要集中于福建、广东两省，大约占林姓总人口的55%；其次分布于浙江、台湾，这两省又集中了13%。近600年间，林姓人口流动的程度和方向与宋、元、明期间有些区别，林姓向华中、华北的回迁是主流。

郡望

主要有济南郡、下邳郡、南安郡、晋安郡、西河郡等。

堂号

济南堂、南安堂、下邳堂等。

共姓

殷商时，在今辉县封有“共侯”。西周时，改封为共国。周厉王时，百姓暴动，周厉王出逃，共伯和被诸侯推举代行王事，历史上称为共和元年（前841），此为我国历史纪年之始。共伯和就居住在

【知识链接】

林姓宗祠对联

草舍百篇集清气，虎门一炬振国威。

应视国事如家事，能尽人心即佛心。

（此联为清代林则徐撰自题联）

“共”，现辉县还保存有共城遗址。春秋时期，郑庄公的弟弟共叔段在母亲武姜的支持下，袭击郑庄公，被郑庄公打败赶到共城。他的后代就以“共”为姓。共姓后代有的为避仇在共字上加“龙”为“龚”，加“水”为“洪”，加“心”为“恭”的。所以说，共姓、龚姓、洪姓、恭姓都源于辉县。

姓氏渊源

共（gòng）姓源出有：

第一个渊源：源于姜姓，出自炎帝神农氏属下的共工氏，属于以先祖官职称谓或名号为氏。

第二个渊源：源于子姓，出自商朝时期古共国之后，属于以国名为氏。

第三个渊源：源于姬姓，出自春秋时期卫国共伯和之后。

第四个渊源：源于姬姓，为春秋时期晋国君主晋献公的后裔，属于以谥为氏。

第五个渊源：源于姬姓，为春秋时郑武公的儿子共叔段后代，属于以先祖名字为氏。

第六个渊源：源于芈姓，出自战国末期楚国贵族的后代，属于以封邑名称为氏。战国时期，楚武王熊通封王室贵族于共邑（今河南辉县），其后裔以封邑为姓氏，称共氏。

得姓始祖

共工（上古炎帝的后裔，黄帝时任水官）、共伯姬和（卫武公）、共君（恭君、姬申生）、共叔段（姬叔段）、熊通（楚武王）。

迁徙分布

共氏是一个非常古老的多源流姓氏。洪氏族人在全国分布广泛，尤以江苏、浙江两省为多。而龚氏族人以四川、湖北、江西、山东、江苏、浙江、湖南等省为多。

郡望

敦煌郡、江陵郡、豫章

共工怒触不周山

郡、宣城郡、武陵郡、六桂郡等。

堂号

渤海堂、武陵堂、六桂堂、江陵堂、宣城堂、豫章堂等。

历史名人

龚自珍（1792—1841），汉族，浙江仁和（今杭州）人。清末思想家、文学家，近代改良主义的先驱者。出身于世代官宦家庭。祖父龚禔身，官至内阁中书军机处行走，著有《吟朦山房诗》。父龚丽正，官至江南苏松太兵备道，署江苏按察使，著有《国语注补》《三礼图考》《两汉书质疑》《楚辞名物考》等书。

封姓

姓氏渊源

封姓源于封丘。相传远古时期炎帝的孙子钜是黄帝的老师。到了夏代，钜的后代被赐给土地，建都封父（今封丘）。到了周，封父被灭，子孙后代就以国名为姓，有的姓封，有的姓封父。

第一个渊源：源于姜姓，出自炎帝的后裔钜之后代的封地，属于以封邑名称为氏。

第二个渊源：源于姜姓，出自黄帝之臣封子，属于以先祖名字为氏。

第三个渊源：源于姜姓，出自战国末期齐国庆氏家族，属于因故改姓为氏。

第四个渊源：源于芈姓，出自春秋时期楚国大夫穿封戌，属于以先祖名号为氏。

第五个渊源：源于鲜卑族，出自南北朝时期鲜卑族拓跋部是贲氏部落，属于汉化改姓为氏。

得姓始祖

封父。封姓源于姜姓，是以地名为姓的姓氏。根据《姓苑》记载，夏朝时封父被列为诸侯，封地在今河南封丘县西封父亭，他的后代以地为氏，称为封氏。故封氏后人尊封父为封姓的得姓始祖。

当代封姓的人口大约有40万，为第257位大姓姓氏，大约占全国人口的0.044%。

郡望

渤海郡、洛阳郡。

堂号

渤海堂、洛阳堂。

历史名人

封衡、封孚。

胙姓

西周王朝初建时，封邦建国，周公旦的一个儿子被封到现在新乡市延津县北

【知识链接】

封姓宗祠对联

望居渤海　源自封丘

（全联典指封姓的郡望和得姓源流）

央视网

百家姓（第四部）封 芮 羿 储

的胙国（今胙城乡），后胙国被南燕国所灭。胙国被灭之后，子孙就以“胙”为姓。“胙”是祭肉的意思，后人有改“胙”为“作”，但两姓都不多见。

段姓

姓氏渊源

第一个渊源：段姓源于辉县，春秋时期郑庄公的弟弟共叔段谋反后逃奔共地（今辉县），他的后代分散，有的以共为姓，也有的以段为姓。

第二个渊源：源自共叔段，根源于姬姓。段姓受姓始祖是共叔段，这就是所说的河南段氏。共叔段的后代子孙将“段”作为自己的姓氏，表明了后代子孙对共叔段的爱戴与尊重。

第三个渊源：源自段匹磾，根源于鲜卑族后裔。

央视网

百家姓（第四部）井 段 富

第四个渊源：源于蒙古族，属于汉化改姓为氏。

第五个渊源：源于其他少数民族，属于汉化改姓为氏。

迁徙分布

四川、山西、河北、云南等省多此姓。段姓是当今中国姓氏排行第87位的大姓，人口较多，约占全国汉族人口的0.23%。

郡望

京兆郡、武威郡、扶风郡 、天水郡。

堂号

君轼堂等。

姓氏图腾

段是以司职为图腾的族称。右边是手拿利器砍山崖石壁，左边表示被砍的山崖已经开裂，合起来称作段。

历史名人

段祺瑞，安徽合肥（今属肥西县）人，原名启瑞（1865—1936），字芝泉，晚号正道老人。

段姓

【知识链接】

段姓宗祠楹联

文称二妙，国立一王。
远岫林端出，清波城下回。
九经陶铸资群彦，一字源流奠万哗。

1885年入天津武备学堂。为民国时期政治家，皖系军阀首领。他本人素有“六不沾总理”之称，即不贪污肥己，不卖官鬻爵，不抽大烟，不酗酒，不嫖娼，不赌钱。曾任提督、国务总理等职。1936年病卒于上海。

凡姓

周王朝初建时，周公旦的儿子被封到“凡”地，建立了凡国，人称凡伯。他的后代就以国名为姓氏。“凡”地就在今新乡市辉县市西南，即北云门镇凡城村西北，现遗址犹存。

姓氏渊源

第一个渊源：《姓解·一一三·乙部》：“凡，姬姓。”《广韵·凡》《姓氏急就篇·下》《姓苑》的记载相同：“凡，姓。周公之子凡伯之后。”《通志·二六·二以国为氏》记载的更为详细：“凡氏：周公第二子凡伯之后，为周畿内诸侯。皇甫谧谓：‘凡氏避秦乱，添水为泛’”。山东省汶上县、河南省偃师市东石坝《姬氏志》均记载：“周公少子封于凡，以国为氏。”《中国古今姓氏大辞典》曰：“此以国为氏，系出姬姓。凡国故城在今河南辉县西南。”显然是黄帝后裔。

第二个渊源：笔误简化。另有部分樊姓人口因笔误或为求书写简单而改为凡姓。

迁徙分布

现行较罕见姓氏，分布很广。今湖南省永州市东安县，天津武清，河北围场，山东鱼台、东平，辽宁清原，内蒙古乌海，湖南芷江，湖北利川，广东高要，广西田林，四川合江等地均有。汉、回、土家、锡伯等多个民族有此姓。

宁姓

宁姓源于新乡市获嘉县。获嘉县为古

宁地。公元前634年，卫成公的儿子季亹食采于宁，之后，他的子孙就以祖先的食邑之地宁作为姓氏。

姓氏渊源

第一个渊源：春秋时卫大夫宁俞之后。

第二个渊源：误传出自嬴姓，以谥号为姓。

第三个渊源：出自后周柴荣之五子曹王嫡后柴熙让。

第四个渊源：出自满族复姓所改。

得姓始祖

宁俞，即宁武子，春秋时卫国人，卫文公、成公时大夫。

郡望

济南郡。

堂号

齐郡堂、达孝堂、笃亲堂、成德堂等。

迁徙分布

宁姓发源于春秋时卫国之宁邑。如今，宁姓在全国分布较广，尤以吉林、陕西、湖南、山西、河北、河南等省多此姓。

• 千古高风传到今——新乡姓氏故事 •

寻根问祖、追根溯源是人的天性，姓氏及其附着的文化内涵是一张绝佳的名片，是打通古今交流通道的最好载体，它以一种血缘文化的特殊形式记录了中华民族的形成史。

■ 新乡的程婴——贡祖文

春秋时期，程婴救护赵氏孤儿的故事义薄云天，流传了千百年，《程婴救孤》的剧目早已深入人心，根据这一故事改编的戏曲久唱不衰。然而在河南新乡也有一位程婴式的人物，在历史上又一次上演了一场救孤养孤的故事，这位主人公就是贡祖文。

贡祖文，字仁德，新乡长垣县城北人，幼读诗书，聪慧过人且豪侠仗义。宋宣和七年（1125），金兵侵犯中原，康王赵构发署榜，招募义勇兵抗金，贡祖文毅然投军，就是在这次从军中和同样从军报效国家的岳飞相识，两人同做护卫。由于志向相投，心忧天下，二人惺惺相惜，结拜为刎颈之交。岳飞被害后，贡祖文冒死救下岳飞的三子岳霖，前后二十年隐姓埋名，被后人誉为新乡的程婴。

1142年，岳飞及岳云父子被奸相秦桧以莫须有的罪名诬陷害死后，其遗属被流放岭南，途中，岳飞的三子岳霖逃脱，朝廷下密旨命令总镇使贡祖文缉拿。

岳飞父子在临安被诬陷入狱时，贡祖文时任南京秣陵关总镇使，得知消息后，他心急如焚，立即以全家性命向朝廷担保岳飞父子无罪，同时启程赶赴临安，准备营救岳飞。但还没有到达，岳飞父子就已被害，贡祖文悲痛万分。这次受命缉拿岳霖，贡祖文感到有了冒死救忠良之后的机缘。

贡祖文接到圣旨后，亲自出马，带领亲信四处查询，终于在石臼湖边的芦苇丛中发现了正发高烧的岳霖，岳霖当年才十二岁。从他身上还发现一封信，是岳夫人草书的一个便函，上写：祖文兄如面，霖儿托据，来世当报……

贡祖文看罢信后，泪如雨下，然后把心一横，抱起岳霖，骑上战马连夜赶回南京秣陵关所，将岳霖藏在署中，连家人都不知道。秦桧得到一些风声，派人暗地搜查，但很长时间也没有查出结果。

贡祖文深恐军中人多口杂，一旦暴露，将前功尽弃，岳公子又会落入虎口再遭陷害。于是，为了保护岳家忠良，他决定辞官解甲归田。获准后，贡祖文悄悄将岳霖带到安徽宣城南湖贡家村隐居。

可是，贡家村地处宣城和广德之间，属兵家必争之地，又是南来北往的重要通道，人员复杂，且距临安府不远，贡祖文唯恐有闪失，没多久，举家迁徙到曲阿（今江苏省镇江丹阳）一个地处偏僻的村庄塘村（今柳茹村），在这里垦荒种地建房造屋，将岳霖隐姓埋名藏在家中，几乎过着与世隔绝的生活，但贡祖文从未放松对岳霖的教育，教他天文地理、习文练武，把他当成亲生儿子看待。功夫不负有心人，岳霖最终成为一个博学多才能文能武的有用青年，后来与钮氏成婚，生下了岳琛、岳璞、岳珂、岳珪四个儿子。

贡祖文于南宋绍兴二十年（1150）病逝，终年八十岁。十二年后，宋孝宗登基即位，改年号为隆兴元年，岳飞二十一年的冤案终于得到平反昭雪，此时，岳霖已三十余岁，贡祖文救孤的感人事迹得到朝廷褒奖，追谥他为“文宪公”，表彰他“匿护忠良后裔之功”，评价他忠君爱友。孝宗皇帝特赐御匾一块，亲自书写“旌表忠义”四个字。

如今，在丹阳岳氏家族中，一直以来对贡氏祖先贡祖文保护岳飞后裔的义举心存感激，把他当作家族的大恩人，为体现贡岳一家，有一个规定，贡岳两家不得通婚，在岳氏宗祠内赫然摆放着贡祖文的神位，龛内有“贡文宪之位”的牌位。

王门村为啥无王姓

坐落在新乡市凤泉区西北4千米的王门村，是一个历史悠久的古老村庄。

新乡县志与地名志对该村都有所介绍，1994年出版的《北站区志》记载：王门，长约九里，人称“九里王门镇”。经战乱，村庄毁。

北站区地名志也有记载：王门村东距乡治所3.5千米，唐朝时期建村。2004年在王门村西南出土大量的汉墓和古冢，足以证明王门村的始建最少在汉朝之前，大量的史料都证明了王门村有千年的历史。

一般来讲，很多自然村的村名大都以姓氏命名，宗族亲戚关系为保护自己的利益而聚在一起，这是明显的民族特征。例如，张庄肯定有张姓聚居，刘庄是由刘姓族氏始建，然而也有例外，王门村这个占地四五千亩的大村庄并无一户王姓，这是为什么呢？

在隋朝之初，王氏一族就来到了这里，这里地势高，土质好，有水源，加上又在长达八里的古栈道的两旁安居，更是得天独厚，生意货栈兴隆，人口达六七百人，这是王门村的鼎盛时期。到了隋末唐初，天下大乱，虽然大唐定都长安，可是河北、山东还在隋唐征战之中。

这天傍晚，唐王李世民的一只押运车队路过王门村，由于押车的士兵都化妆为车夫，王门村的庄主王明没有弄清他们的身份，误认为这支车队是隋军外逃携带的物质。王明就下令劫杀了他们，结果天亮以后，打开车厢才知道车中物质都是李世民的战利品，是要运往长安的稀世珍宝，王明看了唐军宝印的封条与官印，一下子都傻眼了，吓得胆战心惊，知道惹了大祸，劫持皇家的东西，死罪呀！王明知道这件事肯定会给王门村全村招来灭顶之灾，急忙吩咐众人将劫来的大件宝物埋进北山，小件细软带走逃命……

再说那些没有被王明杀死的军汉，跑回去将事情经过报告给唐王，李世民大怒，速派一支军队包围了王门村，追查珍宝下落，凡言不知者，就地正法，有路过王门村的王姓也招来大难，有的被满门抄斩株连九族。这样一来，吓得方圆十里的王姓庄户纷纷逃离，没有逃跑的就把王姓改作它姓，这就是王门村后来没有王姓的传说。

为了这一批稀世珍宝，李世民命令这支军队找不到宝物不能回来复命，于是，这支军队只好长期驻扎王门村，久而久之，这支军队的官兵家属纷纷被接来居住，单身汉在这里娶妻生子。王门村成了唐李天下，因为当时老百姓把唐兵称为李家军，能姓李是件很荣幸的事儿，而今居住在王门村的李姓成了大姓，他们正是当年唐李军队的后裔。

至于那几车价值连城的珍宝，几百年来没人知道是否已被挖出或找到，反正至今还有不少想发财的人到王门村一带去打探寻宝。

■ 七世同居坊

七世同居坊坐落于新乡市平原路路南牌坊街北端，始建于清道光四年（1824）。现保存基本完好。

牌坊坐北朝南，横跨街心，为三间四柱五楼式，青石结构，坊部脊吻、瓦垄、飞檐、梁架等构件均仿古代传统的木构建筑雕刻而成，具有典型的民族风格。通高8.6米，通体用青石仿三重檐的木结构牌楼雕刻而成。

站在牌坊下面，能够看到顶层檐下正中立一匾额，阴刻“圣旨”二字，第二面匾额阳刻欧体“候选布政司经历赵珂七世同居坊”，右上题跋为阴刻小字“大清道光四年，岁次甲申”，右下边落款为“夏四月上瀚，毂旦建立”。

赵家七世同居坊是为旌表赵家七世同居和赵家的善行而造的，故群众也称它为“善人坊”。

紧挨着牌坊，有一个老伙胡同。所谓老伙，就是全家几代人在一个伙上吃饭。兄弟姊妹妯娌婆媳，关系都处得好，都不愿分家，大家和睦相处，没有私房钱，穿戴也都一样，该买啥都买啥，该吃啥都吃啥。

赵氏家谱，详细记载了赵家曾经七世同居的显赫过去。

赵家祖先来自山西洪洞县，赵氏家族二世祖，名廷辅，生吉，吉生宏德，宏德生克仁，克仁迁居饮马口，也就是现在的赵庄，克仁又生三子，长子文辉，次子文耀，三子文煌。自文耀至舟、浚，同在一起烧火做饭，个人没有私有财产。

这样，由举人、候选布政司理向、贡生等20余人共同推举，呈报旌表赵家。呈报辞中写道：

旌表以显扬行善之家，是鼓励好风尚、改变恶习，是治理国家、治理家庭的根本。教育人，需先教育家庭，是以表彰良民，宣扬名人的标志。候选布政司经历、钦加正六品衔赵珂及家族模范事迹，带给子孙的影响是巨大而明显的。从赵珂的高祖文耀到赵珂之孙赵湞等，七世同居一门之内，他们之间慈善孝敬、互敬互爱、延续继承，姑嫂妯娌之间和气慈祥温柔，屋内没有属于自己的用具，口袋内没有自己的私钱，吃的一样没有好坏之分，穿的一样没有差别。赵珂家处在耕田种地的乡村，而教育他们子孙，遵照文公的格言即孔孟之道，盖遵循以德为本久已著名，所以家里装饰朴素，生活勤俭成风，房内没有奢华的装饰家具，忠厚风尚，在外没有浮漂的行为，家规很严，是群居生活之首。

实际上，名在旌表赵珂的牌坊，是由赵家数代换来的。按家谱记载，赵家至珂止，代代有不俗表现。比如八世赵荦（原名师胜，同居三世），为人善良，济难周贫，毫不吝啬，晚年耳聋，人称赵聋，乡里远近都知道他是讲义气之人。一次他乘船来到草坡，有几个匪徒上船行劫，赵荦有点儿恐慌，便叹气说："我赵荦今天被抢劫了！"一匪徒听到便问："你是新乡饮马口的赵聋？"赵荦说："正是！"随即众匪登岸而去，并说："咱们走，不能惊动讲义气的人！"

十世赵珂（同居五世），是赵家发展史上一个里程碑式的人物。当时，赵珂在新乡开店，起初生意也很一般。一天，一个衣着破旧的人推着一个平板车，车上堆着些破鞋来到赵珂的店前。在此之前，他已经走遍整个街道，店家看他如此破落，都不愿意留宿他。但赵珂不一样，他老远就迎住了这个客人，并帮他将车子推进门。

客人进店后，问赵珂："我穿过整个县城都没人愿留我，你大老远来接，为啥呀？"

赵珂："来的都是客，是客都一样。"

赵珂迎进来的这位客人不简单，他就是大名鼎鼎的晋商王泰来。

感动于赵珂的热情和善意，王泰来以后有生意都关照赵珂，从此赵珂生意一天比一天红火。

赵珂后来做到候选布政司经历军功，钦加正六品衔。他一心培养人才，每年请教师在家办私塾，亲戚和本族中贫困子弟来此读书的，上学费用任意交，一点儿都不吝啬。赵珂的秉性，是孝敬长辈、真诚对待朋友，父亲患重病，煮好的药他必须亲自尝，直到其父终老，他五十多天没有脱过衣服睡觉。

明朝万历年间，县城东车村铺有个哑道人名叫武夏，据传他曾拾一袋金子，追还失主，因难以追上，急呼唤，忽然之间竟能说话，但这一呼唤，成了他一生的绝响，当即死去，后葬于卫河南岸骆驼湾，县侯（高其义）为道人建一墓塔，以表彰其拾金不昧的行为。嘉庆二十二年（1817），塔顶损坏。道光二年（1822），赵珂约同乡们捐一部分钱，自己出资绝大部分，重修了此塔。

七世同居坊是道光四年（1824）地方官府拨银三十两自行建造的，当时在世的有十世祖赵珂等。至光绪十三年（1887）十二世祖赵浚去世时，已有了十四世祖，当时赵家在一起生活的有70人左右，都居住在牌坊西侧的东西街内，该街被称为老伙胡同，算起来赵家同居生活的时间历经了225年之久。

一个大家庭在如此漫长的同居日子中和睦相处实乃古今难觅，这对当今构建和谐社会有着很好的榜样作用。

古城印象

——历经风雨韵犹存

历史是记忆，文化是灵魂，哪怕已然逝去，哪怕被后来的时光深深埋藏，日复一日，千年万载，但只要你打开历史的厚厚尘封，依然是一幕幕波澜壮阔、五彩斑斓的生动画卷。新乡历史事件较多，著名的有鸣条之战、牧野大战等；文化积淀深厚，在烁古耀今的《竹书纪年》《诗经》《全唐诗》中，都有着新乡人的身影；先民们在此创造了灿烂的文明，留下了众多遗迹，旧石器时代、新石器时代、仰韶文化、龙山文化……无不闪耀着熠熠光辉，而这些正是一笔笔宝贵的财富、一笔笔宝贵的遗产……

历史文化名城——卫辉

卫辉市，自西汉高祖二年（前205）建县，已有2200余年历史。西晋泰始二年（266）始，先后为郡、州、路、府、道治所，元世祖中统元年（1260）将卫州、辉州合并为卫辉路，明、清改为卫辉府。2000年，市内有国家、省、市级文物保护单位117处，有殷太师比干庙，有汉光武帝时期南阳太守杜诗、后周宰相魏仁浦、北宋词人贺铸和元代翰林学士王恽出生地，有河洼仰韶文化遗址、牧野大战的古战场、出土驰名中外的《汲冢书》的汲冢古墓和出土水陆攻战纹铜鉴的战国墓葬群。遗存的古城址和护城河、豫北黄河故道湿地鸟类国家级自然保护区、清代的传统街区和民居保存尚好，城内众多的文物古迹保存基本完整。

1993年3月27日，河南省人民政府公布卫辉市为河南省第二批历史文化名城。

建置沿革

殷商时卫辉为畿内地，已有牧邑。姬发伐纣，在此列阵，后人称陈城。周灭商后，此地先属鄘，后属卫。春秋时期，卫遭狄侵，戴公东渡，此地更属于晋。战国时期，属魏，始有汲邑（今汲城村）之称。秦初属河东郡东境，后属河内郡。西汉高祖二年（前205），始置汲县，属河内郡。

元世祖中统元年（1260），属卫辉路总管府，路治汲县。

明、清属卫辉府，府治汲县。民国实行省县两级制，汲县直属河南省。1948年11月7日，县城解放，县政府机关迁驻县城。1949年8月，平原省建立，汲县属平原省新乡专署。1952年11月，撤销平原省，改属河南省新乡专署。1983年9月1日，改属河南省新乡市。1988年10月，撤销汲县，成立卫辉市。

卫辉府古城

卫辉府古城即古牧邑。因城址建在殷商末年，武王伐纣列阵于此地，故称陈城（古陈、阵通用）。原为土城，辟有南、西、北三门。明英宗正统年间（1436—1449），知府叶宜、千户张谅将土城外壁包以砖石。建潞王府时，将旧城向南扩

卫辉建置沿革

卫辉府城西门

展，增东门，建有月城、敌台、角楼等。明万历十五年（1587）三月，地震，城堞摧圮。二十五年（1597），沁河决口，城墙倒塌大半。三十五年（1607），淫雨连绵40余日，城垣颓敝，后多次维修。明清时期，卫辉城内古建筑有：府署、县署、盐河粮捕通判署、府经历司署、参将署、守备署、督学、贡院、卫源仓、府城隍庙、县城隍庙、富教楼、明潞王府、太仆分司署、布政分司署、按察分司署等。其中，潞王府于万历十二年（1584）六月动工兴建，历时4年，耗银40万两，于万历十六年（1588）建成。万历十七年（1589）三月十九日，潞简王离京就藩。潞王府在卫辉城东部，建有望京楼、梳妆楼、看花楼、大殿、配殿、戏楼、正阳桥、玉带河等。富教楼即鼓楼，在府署（今卫辉市第一中学）之南，高约七丈，共分三层。下层方形楼基，门洞高大，下为南北通衢；上有两层楼阁，雕梁画栋，雄伟壮观。上层横匾书“富教楼”，中层悬匾“大观”。明崇祯年间重修，1958年拆除，1963年楼基被毁。府署，位于城内东北部，唐贞观年间初建，明、清时为卫辉府署，民国废府设道，河北道尹公署设此，现为卫辉市第一中学所在地。贡院，设在城内贡院街东段路北，为今新乡第一师范学校前院所在地。府文庙，原在城东南隅，明末在德胜桥北卫河之滨另建文庙（今严光街南段）。每年春秋两季，清朝地方官吏在这里举行“祀孔”大典，仪式极为隆重。此处现为汲水镇第二中学所在地。县文庙，原在城东南隅，明末迁至县前街东段路北。潞简王之子朱常淓（明第二代潞王，世称小潞王）手书唐诗三百首石刻和不少名石刻，曾藏于县文庙后院。此处现为汲水镇第一小学所在地。

古建筑

望京楼　望京楼是我国现存规模最大、设计科学的无梁殿建筑，位于河南省卫辉市城内望京楼后街，是明万历皇帝同母弟潞简王朱翊镠为表达思母之情而建，距今已有500年的历史。

据清乾隆年间《汲县志》载，望京楼由潞简王朱翊镠于明万历十九年（1591）所建。潞简王朱翊镠（1568—1614）深得其母与胞兄万历皇帝的宠爱。终其一生，万历皇帝任其妄为而不加约束，这也是潞王飞扬跋扈的根本原因所在。

望京楼形体高大，结构坚固，内砖外石，端庄浑厚，砌筑工整，设计科学，具有典型的官式建筑风格。1986年，汲县（现卫辉市）人民政府将其公布为县级文物保护单位。2000年，河南省人民政府将其公布为第三批省级文物保护单位。2006年5月25日，其被国务院批准列入全国第六批重点文物保护单位。

望京楼于万历十九年（1591）冬动工，征调周围十多个县的民工和巧匠昼夜施工，历时2年，于万历二十一年（1593）秋竣工。施工中采用“土围作胎”法，所用条石众多，因此民工惨死无数。民谣曰：“修高楼，鬼见愁。活着来，抬着走。一人喜，万人忧。恨歪王，不如狗。”

望京楼

望京楼

作为望京楼的陪衬，周围修成十亩大的花园，花园的东角门，建有花神庙和一座煤山，煤山全部用由太湖运来的“太湖石”砌成。山南有梳妆楼，形成以望京楼为主体的游乐景观。

潞简王整日沉湎于酒色玩乐，据《汲县志》载，潞简王经常携侍从、家丁、鹰上西山出猎，暮色苍茫方归来，宫女们含笑相迎。这时鼓乐喧天，望京楼上烛光熠熠，落雾轻纱，翩翩起舞，通宵达旦。万历四十二年（1614）二月十五日，潞简王的母亲孝定皇后哀丧的消息传到卫辉，潞简王悲痛欲绝，饮食俱废，于万历四十二年五月十五日感疾薨逝，次年八月二十一日葬于卫辉府西五龙岗（今凤泉区凤凰山潞王陵）。潞简王之子朱常淓，字中和，自号敬一主人，习文翰，嗜古玩，通释典，风尚高雅，曾在崇本书楼上弹琴、习书、绘画。其草书唐诗三百首、月兰图画等刻之于石（现藏卫辉博物馆），并著有《述古书法纂》。《汲县志》记载他制琴三百六十号，精工细作，世称“潞琴”，极为珍贵，并著有《古音正宗》行世。崇祯末他流寓杭州，清朝顺治二年（1645）被迫降清，顺治三年被杀于北京。

望京楼主体建筑高23米，宽32米，进深19米，平面呈长方形，坐北向南。其为砖石结构，外壁用青石砌筑，内壁用白石镶嵌，外壁中间有白石腰檐。第一层东、西、北三面共有四窗，为券顶，青石窗棂残迹尚存。在东、西、南角各辟一石券门，为青石门框，由两门青石踏道可登至第一层楼。首层建十字拱券，四面辟门，高大宽敞，为乘凉佳处。每券门上有两道木栏杆槽，下有一道石栏杆（50厘米）槽。北券有四门，均为青石门框，为上下所用，由东西两门沿青石踏步可登至第二层楼。第二层楼原有五间歇山式大殿，名曰“崇本书楼”，是供潞简王父子读书写字的宫室，崇本书楼已毁，大殿柱础尚存。大殿前，左、右有回廊，殿后有两个小门。殿前东、西两侧原有凉亭作上下之用，凉亭已毁，遗迹尚存。大殿正前方有石坊一座，名曰“诚意坊”，此坊平面呈一字形，为青石结构建筑，高5.02米，宽5.08米，以四柱三楼四阿顶结构形式组成。每柱下前后以如意形抱鼓石围绕，抱鼓石下为须弥座，上有折枝花。上端雕一昂首挺胸、傲视一切的蹲坐石狮，造型逼真，雕琢精美。四阿顶筒瓦瓦垅，清晰地延伸到飞檐的瓦当，下为仿木质结构的昂，昂与昂之间分别有三块镂孔石板作装饰，下为三龙戏珠横坊。正面横额的线雕呈现出阳文“诚意坊”三字，下为“童子拜寿”图，四柱上分别有龙衔华表式挂轴对联，明间联曰：“雕檐接碧汉会合风云，画栋耸青霄依凭日月”，次间联曰：“云楼壮万国雄观，宝殿建千年胜概”，两边为“海兽人物”图、“鹤禄同春”图等。背面横额上为“三龙戏珠”图，下为“八仙庆寿”图；中柱联曰：“高阁端严沐九天雨露，崇台镇肃瞻万象光明”，外柱联曰：“南联地脉嵩衡秀，北觐天枢斗极辉”；两柱间横额均雕“二龙戏珠”图，左边为“迎宾”图，右边为“携子访友”图。石坊的左右两侧均雕有盆景牡丹作装饰。

望京楼雕刻精湛。其在建造技术上有独特的艺术手法，特别是高台无梁拱券建筑成为全国目前保存完整、规模最大、价值最高的建筑之一。

望京楼上的诚意坊是典型的官式建筑风格，综合了建筑、绘画、书法、雕塑等艺术。其书法笔锋挺秀，笔法娴熟，书体工整美观，端庄秀丽，风度洒脱，气象生动。

绘画均为祝寿、吉祥之意，如童子拜寿图、海兽人物图、鹤禄同春图、八仙庆寿图、迎宾图、二龙戏珠图、三龙戏珠图等。从艺术角度看，这些绘画有着自己独特的风格和鲜明的艺术特色，即静中有动，寓动于静，形神兼备，栩栩如生。

雕塑浮雕立体感强，人物花卉、亭台楼阁、龙纹祥云等正好弥补了雕刻不能表现色彩的缺陷。

从整体看，其雕刻不仅注重细部的精雕，如线刻人物花卉图线条流畅、刀工细腻，而且把高浮雕龙的结构和特征表现得更为准确，使这座轮廓分明、风格庄重的石坊具有较高的艺术价值。

清代许作梅有赞望京楼诗云：

犹有秦宫在，十年客泪收。
燕飞何处宿，春尽不知游。
肃阁晴云复，屏山怪石留。
长秋角巾者，乘兴已登楼。

灵应塔　灵应塔位于旧城外东南隅，明万历十三年（1585）卫辉知府周思宸建造。其高35米，塔身全部由青砖砌成，七级六角形，逐层收敛。塔檐以仿木砖雕额枋、斗拱承托和装饰，并用叠涩砖层和仰莲砌出腰檐，线条柔和，结构精美。一层南北各辟一券门，供人上下，门楣上镶嵌石碣两方，北门上书“护国保民”，南门上书“灵应塔”。第二至第七层，每层六

灵应塔

孔子击磬处

面均辟一窗。塔内设六边形塔心室、穹隆顶，绕塔心室砌有螺旋石阶102阶。塔顶内部砌有八卦图，中部有柏木刹杆，塔顶以孔雀蓝色琉璃瓦覆盖，每层六个角各悬风铃。灵应塔气势雄伟，结构严谨，设计精巧，造型优美，数百年来久经风雨侵蚀、地震及战火侵袭，仍不倾斜，巍然屹立，反映古代匠师的高超建筑技术和卓越的艺术才能。每年农历正月，群众有登塔远眺的习俗，俗称“上上塔，活一百”。

白云阁　白云阁即吕祖阁，位于城北2.5千米处的唐岗村。清康熙二十三年（1684）卫辉知府田庆曾捐建，共三层。下层为砖石结构，无梁拱券，石门，石窗棂，门楣上书“脱凡洞”，塑吕洞宾坐像。上两层为木结构，面阔三间，回廊一周。阁顶为重檐歇山式，黄绿琉璃瓦盖顶，隔扇门窗雕刻工艺精湛。阁高15米，宏伟壮观。阁前大殿面阔三间，拜殿三间，硬山顶，殿内供吕洞宾卧像。殿前山门面阔三间，山门外百米建有戏楼一座，面阔三间，进深二间。大殿两侧建有东西配殿四座，共12间，内塑八大金刚、四大天王。2000年白云阁存碑10余通。吕祖阁建筑群占地面积2.2万平方米，对研究历史和清代建筑艺术具有较高的价值。

孔子击磬亭　孔子击磬亭位于城南关，相传孔子过卫击磬于此。明万历十五年（1587）建余韵亭，后废，清乾隆十五年（1750）重修。现存御碑亭一座，亭四方形，边宽4.2米，高5米，攒尖式绿色琉璃瓦顶，门楣石碣书“玉振遗韵”，为明代卫辉知府周思宸书。四周院落已废，亭内存清乾隆皇帝过卫书“孔子击磬处”石碑一方，碑阴有御制诗一章。

袁公别业　清末，袁世凯罢职家居，因汲县风俗淳朴，于西关马市街置别业一所。房百余间，规模宏敞。后袁世凯迁彰德（今安阳）洹上村，此作为军界行宫。袁公别业现存东院、中院、西院3座院落，每座院落有五进以上小院，前后穿堂相通，每个院内有四面瓦房约20间。袁宅后为袁氏花园，占地2666.4平方米。今为汲水镇政府所在地。

袁世凯在卫辉

王锡彤大楼　王锡彤（1865—1938），字筱汀，号悔斋。河南卫辉城关人，中国近现代史上著名的爱国实业家、教育家，著名学者、诗人，被誉为“洋灰（水泥）王”。王锡彤大楼亦称王家大楼，位于城内丽湖花园居民小区内，民国初年建。该楼砖木结构，青石墙基，中西式结合，分上、中、下三层，高约15米，占地576平方米。下层为地下室。前面有半月形凉台，左右侧各有耳房一室，两侧和后面有宽大相通的双柱走廊。穿过凉台是宽敞的会客室，会客室东西各有一室相对。绕过影屏便是南北走廊，和东西走廊呈“T”字形。所有房间在“T”字形走廊两边，门门相对，20余间。上下两层基本相仿，上下楼梯均在后部。建筑式样精巧，美观大方，坚固耐用，是独具一格的近代建筑。

李时灿故居与经正书舍　李时灿故居今尚存西楼、北楼（茗委楼）等建筑。清光绪二十四年（1898），经正书舍成立之初，在李时灿家书斋。光绪二十六年（1900），李时灿等筹款购得西门里苏朝宗故宅作为舍址，修建讲堂斋舍、书楼客厅、员工住室等，并添置藏书，书舍初具规模。光绪二十八年（1902）春会上，公推李时灿、王锡彤等7人为首事，高幼霞为会长，郭亦琴为监院，置司书1人，斋夫2人，来此就读的各县学子增至百余。光绪三十一年（1905），经正书舍肄业的秦长明、王炳章、王泽攽考取日本留学，书舍予以资助。1906年，经正书舍曾设经正中学堂，后改为经正师范。1917年，军阀混战，书舍历劫，人员流散，经正书舍停办。

天主教堂　天主教堂位于卫辉城内南

门里西小街。清光绪二十一年（1895）修建。光绪二十九年（1903），河南北境代牧区主教府由林县小店迁此。1962年此地被汲县人民医院占用。1985年底，又划出部分房舍，归还天主教堂。1999年，为解决天主教堂房产遗留问题，卫辉市人民医院将166间房产权归还天主教会。

古碑刻

陀罗尼经幢 陀罗尼经幢位于城内卫辉宾馆。五代后晋开运二年（945）创建宁境寺时立。寺庙早已损毁，经幢仍屹立原处未动。经幢用青石雕刻对接而成，呈石塔状，八棱七级，通高6米，由塔座、身、刹三部分组成。后晋石刻艺术品存世极少，此幢弥足珍贵。

铜盘铭 铜盘铭置于比干庙内。周武王封比干墓铸铜盘铭记，书古篆十六字：“左林右泉，后岗前道，万世之宁，兹焉是宝。”

北魏孝文帝吊比干碑 北魏孝文帝吊比干碑置于比干庙内。北魏太和十八年（494）十一月立，原碑久佚，现为宋元祐五年（1090）九月重刻。碑文为楷书28行，行46字。孝文帝吊比干碑，字体外形方正，笔画瘦硬，两端方而粗，犹如硬骨，笔势峻直，繁画密排，峻拔森严，为历代书法家所珍重。

唐太宗吊比干碑 唐太宗吊比干碑置于比干庙内，双螭首，通高3.9米，宽1.15米，厚0.39米。赑屃底座高0.4米，碑头篆额书“皇帝祭殷太师比干文”。唐贞观十九年（645）造，原碑已毁，现为元初重刻。元延祐元年（1314）韩仲重摹碑记，张淑书。此碑是研究唐太宗尊崇比干、广开言路、虚心纳谏的珍贵文物。

乾隆吊比干碑 乾隆吊比干碑置于比干庙内，碑高2.1米，宽0.9米，厚0.3米。碑文云：“天地之经，君臣之义，贵戚异

乾隆吊比干碑

姓，同归一致。与社稷共，逝将焉避，孰丁其难，孰丁其易。嗟哉斯人，遭殷之季，罔为臣仆，先王献自。披沥以陈，甘于殒弃，五亩佳城，千秋弗坠。夫子适周，载经柏遂，早许三仁，讵惟四字。”署款：乾隆庚午年（1750）秋九月过殷太师墓，并有印章两枚。

吕道人碑 吕道人碑现存于卫辉市博物馆，是一通稀有的唐代碑刻。碑高3.1米，宽1.15米，厚0.43米，正面为吕洞宾所撰大草碑文。全文共118字，落款为“庚申中秋日纯阳吕道人书”，庚申即唐开成五年（840）。

潞王书唐诗碑 明崇祯九年（1636），潞简王之子朱常淓让石工将其手书唐诗刻在石碑上，每通二尺见方，共320块，现完整的有220通，稍残30通，重残27通，余散落民间。此碑原置卫辉府学宫内四壁，现移卫辉市博物馆。每通刻唐诗一首，均有各种形体书法印章2～5枚。印形各异，有四方、长方、圆形、八角、六角、扇面、扁状、菱状、葫芦状，成为研究朱氏书法的艺术珍品。

郭全屯移民碑 移民碑原置唐庄镇郭全屯村，现存卫辉市博物馆。明洪武二十四年（1391）立，高1.13米，宽0.91米，厚0.5米。其内容叙述山西泽州迁民于汲县双兰屯村110户的姓名、编甲情况。

• 清代民居典范——小店河 •

小店河民居建筑群是我国北方清代民居建筑的优秀范例之一，位于河南省卫辉市西北部太行山狮豹头乡小店河村，占地面积5万平方米，有寨门、寨墙，十座院落坐东向西、纵贯南北，有二十三进四合院，八十六座单体建筑。建筑群依山傍水，整齐宽敞，结构统一，雄伟壮观。石块砌成的古城堡式寨墙蜿蜒挺立在龟背山腰上，鳞次栉比的门堂楼阁错落有致地辉映在沧河之滨，有“神龟探水”之美称。它始建于清代乾隆年间，嘉庆年间续建，兴盛于道光、同治、光绪及民国年间，至今已有260多年历史。2000年河南省人民政府将其公布为第三批省级文物保护单位。

小店河村坐落在太行山，其地势更具特色，从远处望像一巨神龟，整个村寨建在龟背上，寨门建在龟颈上，龟头伸向沧河，这一优美的自然山势在“风水学”上

小店河明清古建筑群

被称为“神龟探水”（古代谓龟为水神，由于龟生于水，故有水母之称）。村前沧河四季不息，河边绿树成荫，树影婆娑，河水清澈见底，光洁似镜，空气清新，环境优雅。

整个民居建筑群依山而建，平面呈梯形，占地面积5万平方米，现有寨门、寨墙、街道、院落十座。每座院落有一进、两进、三进或四进四合院，依次为山门、配房、地厅、上房。其规格、布局、造型、用料相同，垣型寨墙绕村落一周，后门外有瞭望台。

寨门面阔一间，进深一间，砖石结构，青石券门。进入寨门，整个村寨坐西向东，纵贯南北。街道上细刻的古建筑装饰、门前的系马桩等，呈现一派古润风貌。

小店河村寨具有三个特点：

动静相宜的自然山水。神龟探水，天造地设。山之静，水之动，形成了小店河的无限妩媚。柏树葱茏的龟背山，浓荫之中掩映着阁楼点点。沧河清澈见底、光洁似镜，潺潺流水四季不断。自然山水的动静相宜、恰当结合，显示出了气韵生动的景观效果。

别具特色的建筑布局。小店河民居建筑群，四周由寨墙环绕，内部是封闭的空间，采用我国传统的建筑布局，体现了封建时代的家庭凝聚力。其建筑既体现了我国明清建筑的传统风格，又具有北方建筑的鲜明特色，达到了功能、结构和实用的统一。此建筑群的平面布局除了受地形条件的限制之外，还具有一些共同的规律性，采取纵向扩展，以重院落相连接构成组群建筑，整个布局有主有次，前呼后应，一气呵成，是中原民居建筑群的优秀范例。

独特风格的建筑艺术。小店河民居建筑在北方建筑雄伟高大、粗朴浑厚的基础上，又吸取了南方建筑小巧玲珑、清新秀丽、丹楹刻桷的特色，集南北方建筑艺术为一体，形成了自成一家的独特风格。如高大的过庭、浑厚的堂房、古朴的配房、气宇轩昂的门楼，都透出典型的北方风格；而典雅的绣楼，灵巧的垂花门，蜿蜒曲折、毗连院落的通道，又显现出诱人的南方特色。“守身为大”楼阁为中原之少见，布局严谨，既豪华雄伟，又玲珑雅致。这里，蓝天、白云、灰瓦、绿树、青石踏道、朱楹粉壁，共同形成了一种统一的壮美高雅的风格。

小店河村寨是一个家族建起来的整体建筑群，每个院落既相对独立，又通过侧门院院相通，从而连成一个整体。其在选址和规划布局上都有独到之处，并把建筑与文化有机地结合起来，可谓“古朴典雅，自然和谐”，是村寨建筑群的典范。

• 龙虎把门福地——张泗沟 •

太行南麓，山岭丛生如林，大小不一，高低连接成片。辉县、林县和卫辉交界处，山与山挤出的褶皱间，零星点散着小村落，其中辉县市拍石头乡张泗沟村相对较为古老，至今已有600多年的历史。“龙虎把门，金鸡岭绕，皇上中间，群山紧靠。四水汇流，只来不跑，人杰地灵，古今知晓。”这便是对张泗沟村粗线条的描述。该村落依山势而建，布局集中，传统民居集中连片，建筑风貌协调统一，既有历史的久远性，又有村庄的活态性。2014年被评为国家级传统村落。

张泗沟村似南太行余脉孕育的一颗明珠，历经数百年风雨依旧保持着原味风貌，而这主要得益于此处地理环境的封闭，朝代更迭，这里却并无战乱，就连日本侵略中国期间，侵华日军的铁蹄曾踏入新乡、辉县境内，却没有踏进过该村庄一

张泗沟村 摄影：李青春

步。张姓人家在这里落地生根，一门心思改田造地，以扩展繁衍生息之基，这里以梯田为主，他们祖祖辈辈用一块块石头垒成一层层堤堰，600年农耕传承，沉积此刻，令人望而生敬。

张泗沟到清代中后期开始呈现出一派繁荣景象。民国二十四年（1935），张泗沟村的《张氏族谱》中曾记载："明初由山西潞安府壶关县河澄村迁至河南彰德府林县临淇罗圈村，传世有年未有谱序，后世只闻有张三老之称，自真祖以下始有考焉，但我张泗沟之迁不知始于何时，又历五世难稽虽支派不甚悉而世犹有可据自元世。"透过家谱，还了解到该村的张锦文（1929—1993），于1954年考入北京大学数学力学系，与"当代毕昇"王选院士同级同系，在数学逻辑、人工智能等方面卓有建树……

至今，村中秀才张琳家门额上刻有"多文为富"字样的老宅子依旧完好，"多文为富"四字，看上去雍容端稳，原自《礼记·儒行》，即"不祈多积，多文以为富"。另有"仁""孝""悌""让"等被镌刻在建筑上的牌匾横额之上，村里人世世代代将它们作为劝善、劝读、劝进取的格言警句。就连村里关帝庙、三圣庙里明代万历年的碑刻，以及清代光绪十二年（1886）刻有张琳所书"如在"二字的香炉也保存完好。

多文、承恩、孝悌……久远的古训镌刻成墨香，氤氲成心灵深处的给养，那门

张泗沟村内的石碾子　摄影：李青春

楣上的字迹照亮了前方，激励着后人，这就是张泗沟村代代兴旺的底蕴，这就是张泗沟村悠悠释放的千年莲香。

所有这些，都显示着历史与现实的对接，铭刻着历史年代的印记，散发出传统文化的墨香，透视出前人对世事人情真谛的颖悟，极易让人产生共鸣，而由这些建筑承载着的文化艺术和精神元素，更是影响了一代又一代的后人，绵延不绝、代代相传。

张泗沟村不但盛产小麦、玉米、谷子、核桃、柿子等，还养育出了一代又一代的名人，如清朝末年的秀才张琳、张瑜，现代科学名人张锦文（中国科学院软件研究所研究员、中国数学会数理逻辑专业委员会委员、中国人工智能协会理事）。

幽美的自然景观，深厚的文化底蕴，绵绵不衰的淳朴民风，孕育着一代又一代的张泗沟人，使小小的张泗沟出了这么多的文人墨客。正因为一辈又一辈的人们把“多文为富”刻在了心中，才让这里人杰地灵，人才辈出。

目前，这里斑驳的四合院或是翻修的院落居住着一户户人家，不绝于耳的狗叫

张泗沟村雪景　摄影：李青春

鸡鸣，全然是原生态的感觉，人们摇耧播种、扬场打麦，传承着古村落淳朴的生活气息；他们日出而作，日落而息，骨子里渗透着最纯真的朴实和善良。那种诗意、恬淡、宁静，让我们真切地感到，远离城市的喧嚣，原来生活可以如此幸福……而这个犹如陶渊明笔下《桃花源记》般的张泗沟村，竟然离我们如此之近。

• 悬崖上的古村落——郭亮村 •

郭亮村隶属于新乡市辉县沙窑乡，位于河南省新乡市辉县市西北60千米太行深处的沙窑乡与山西省晋城陵川县古郊乡昆山村交界处，海拔1700米，现有80多户人家，共300余人。郭亮村依山势坐落在千仞壁立的山崖上，地势险绝，景色优美，以奇绝水景和绝壁峡谷的“挂壁公路”闻名于世，被誉为“太行明珠”。

知名导演谢晋称郭亮村为“太行明珠”，画家张仃称郭亮村为“华夏奇观”，先后有《清凉寺钟声》《走出地平线》《倒霉大叔的婚事》《战争角落》《举起手来》《天高地厚》等40多部影视片在此拍摄。现在，万仙山景区绝壁上的村庄郭亮村被誉为中国第一影视村。

到了1972年，为了让乡亲们能走下山去，13位村民在申明信的带领下，卖掉山羊、山药，集资购买钢锤、钢锉，在无电

郭亮村

郭亮悬崖瀑布

央视网
云中的村落

郭亮影视村

郭亮村的路

郭亮村——自强不息

力、无机械的状况下全凭手力，历时5年，硬是在绝壁中一锤一锤凿出2.6万立方米的一条高5米、宽4米，全长1300米的石洞——郭亮洞，并于1977年5月1日通车。为此，王怀堂等村民献出了自己的生命。这条绝壁长廊，被日本裕田影视公司惊称为“世界第九大奇迹”。

“崖上人家”郭亮村，几座百年的古屋，青石垒基，白灰嵌缝，黄土糊墙，黑瓦铺顶，呈现着不变的原始与古朴，却也弥漫着一种自然的纯净。

• 昔日石磨产地——水磨村 •

水磨村位于辉县市西北部太行山腹地沙窑乡境内，是新乡市南太行旅游度假区万仙山园区之一，辖核桃坪、梯西坡村等6个自然村，9个村民小组。村内山峰险峻，沟壑纵横，山村古朴，民风淳厚。它荟萃了太行山水之精华，环境十分幽静，空气格外新鲜，是一处理想的具有原始美、自然美的游览避暑胜地。传统建筑主要分布在水磨主村，全部传统建筑占村庄建筑总面积的80%。这些建筑现保存基本完整。

水磨村不仅有水磨，举目全是石头，人们靠石头发财，真正体现了“靠山吃山”的说法，村民充分利用当地取之不竭的石头资源，打制石磨向外销售，大大提高了经济收入。村里人打制的石磨，远销卫辉、原阳、获嘉、封丘等县，村里至今保存有部分尚未卖出的石磨。

水磨村民居均为石木结构，建筑工艺特点主要以当地红色岩石为主，有“石桌石凳石头房，石门石窗石院墙，石楼石梯

水磨村 摄影：石榴小溪

石板炕，石街石路石桥梁，石碾石磨石晒场……”

水磨村四周环山，荒古自然，山清水秀，幽雅清净。该村坐落在悬崖峭壁之下的峡谷小村，村庄两侧两条河水聚集后直奔东流，聚落依山势呈梯状分布而建，是现存最完整、最典型的太行古民居。质朴的石舍，淳厚的山民，浑石到顶的农家住院，一幢幢，一排排，依山顺势梯级坐落在峡谷之中。村内有古柿树群40余棵，最大树龄200余年。在胳肘掌的位置分布有古山楂树群，小猫沟的地方分布有野生桃树群。

值得一提的是，这里更有著名的被称为“世界第九大奇迹”的挂壁公路。挂壁公路的前身、高达百米的“天梯”最早建于明代，曾经登上过《中国国家地理》杂志。鲜为人知的是挂壁公路和“天梯”，一直都属水磨村境内。

如今，水磨村属于万仙山景区的核心

水磨村 摄影：石榴小溪

区域，已成为国家AAAA级景区、国家攀岩公园、国家地质公园、国家森林公园。

这个悬崖峭壁之下的峡谷小村独具魅力，这些石房、石阶、石碾、石磨透出的古韵，这里热情、淳朴、大方、憨厚的民俗风情，迎来了八方宾客。随着旅游、影视、攀岩、写生、度假来客规模的不断扩大，从默默无闻的深山小村到越来越多的游客青睐和光顾，这里已经呈现出繁华、热闹的发展局面。

考古探秘

——穿越时空访遗迹

新乡有着厚重的历史，考古发现，早在新石器时代就有先民在此生活和生产。龙山时期的古城、仰韶时期的大型连间房基，在当时都是非常卓越的成就。这里出土有与“司母戊”大方鼎并称姊妹鼎的“子龙鼎”，有中原地区最大的北魏单体石刻造像碑——西明寺造像碑，有商周始建、明清完善的园林建筑——百泉，有全国规模最大、保存最完整的明代藩王陵墓——潞王陵等。这些丰富的历史遗迹、文化遗产和人文景观，构成了新乡独特的文化特色和个性，是新乡丰厚历史文化积淀的物化显现。

• 早期遗址（含城址）•

共城遗址

共城遗址，在辉县旧城周围。西周时为共伯封国。《左传·隐公元年》："大叔出奔共。"《水经注》云："共县故城，即共之封也。"《史记·正义》引《鲁连子》云："卫州共城县本周共伯之国也。"章怀太子云："故县在今县东距城七里，遗址犹存。"《辉县志》（1959年版）："古共城，在辉县城外周围十里许，相传即卫世子共伯肇建四门遗址尚在，一云辉州故城。"据上述记载，经勘查，城的现况大致清晰。该城址有大小两城。大城俗称共城，小城俗称新城，位于大城内偏西南隅。

大城为一南北向的长方形，城墙南北长1300米，东西宽1200米，周长5000米，面积为156万平方米。现城墙断断续续，约占周长的2/5。1994年6月，河南省、辉县市考古工作者对南城墙进行了发掘，开2米×50米探沟一条。经发掘，南城墙残高约9米，宽度不详（城墙两边被公路和住宅、民居破坏）。基槽深0.6米，城墙夯筑在坚硬的黄砂姜黏土上。

共城遗址

城墙采用两边夯打、中间填实的办法建成。城墙外部夯土基本上为生土夯打，非常坚硬，夯层和夯窝不太明显；北部有生土，有灰土，夯层清晰，夯窝明显；中间填土有明显的坡状堆积，层较厚且不均匀。从调查看，东墙现宽60～70米，北墙宽50余米，西墙宽50余米，南墙城墙宽40～60米。

城墙夯筑时，先挖一个深0.6米的基槽，然后填土逐层夯实，出基槽后夯土向外延伸，夯层厚8～13厘米，夯窝清晰，夯窝直径8厘米，深不足1厘米，夯窝基本上是平夯（把圆木锯断后直接用于夯打）而成。

城墙的起始年代：从夯土内出土有大量的绳纹板瓦、半圆筒瓦及绳纹陶片，出土铁工具有一字形铁锄和肩铁铲、环首铁削等，出土兵器仅见箭头，分铜、铁两类，形式基本上为三角和凹槽两种，中间填土底部发现残“公”字布币。从出土铁器形制、箭头、布币及陶器看，城墙的夯筑年代上限不早于战国中期，城墙最上部有汉唐时期修补的痕迹。

城墙的废止年代：探沟北端发现北宋墓葬3座，在起土中发现北宋土洞墓多座。因此，城墙的废弃应在五代末或宋初。

小城近正方形，城墙南北长700米，南墙长660米，北墙长600米，周长为2660米。现北墙东段、东墙北段，墙高3米左右，上宽3米不等。城墙夯土层明显，系平夯筑成。在夯土层附近活土中出土有唐黄釉碗和莲花纹瓦当等器物残片。

随着建设工程的发展，与共城有关的文化遗址、墓葬和遗迹，文物考古工作者在城内外相继发现，采集了不少实物标本，有的进行了考古发掘，对了解共城历史概况，提供了不少珍贵资料。

在小城内北部（辉县市人民政府后院）有一土台俗称“共姜台”，系夯筑而成，夯土层明显，台高5米左右，东西长30余米，南北宽20余米。在夯土层内发现朽木棍痕迹和商周至两汉时期的陶片、板瓦、筒瓦和豆柄等遗物。相传，共伯妻共姜，因共伯早死，守于此。

在共姜台南约200米处，1981年辉县市政府建房挖地基时，发现在深2.5米的断壁上有商周和春秋战国文化层堆积，并有相互叠压关系，有些还堆有大量的陶片、筒板、板瓦和豆柄等遗物，可能为战国以前的建筑遗址。

在大城内西北隅城后村的西南角，已挖一条深2米左右的渠道，从断壁上看，发现不少周代灰坑，采集有绳纹袋足宽裆陶鬲和粗柄陶豆。这里属周代遗址。

1980年6月，在城后村西南角打井时，至深约5米处，发现古墓一座，出土近40件铜器，其中有铜鼎、铜豆、铜盘、铜觥盖、铜戈、铜镞、铜凿、铜泡、马衔、马饰、车辖、车饰以及铜鉴、铜匜等残片，时代属西周晚期或春秋早期。

另外，1952年在大城东南约300米琉璃阁附近发掘了商周、春秋战国时代大型墓葬，曾出土大批珍贵文物。这些文物，是研究共城历史的重要实物资料。

综上所述，辉县市共城遗址，从城墙夯筑遗迹和夯土层内包含物观察，大城城墙建于战国时期，汉唐沿用，宋初废弃。至于大城内的新城在唐以后还一直沿用。

孟庄遗址——龙山文化晚期城址东北角（由北向南）

孟庄遗址

孟庄遗址位于河南省辉县市孟庄镇孟庄村东侧，西北距县城4千米，北依太行山，南临卫河，地理坐标为东经113° 57′，北纬35° 26′，海拔为90～100米。遗址南北长约600米，东西宽约500米，地势平坦，土壤肥沃，紧临遗址西部有孟庄渠自北向南流过。1963年该遗址被公布为河南省文物保护单位，2001年被公布为国家级文物保护单位。

该遗址文化内涵十分丰富，延续时间非常长。经过考古发掘，已确知遗址最下层是距今7000年至8000年左右的裴李岗文化层，向上依次堆积为仰韶文化层、龙山文化层、二里头文化层、二里岗文化层、殷商文化层、西周及东周文化层等，并出土有各时期相关的遗迹和遗物。尤为重要的是，遗址内发现了龙山、二里头及商代晚期三座相叠压的城址。其中龙山城址的面积达13余万平方米，是目前河南境内所发现的面积最大的龙山城址之一，包括城垣、城门、护城河和城内一批房基、灰坑、水井等遗迹。1994年，在国家文物局、中国考古学会及中国文物报社等共同举办的1994年度“中国十大考古新发现”评选活动中，孟庄遗址成为入选项目。孟庄遗址面积大，文化内涵丰富，它的发现

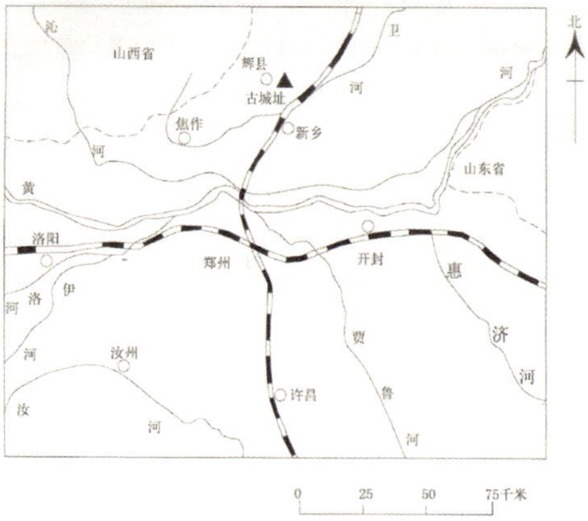

孟庄古城位置

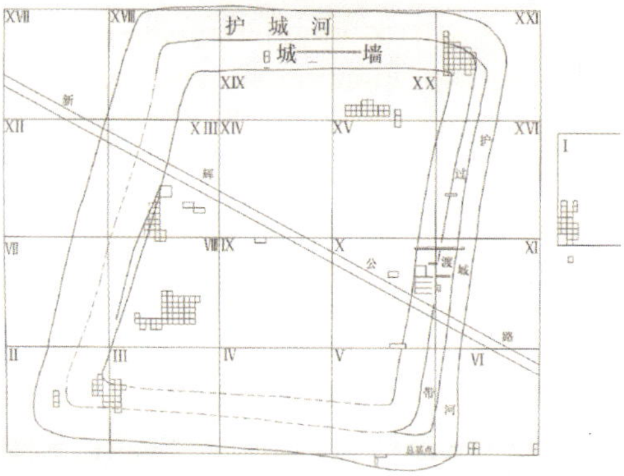

孟庄发掘分区和古城址平面

孟庄古城东城门

孟庄古城东城门木板灰痕

孟庄古城东城墙夯层

孟庄古城北城墙与护城河

为第一次在豫北地区建立起一个较系统的考古学编年序列，为研究该地区的考古学文化提供了依据。辉县在西周时为共伯之国，西周之前这里也当为共地，孟庄龙山城址可能是古代传说中共工氏所留的。孟庄龙山、二里头、晚商三叠城的发现，为研究原始社会晚期向阶级社会过渡、探索中国古代文明起源提供了重要材料，具有较高的历史价值和科学价值。

裴李岗文化　由于发掘面积有限，已探明的本时期遗迹主要为不规则形灰坑。

遗物均为手制陶器。其中大件器物如罐、壶等用泥条盘筑法制成，小件器物如方形器、小壶、器盖等则用手捏成。陶器烧制的火候偏高，夹砂和泥质陶中多数陶质都比较坚硬，以红陶为主，并有少量的泥质灰陶和泥质黑陶，夹砂陶的特征是夹细砂。器物种类有罐、壶、碗、方形器等，种类比较简单，制作比较粗糙，不少器型制作得不够规整，胎壁厚薄不一。泥质陶的器表有饰陶衣的现象，除少数三足钵上饰划纹外，不饰其他纹饰。夹砂陶上所饰的纹饰主要是篦点纹、划纹、乳钉纹等，其中篦点纹的夹砂陶占有一定的比例，并且往往组成一定的图案。

仰韶文化 遗存主要集中分布于遗址的西南部、中西部以及中东部。其中以西南部二、三区的房基保存最好。值得注意的是三区F8房基，为方形连间房，北隔墙中间有一通道。居住面可分三层，最下层为纯黄土，中层由红烧土块铺垫而成，上层先抹一层草拌泥，其上又涂抹一层光滑平整的白灰面。该房墙壁为土坯砌成。其室内墙壁制作得十分讲究，墙壁上先涂抹白灰一层，白灰上再涂红色涂料（系红石粉）。这不应是一般的居室，在同时期仰韶文化遗址中首次发现。

遗物有生产工具和生活用具。生产工具中石质工具出土数量较少，石器的种类只有铲、斧、锛、镞四类。磨制较精，形体很规整。骨质工具主要是骨锥、镞等，制作精良。陶质工具主要是纺轮和陶刀。生活用具主要是陶器。陶质以泥质灰陶、夹砂褐陶、夹砂灰陶为主。另有一定数量的泥质红陶、泥质黑陶等。纹饰以宽而浅的竖篮纹为主，并有一定数量的宽斜篮纹，另外还有附加堆纹、划纹、弦纹以及少量的粗绳纹和排印工整的方格纹等。彩陶主要饰于泥质高领瓮、钵的肩部或腹部，通常直接饰于器表之上。颜色以红色为主，黑色次之，并有少量棕色。彩陶的纹饰有网状纹、弧线纹、X纹、S纹、平行线纹等。陶器多为手制轮修而成，大型器都用泥条盘筑法制成，小型器则用手直接捏成。仰韶文化陶器的最大特点是炊器个体较大，一般大的高在50厘米左右，为大口深腹罐，有的底部抹有细黄泥，下腹部多被火烧成褐红色，这些大口深腹罐废弃后又多作为儿童瓮棺葬具。器类主要有深腹罐、小口罐、盆、刻槽盆、尊、杯、豆、器盖、碗等。

龙山文化 遗迹有城址、房基、灰坑、水井。

城址：孟庄龙山城址位于遗址西北部，根据目前考古钻探和发掘的材料来看，东城墙保存较好，东城墙长约375米，正中还发现了城门。北墙东部保存较好，西部多被毁，残长约260米，复原长度340米左右，西墙在20世纪60年代初挖孟庄镇时，其墙体的西部被挖去，仅残存东半部，保存宽度2～4米，西墙长约330米，南墙在70年代平整土地时被全部平去，仅存有南城河。整个城址的平面形状略呈梯形。

门道位于东墙正中，宽约2.1米，里边发现有多层路土。门道两侧发现有东西向

孟庄遗址墓葬出土陶斝

基槽，贴近墙壁一侧有竖置的木板灰痕，且灰痕十分清晰。

房基：房基多被晚期文化层所破坏，无保存完好者。目前已发掘出房基15座，多为地面式建筑。二十区内平面形状为长方形的4座，圆形的2座，房基内及四周多有圆形柱洞，居住面多被火烤或抹有白灰，例如八区T391F7平面形状呈长方形，东西长约4米，南北宽约2.8米，居住面用灰褐色土铺垫而成，表面烧烤呈褐色，厚约10厘米，居住面周围残存5个柱洞，呈圆形，周边及底部用料礓石掺杂碎陶片砸成磉墩。

灰坑：灰坑多为贮藏粮食的窖穴，数量较多，主要集中在城内西南部八区和城内中北部二十区内，依据坑口的形状可分为圆形、方形、椭圆形、不规则形四类。

水井：水井共发现4眼，均分布于城内西南部的八区内。井口均呈长方形，井深在4米左右，井壁斜直9米，近底部向外坍塌，呈圆底，部分井壁两侧有上下对称的脚窝。井底堆积有用于汲水的泥质灰陶高领瓮，如八区T88J1内出土完整的小口高领瓮达9件。

遗物有生产工具和生活用具。生产工具分石、骨、蚌、陶四类。石质工具主要有长方形石铲、穿孔石斧、穿孔石刀、长条形石镰、长方形石锛、石凿、石镞等。骨质工具有凿、锥、镞等。蚌质工具主要是蚌刀、镰、铲等。陶质工具有纺轮、陶垫、陶拍等。

生活用具主要为陶器。陶器主要分

夹砂、夹蚌和泥质三大类。夹砂陶以夹砂灰陶数量最多，次之为夹砂褐陶和夹砂黑陶；夹蚌陶以褐陶为主，并有少量的灰陶和红陶等；泥质陶以灰陶为主，次之为黑陶和红陶等。纹饰有篮纹、绳纹、方格纹、弦纹、附加堆纹、篦点纹、圆圈纹、指甲纹、乳钉纹、划纹等，其中篦点纹多自行组成图案，纹饰与所饰器类的关系十分密切。所发现器类中区别于其他地区龙山文化的颇具特征的陶器有夹蚌褐陶圆腹罐、夹蚌褐陶深腹罐、夹蚌甗、束颈高领深腹斝、大袋足甗、卷沿深腹大瓮、扁腹罐和内部饰有篦点纹的双腹盆等。

二里头文化　遗迹主要有城址、房基、墓葬、窖穴等。

二里头时期的城址直接压在龙山城址之上，城址的平面形状、面积与龙山城址一致。东墙长约375米，北墙约340米，西墙长约330米，南墙已被毁掉，目前已发掘的东、西、北三面龙山城墙上都发现有二里头时期的夯土。

房基共发现4座，均为圆形，分地面式和半地穴式两类。

墓葬：均为小型长方形土坑竖穴墓，部分墓葬有随葬品，其组合为鬲、豆、盆，鼎、豆、盆，单个罐或鬲、豆等。

窖穴：共18座，可分为圆形、椭圆形和不规则形三类，其中以第一类为主。

遗物：陶器以泥质灰陶和夹砂灰陶为主，次之为夹砂褐陶和黑皮陶，纹饰有中绳纹、线纹、篦点纹、附加堆纹、压印花边纹、鸡冠状纹等。器形主要有深腹罐、圆腹罐、橄榄形罐、长颈罐、卷沿高领鬲、甗、鼎、蛋形瓮、深腹盆、平底盆、豆、杯、器盖、尊，其中罐类数量较多。

商代文化　二里岗期遗存：遗迹主要有房基、墓葬等。房基多为方形地面式，一般破坏严重；墓葬主要分布于遗迹中北部，均为长方形竖穴土坑墓，多数墓葬无随葬品，少数墓葬随葬有鬲、罐、豆等陶器。另外本期发现两座铜器墓，为鬲、爵、斝组合；灰坑多为圆形锅底状坑。

遗物有生产工具和生活用具。生产工具主要是石斧、石铲、石凿、石刀等，均为磨制而成。骨器类有簪、锥、镞、凿、匕等。蚌器类有镰、刀等。生活用具主要为陶器，以夹砂灰陶为主，次之为泥质灰陶，并有少量夹砂褐陶、泥质黑陶等；以平底器和三足器为主，圆足器、圆底器较少。

殷商遗存：遗迹主要有城址、灰坑、水井、墓葬等。城墙仅在西墙及东墙处发现有商代晚期修补的夯土，夯层清楚，夯窝密集。灰坑的形状可分为圆形、椭圆形、长方形、不规则形状等，以圆形坑的数量为最多。这些坑大部分是作为窖穴来使用的，均为人工挖制而成。水井多为方形、斜壁、平底井。发现的墓葬较少，为长方形土坑竖穴，部分墓内随葬有陶器。

出土的遗物中完整器比较少，有大量的碎陶片，多为生活用具。器形以鬲的数量最多，另有少量瓮、深腹盆、深腹罐、缸、簋、豆、器盖、钵、甑、尊等。陶片以泥质灰陶为主，夹砂灰陶次之，并有少量的夹砂红陶、泥质黑陶、泥质红陶。纹饰以粗乱绳纹为主，多饰于鬲上。另外还有少量的细绳纹、弦纹、刻划纹、附加堆纹等。

西周文化　遗迹主要有灰坑、墓葬等。灰坑依其坑口的平面形状可分为圆形、椭圆形、长方形、不规则形坑，以圆形坑数量为最多，其次是椭圆形坑；墓葬出土的数量比较多，均为长方形土坑竖穴，大部分有棺材，多数有随葬品，主要随葬品有鬲、豆、罐等。

出土的遗物中完整器较少，有较多的碎陶片，以泥质灰陶为主，次之为夹砂灰陶，少量为夹砂褐陶、泥质黑陶。纹饰以中绳纹为主，并有少量弦纹、刻划纹等。器形以鬲、豆、罐为最多，另有簋、盆、钵、瓮、器盖等。陶器的制法以手制为主，制作比较粗糙。生产工具类出土有石斧、石刀、石铲等，均为长方形。骨器类有锥、镞、匕等。

东周文化　遗迹主要有灰坑、水井、陶窑、墓葬等。灰坑的形状有圆形袋状、椭圆形、方形、不规则形，以圆形的灰坑占数量最多，这些灰坑大部分为人工挖制，作为窖穴使用，比较规整；水井为长方形圆角，井底小于井口；陶窑为圆形；墓葬较多，为长方形土坑竖穴，少数墓内有随葬品，组合为鼎、豆、壶等。

出土的遗物中完整器较少，有较多的陶片，以泥质灰陶为主，夹砂灰陶次之，少量为泥质黑陶。纹饰以浅粗绳纹为主，中粗绳纹次之。器形以高柄豆的数量为最多，另有鬲、盆、瓮、罐、盂、壶、鼎、器盖、钵等。陶器的制法以手制为主，间有轮制。生产工具类出土有少量的石斧、石铲、石锛等，它们均为磨制而成，表面平整、光滑。

孟庄遗址是中华民族五千年文明史中具有代表性的一处文化遗产，它的历史价值、科学价值和艺术价值主要表现在如下

孟庄遗址出土铜鬲

孟庄遗址出土铜爵

几个方面：

一是龙山、二里头及商代晚期三叠城遗址在中原首次发现，为研究原始社会向阶级社会过渡、夏商更替等主要历史事件提供了重要资料。

二是裴李岗、仰韶、龙山、二里头、二里岗、西周等遗址上历时数千年一直都有人类居住，并留下了丰富的文化遗物，这为建立新乡地区的考古学编年序列提供了条件。

三是龙山、二里头、商代城址及城内建筑物的发现，以及大量遗物的出土，为研究各个时期的建筑艺术、文化面貌提供了新材料。

四是辉县在西周时为共伯国。共国故城至今仍保存在辉县城南，城东还有共山。徐旭生指出，《汉书·地理志》中的“故国”，就是《庄子·让王》篇内的“共首”，《荀子·儒教》篇内的“共头”，即指今河南辉县。

考古发现证明孟庄龙山城址是被洪水冲毁的，而且该地区考古学文化面貌的来源与文献所载共工氏所居住的河北地区一致。这进一步证明了徐旭生先生的论断，孟庄龙山城址就是传说中的共工氏活动地。

古共城战国铸铁遗址

战国铸铁遗址位于古共城西北角城墙外约110米处，东西长150米，南北宽100

米，面积约15 000平方米。该遗址周围为平原地带，西部和北部为太行山，南临卫河，东靠共城。此地带土肥地美，物产丰富，战国时属魏国辖区，历代都为经济、文化发达区域之一，农业上尤为如此。该区域地下文物非常丰富。1950年，中国科学院考古发掘团曾在东距古共城战国铸铁遗址烘范窑址约3千米处发掘出战国魏王室墓一座，其出土铁质生产工具达93件之多，这也是中华人民共和国成立后第一次成批出土战国铁器。

古共城战国铸铁遗址烘范窑地层关系：耕土层下为战国文化层，厚约0.3米，再下则为带砂姜颗粒的黄色黏土层（生土）。烘范窑挖造在黄色黏土层中。

该烘范窑址为半地穴式，红烧土层厚约0.5米，窑底距地表深约3米，烘范窑由通道、共用火膛、两个窑室及进火口组成。

通道呈长方形斜坡状，残长1.7米，宽1米，位于两个窑室的南部略偏东，北接火膛。

火膛：为两个窑室的共用火膛，位于两个窑室的中间，北部有一道宽约0.7米，残高约1.5米的斜砌起来的砖墙，形成共用火膛，砖墙还起着防止坍塌的作用。火膛呈长方形，长1.88米、宽约0.70米，南连通道。火膛底部有黑灰痕迹，火膛上部为坍塌填土，出土有板瓦、筒瓦等遗物。

窑室：有东、西两个窑室，发掘编号东为A室，西为B室，东西两室并列，隔火膛相对。两个窑室大小相当，呈圆形筒状。B室的西半部由于过去起土挖坑被毁坏，仅剩东半部分。

A室保存较好，窑壁残高约2米，窑室内直径约1.8米，窑底与火膛底等平，窑室底部为白灰层，厚约0.5米，陶范及铁器皆出于白灰层中，陶鼓风管出土于窑室底近火口处，“公”字布币出土于白灰层上部。窑室中为坍塌填土。

B室，高出火膛约0.6米，室底为白灰层，厚约0.3米。出土有陶范、铁器、板瓦、筒瓦等遗物。从残存窑壁的弧度推测，烘范窑窑室的高度为2.6～2.8米。窑室为在生土中挖造而成。

该烘范窑出土遗物113件，其中A室出土69件，B室出土44件。

进火口：A、B两个窑室各有一个进火口，也是进入窑室的入口，两个进口隔火膛相对。A窑由于坍塌后挤压，进火口已毁坏。B窑的坍塌较轻，窑室较完整，进火口呈方形，高宽各约0.8米、厚约0.5米。进火口均烧成红色，较硬。其做法为在生土上掏挖而成。

通过对古共城战国铸铁遗址烘范窑址的发掘清理及整理，初步提出以下几点认识：

第一，关于铸铁遗址烘范窑的年代，从窑内室上层坍塌填土中出现的筒瓦、板瓦来看，其与辉县固围村一号大墓所出筒瓦、板瓦一样。窑内所出“凹”字形小铁锄、铁镬也与固围村一号大墓所出铁锄、铁镬相似，窑内所出陶锄范与河南登封阳城铸铁遗址所出陶锄范相似。此外从窑内所出“公”字布币等遗物迹象看，此铸铁遗迹的使用年代应为战国中晚期。

第二，从窑址出土的使用过的陶范、铁器等遗物，以及窑址周围出土大量的铁渣等现象看，这应是战国古共城的铸铁遗址。

第三，从出土的陶范、铁器看，所出大多为农具，种类有锄、镬、镰、锸、锛等，其中梯形状、板状铁器占出土铁器的80%以上，因此这是以铸造铁质农具为主的铸铁遗址。

第四，虽然窑内未发现铁范，但出土了夹铁范用的铁夹以及镬芯模等，由此推测铸铁遗址在使用陶范的同时也使用铁范。

古共城战国铸铁遗址的发现，表明辉县固围村（今固村）一号战国大墓所出土的大量铁质农具可能就是该铸铁遗址铸造的。

通过分析，可对辉县市战国铸铁型范做出如下结论：

第一，辉县市战国铸铁型范为“半永久型”铸型，其实质为砂型铸型，与现代砂型铸型的区别在于其有轻微的烧结；辉县战国铸铁技术属砂型铸造技术。

第二，辉县市战国铸铁型范范料配制工艺源于熔炉耐火材料制备工艺，主要物料为高含量钠长石—石英原砂，为就地取材后经人工破碎；少量原生土作为黏结剂而加入。这种配制工艺与铸铜陶范范料以原生土为主，另加其他配料的配制工艺有本质区别。

第三，辉县市战国铸铁型范表面涂层配制工艺合理科学，是高质量铸铁器具生产的保证。涂料组成为：钠长石—石英细粉为耐火粉料，细质原生土粉料为悬浮剂及黏结剂，水为载液，并可能加入植物灰之类碳质材料而使涂料成为烧结溃散型涂料。涂料的使用方法为涂刷法。

第四，辉县市战国铸铁型范由于型

范材料中的多孔通道而具有良好的透气性能，在提高液态金属充型能力方面所侧重的因素上，有别于铸铜陶范。另外，辉县市战国铸铁型范具有足够的硬度与耐火度，足以应付铁液的急热冲击，并可多次使用，利于提高生产效率，使批量生产成为可能。

战国长城

为古代长城遗迹。它的南端，在新乡市凤泉区分将池村，是新乡市境内太行山余脉的南端。远望太行山，古战国长城盘旋游卧于群山峻岭之间，气势雄伟壮观。以其为界，东为卫辉，西为辉县，故长城两边的百姓称之为“边界岭”“边墙岭”“边疆岭”。

央视网

长城内外·行走战国魏长城

古长城基本上沿太行山脊从北向南盘旋透迤而下。大致呈南北走向，北接林县的战国赵南长城，由北向南依次经卫辉拴马乡，辉县南村乡、张村乡，卫辉池山乡、太公泉乡、唐庄乡直至新乡市凤泉区分将池村，绵延数百里。

战国长城

池山乡位于卫辉市西北的太行山中，与辉县张村乡接壤，面积约50平方千米，人口仅4000人，古长城在池山乡歪脑自然村段保存最好，它从北向南盘卧在小灰心脑、灰心脑、搬舅峰、南大岭四座山峰上。最高处位于小灰心脑山顶，海拔867米。

古长城现存状况　从南大岭到小灰心脑约700余米，古长城修筑在从南大岭到小灰心脑的山脊上（最高处），基本为南北走向。整个地势为东面（长城以东）多峭壁、悬崖，难以攀登，西面则呈坡状，较缓。现南大岭段长城保存最好，现存最高处达1.6米，其余地段则因自然和人为损毁已成乱石一堆，但其走向和构造仍清晰可辨。

战国长城构筑形制　此段长城全用青石垒砌而成，为石块构筑。石块间未有任何黏结物，系直接用石块垒叠而起，长城剖面略呈梯形，底宽为2～2.6米。现存最高处约1.6米，大多仅是高不足40厘米的基础和乱石。从南大岭长城残存高度推测，此长城的高度应为2.5～3米。长城的构筑方法为：两边用大的石块（石片）垒砌，中间用碎石填充，所用石料皆为就地取材（在池山境内的长城用石皆在长城西面的缓坡地带开凿，现仍可辨析当时开凿长城用石的场所）。

战国长城遗迹和遗物　卫辉市池山乡境内长城除雄伟壮观的石筑长城外，经考察还发现一处城堡要塞，两处哨所，两处经人工刻意平整的场地及烽火台等重要长城遗迹，在城堡要塞还发现了大量的战国绳纹筒瓦及1件石铲等遗物。

城堡要塞：位于灰心脑山峰最高处，城堡要塞东西长29米，南北宽约26米，略呈方形圆角。要塞筑有内外两道石墙，外墙宽约0.8米，现存高度仍有1米，西、南两边外墙已被坡土覆盖，地表已无迹可寻，但地表下还可见近1米高的墙体。东、北两边外墙在地表上还清晰可辨。现存外墙情况：东、北面坡较缓，墙较低，西、南面较陡，墙体较高，整个地势是东北高，西南低。因此，外墙的作用主要是加固山坡，防止坡土被雨水冲刷下滑，保护要塞建筑。另外，外墙还可作为平台，起瞭望、监视的作用。内墙宽约1米，东北角地势最高，在内墙东北角，发现1件石铲、1把双面刀，器表已风化。内墙墙基在地表上保存较好，比较清晰。内墙西南角有一缺口，应为内墙出口。

在要塞中间有一东西长5米、南北宽3.5米的石筑房屋，屋墙宽40～50厘米，屋内铺一层石板作为屋面，现屋面低于地表0.5米，屋门开在西南角，门宽0.7米，从坍塌在屋内的石块中，发现有许多战国绳纹筒瓦残片。从遗迹可知，这是一座石筑木构架瓦顶、颇为讲究的建筑。

石屋南面紧靠内墙南墙有一条长14米、宽约0.4米的石筑通道，通道南面从东到西挖有5个圆形和半圆形石窖，石窖直径0.5～0.8米。通道现高1.2米，通道底面及石窖底皆为修治平整的石块，在这些石块上发现有白灰铺底的痕迹。这些通（甬）道石窖应为当时储备食物及武器的地方。

因城堡要塞中间地势低凹，对此，它还专门挖了一条排水沟，排水沟宽约0.4米，从石屋门前开始，穿过内墙曲折流向西北。

在要塞北外墙外与长城的夹角处有一半径约为3米的半圆形遗迹，它连接长城与北外墙，可能是瞭望台遗迹，如遇敌人入侵，也可作烽火台使用。

长城连接要塞外墙东北角和东南角。站在要塞顶上，举目四望，周围地势环境一览无余。特别是要塞的山脚下就是一条古代道路，地理位置非常重要，它的设置是为了防备西北敌人的入侵（也有关卡收税的作用）。因此，它应是长城中重要的城堡要塞遗迹。

哨所遗迹：一处是在灰心脑山与搬舅峰之间的低凹处，另一处是在搬舅峰与南大岭之间的低凹处。哨所建在长城的西边，距长城约4米，为直径约3米的圆形石构建筑，其筑法为：依山势开凿出圆形的平面后，再用石块垒砌。在哨所内未发现用火遗迹及其他生活用品。

经人工刻意平整的场地：共发现两处。一是在搬舅峰西坡，一是在小灰心脑山顶。两处皆是在开凿用于垒长城石块的场所后，经平整形成较大面积的平地。搬舅峰西坡面积最大，约400平方米，场地规矩平整，推测可能是练兵的场所。小灰心脑山顶的场地也在长城的西侧，但面积较小，略呈圆形，约30平方米。小灰心脑在池山乡境内为海拔最高的山，在此处开凿出一块圆形场地，当为瞭望、报警的场所，推测很可能是烽火台遗迹。

从长城的构筑形制看，它与林县赵长城及山东齐长城的构筑形制一样，特别是在长城上的城堡要塞中发现有战国时期的绳纹筒瓦，可以断定卫辉市池山乡境内的长城遗迹应为战国时期的长城遗迹。

长城是中华民族团结一心、众志成城的向心力、凝聚力的象征，也是民族精神的体现。恩格斯在《家庭私有制和国家的起源》一书中曾形象地指出：“城楼高耸云霄已进入文明时代，城下壕沟深陷是为民族制度的墓地。”说明城市的出现是进入文明时代的标志之一。而早在我国传说中的人文初祖黄帝和与之相当的仰韶文化时期发现的城市遗址，证明此时已经开始步入文明时代。夏、商、西周三代之际，虽然作为政治、经济、宗教、文化和军事中心的城市发展和规模更加规范与制度化，但是，我国古代长城的修筑建设却是到了春秋和战国时期，才达到初始与兴盛阶段。因此，战国古长城无论在考古还是历史研究中都有着重要的价值和独特的地位。同时，它在现代地方旅游的人文景观中以及综合性的经济开发中也有独特的价值和不可取代的地位。这段由新乡市凤泉区分将池，经卫辉、辉县西北转至林县的战国长城，不但显现了它在战国时期的政治、军事方面的重大作用，而且在我国古代长城史和古代建筑学上具有重要地位和价值。

• 古代墓葬与地上文物 •

■ 琉璃阁商周墓地

辉县在商代后期属畿内地区，西周为共国，春秋属卫，战国属魏。琉璃阁在辉县东约1千米处。这里有一座建于明代、重修于清代的两层重檐的文昌阁，屋顶使用绿色的琉璃瓦，所以当地群众称之为“琉璃阁”。在其附近发现有一批商代墓和战国墓。

1950年秋，中国科学院考古研究所在这里发掘出53座商代墓。按其分布的地点分北、中、南三区。北区28座在黄家坟，中区9座在黄家坟南，南区16座在岗上。墓葬有大墓1座，中型墓4座，小墓48座。

大型墓如150号墓，有墓道和二层台。南墓道现长14.8米（部分被汉墓破坏），宽3米；北墓道未清理，长度不详，宽为1.2米。墓室为长方形，南北长4.7米，东西宽5.2米，深8.2米。墓室中有5个盗坑，将椁室大部扰乱，随葬品所剩无几。东面二层台上，有一具头向北的俯身葬人

琉璃阁遗址及琉璃阁

央视网

国宝记忆——探宝琉璃阁

骨架。西面二层台上，有两具头向北的俯身葬人骨架。北面二层台上，有一块牛腿骨。南面二层台的填土中有四个人头和狗骨架，椁室填土内有一个人头。椁室南端有一小部分未被盗掘者扰乱，有一具头向西的俯身葬人骨架和一具狗骨架。椁室下面的腰坑内有一具头向南的俯身葬人骨架，由于腰坑过小，推测当时是将人强行塞入，弄成屈膝、侧身、两臂向后背形态。残存遗物有铜刀、铜镞、铜铃、陶器和玉饰。

中型墓无墓道，但有二层台。以141号墓为例，墓室南北长6.1米，东西宽4.7米，深4.1米。墓室被一座汉墓墓道所打破，并有现代盗坑7个。靠近二层台附近有直径10～20厘米的大块木炭，这是早期盗墓者焚毁木椁的遗存。木椁下还留有腰坑。在盗坑扰土中发现一个人头骨、一个狗头骨和两个狗下颚骨，这可能是用来殉葬的。据说曾在这个墓里盗出有铜甗、铜盘、铜刀、玉戈、玉镞和金叶。而发掘中出土遗物有鸭形小铜器、铜器盖、铜镞、金叶，还有玉器、玉饰、石器、雕骨、白陶片、圆陶片等，看来是一座奴隶主的墓葬。

小型墓数量很多，无墓道也无二层台。不少墓内还有随葬品，有的还有铜器。如110号墓，南北长2.1米，东西宽0.8米，深0.55米。随葬有铜鬲、铜斝、铜爵、铜觚、铜戈、铜镞、圆铜片和玉饰。还有一批小墓无随葬品。

上述商代墓葬有些较早，属于二里岗期上层，有些较晚，属于安阳小屯前期。看来这里的墓地延续时间较长。

1935年12月至1937年春，曾经在这里进行过三次考古发掘，发现52座战国墓，4座车马坑。中华人民共和国成立后，1950年秋和1951年秋，先后两次又发掘出27座战国墓，1座车马坑。综合上述五次发掘，可以看出这些战国墓自东向西分三组排列。

这些战国墓葬有大墓10座，一般墓葬69座。大墓长7～11米，宽4.8～10.3米，深6米以上。而一般墓长2.6米，宽1.7米左右，深3～5米。

以1936年前河南省博物馆发掘的墓甲为例，位于墓区的东侧，是一座东西向的长方形竖穴墓。东西长约11米，南北宽10.3米，深11米左右。墓底无棺痕，以柏木为椁，保存较好。柏木每条长约3.34米，宽约0.36米，厚约0.34米。椁底横铺柏木14根，四壁叠起，每壁用柏木9根，作版筑状。椁底纵列多条柏木，构成一座

“题凑”椁室。随葬器物十分丰富，计有铜编镈4、铜编钟26、石磬11等乐器；有鼎15（还有一些残片）、鬲4、甗1组、簠4、豑4、豆8、罍2、圆壶6、扁壶1、尊1、洗（鉴）3、方盘子、匜（残片）、舟1、铲2、疏七21、四足炉1及方壶等青铜礼器；有戈8、矛9、斧4、剑2、削2、镞417等青铜兵器；有车30、辖28、马衔105、环15、銮5、铃等车马饰；有瑗2、璜4、环3、珏等玉器和玉饰；还有金铜贝1548、骨贝210、海贝数千枚等货币和一批金饰。

又如60号墓，位于墓区中部，其时代又恰居中。其东西长约7米，南北宽约5.1米，深近9米。随葬器物也十分丰富：铜器有编镈4，编钟25，各种鼎28，鬲6，甗1组，簠4，豑6，豆1，罍2，方壶3，鉴3，盘2，舟1，盉1，勺1，以及兵器、工具、车马饰等；还有包金蟠龙纹甲泡60，包金铜贝1000多枚，石磬11，玉器和玛瑙15类共119件。从中可以看出该墓钟、镈、磬各种乐器俱全，总数达40件；还有种类齐全数量繁多的玉器，显示了墓主人的贵族身份。墓内铜盘、铜鉴的纹饰，除了有传统的云雷纹、蟠螭纹等之外，还出现了有头尾四足、生态活泼的爬行小动物和鱼鳞纹等写实图案的萌芽。而包金甲泡和包金铜贝等，也属较为罕见之物。

5座车马坑多被破坏，只有1950年发掘的那一座比较完整。其东西长约21米，南北宽7.8米，深4.4米。坑中间近底处有一道高1.1米、宽0.46米、南北向的生土隔梁，将坑分为东西两部分，西面是较大的车场，东面是较小的马圈。马圈内的马匹，一部分未被发掘，一部分被汉墓所破坏，总数不详，在南面保存较好的6平方米内至少有4匹马。马首部都朝向东壁，可能是杀害后才填土加以掩埋的。车场内放置有两行排列整齐的木构车子，北面一行11辆，南面一行8辆，各车都朝向东方。车子仅1辆饰有铜车辖，绝大部分木构件保存较好，轮辐衡轭、舆箱篷栏，清晰可度，均能复原。其对研究战国车制，增添了重要的实例。

《史记·魏世家》载：“文侯……任西门豹守邺，而河内称治。”共邑为河内地，这些战国墓当属魏国，而从一些大墓随葬品之丰富看，当属魏国贵族的墓地。80号墓出土铜戈有铭“虎口丘君”，正说明墓主人的身份。

这里的墓地延续时间很长，大约从公元前445年魏文侯立国至公元前225年魏被秦灭，断断续续220年。从墓葬的物器组合上，也可以看出其演变轨迹。整个墓地以东面的时代最早，中间次之，西面的最晚。这些墓葬既有国属，又有时代早晚，出土器物丰富，实为战国考古的重要发现。

山彪战国墓

山彪镇战国墓群，位于卫辉市西约10千米处的山彪西南里许。1928年至1935年，先后在这里出土战国器物多件，1933年在此做过调查，1935年初夏，农民李莫探得一座大墓，同年7月由前中央研究院、前河南省古迹研究会、前河南省博物馆联合进行发掘。此次共发掘大墓1座，小墓7座，后经整理于1959年出版了专著。

山彪镇战国墓群的分布是：小墓在大墓的东南两面约100米处，占地面积约50亩。墓的形制除8号墓为加洞穴外，其余皆为长方形竖井土坑墓（无墓道）。其中1号墓最大，出土器物亦最多。墓圹口东西长7.80米、南北宽7.20米、深11.49米。墓底铺石块，上置木椁，椁周填石子，外层又填木炭，椁内有棺，棺内有尸骨及衣衾等。

出土器物有青铜器，分5属、54类，计1447件。乐器有编钟两组，一组5枚，一组9枚，大小相次，形状略同。一组为蟠螭纹编钟，钟体两侧中部微凸，钟口下平，直钮，无顶，篆皆饰蟠螭纹。另一组为散虺纹编钟，从形状上看大体与蟠螭纹编钟相同，唯高度比例较前组瘦长，亦较前组下宽。以上14枚编钟皆有铸成的小长方孔，分布在舞及钲篆间，多数钟的音律完整。礼器有鼎、鬲、壶、鉴等。列鼎5件，形状相似，尺寸依次递减，形扁圆，附耳，三足，盖上有环钮，耳面有云纹，足形若马蹄。壶7件，分四式：华盖式、钫式、提梁式、瓠式。华盖壶，盖作莲花式，环周四瓣外侈，中口洞空，空处置铜板，板心独立一鸟，猫耳，钩喙，昂首展翅，作欲飞鸣叫状，壶体饰蟠螭纹。鉴，大口曲壁、平底、圈足，器表面分三层，镶嵌红

山彪镇出土华盖立鸟铜圆壶

山彪镇出土铜鉴上、中、下层图案

铜水陆攻战画像图案，画像又可分为甲、乙、丙、丁、戊、己、庚、辛、壬九组，共有292幅人物像，还有旗、鼓、镦、戈、戟、剑、盾、弓、箭、车、豆、壶、舟、鱼等画像。内容有徒卒战、舟师战、短兵交手战、长枪大戟战、仰攻战、飞梯战、投石战、旗鼓相当的阵地战，是东周战况的写实，又似有中原部族与吴越部族交绥故事隐于其中。还有铜盘、铜匜、铜钩、铜匕、铜兵器以及陶器、玉石饰、石磬、镜、带钩、车马饰、石尺、海贝等。

该墓地出土的铜编钟及石磬是研究我国古代音乐的重要资料。水陆攻战铜鉴不仅是研究古代战争的重要资料，而且还是研究我国青铜铸造镶嵌工艺的重要资料。所有器物上的图案装饰又是研究古代艺术的重要资料。

杨岗战国两汉墓地

杨岗得名于新乡市区东北方向的一块

山彪镇出土铜鉴

高台地。这块高台地1950年之前高出周围地面6～7米，现在仍高出5～6米，面积约6万平方米。杨岗是新乡市三岗（杨岗、畅岗、茹岗）之一，它们都有着自己美丽的传说，而杨岗这块高台地的历史更久远。

早在1961年4月，杨岗就被定为新乡市市级文物保护单位，年代属于新石器时代龙山文化遗址，距今约有5000多年的历史。1984年6月，新乡市博物馆配合省第二监狱的基建工程发掘清理了20座西汉至东汉时期的土洞、空心砖和砖室墓。土洞墓均有墓道，为竖井式；空心砖墓的墓道也为竖井式，墓室为掏洞，洞中叠砌空心砖为棺椁；砖室墓为穹隆顶，有的多室，长斜坡墓道。出土了大量精美的彩绘陶器，分别有鼎、盒、钫、壶、罐等。特别是在一座大型的砖室墓中，随葬器物整齐地放置在墓室两侧，一切都保持着原状，其中9个陶仓内存放着虽已风化但颗粒仍完整的粮食，有谷、粟米等，这对研究新乡汉代时期的农业发展提供了可靠的实物资料。这批墓葬的年代为秦至东汉，出土文物收藏于新乡市博物馆。

1985年2月，新乡市又发掘了战国中期至东汉时期的竖穴、土洞、空心砖和砖室墓7座。竖穴墓为土坑墓室，屈肢葬，随葬器物组合为陶鼎、豆、壶、盘、匜等，年代为战国中期至晚期；土洞墓和空心砖墓均有竖井式墓道，掏洞墓室，出土器物组合土洞墓为陶鼎、盒、钫、小壶、铜带钩等，空心砖墓为陶鼎、盒、壶、小壶、俑头、罐等，年代为秦至西汉早期；砖室墓遭破坏，形制不清，出土有东汉五铢、铁棺钉和陶仓片，年代应为东汉时期。因此，杨岗这块高台地被文物工作者定为新乡市市区现存最完好的战国两汉墓地，也是新乡市现存规模较大的空心砖墓地。

杨岗战国两汉墓地的两次发掘都出土了空心砖墓。空心砖是由专门为墓葬烧制的大型空心砖在土洞墓室内叠砌棺椁而成的，空心砖与现在的预制板较为相似，中空但没有筋骨，砖长1.75米，宽0.45米，厚0.15米，砖面在烧制前用模子压印出车马出行、五铢钱、铺首、几何图案等纹饰，通体图案，非常精美，有一定的科学、历史和艺术价值。由于空心砖较大，制作工艺高，数量也就不多。在新乡市已发掘的古代墓葬中，空心砖仅出现于西汉早期，其他时期的墓葬均不出空心砖。空心砖墓流行的时间也很短，保留下来的也就更少。新乡市在1985年前有两处较完整的空心砖墓地，除了杨岗，另外一处在市西郊东高村西的高台地上（现已破坏）。

杨岗是新乡市历史的一部分，它记录着新乡历史的变迁，在此所发现的战国、两汉墓葬对于研究新乡一带的葬俗及其社会生活、手工业发展提供了可靠的实物资料。

凤凰山战国两汉墓地

凤凰山属于太行余脉，位于新乡市北15千米处，它端庄秀丽，华贵高雅，恰似一只华丽的凤凰，蓄势待飞，凝望辽阔的中原大地。极富史料价值的凤凰山战国两汉墓地，就长眠于这只美丽的凤凰脚下。

凤凰山战国两汉墓地，东西长约3千米，南北宽约1.5千米。它东接省级文物保护单位山彪战国墓地，西连王门东汉墓地，是20世纪50年代随着新乡火电厂的建设逐渐被发现的。1985年以来，新乡市文物单位协同新乡火电厂的扩建工程，对其进行了四次考古发掘，共发现两汉墓葬800余座，并在新乡市水泥厂、凤泉区磷肥厂及老道井村等地发掘了该时期的墓葬近200座。

通过这批墓葬的发掘，不仅出土了大批珍贵的铜、铁、陶器等文物，很多学者也发表了多篇考古报告等重要文献资料。凤凰山战国两汉墓地的发掘，为研究当时的经济文化生活等，提供了十分重要的实物资料，是新乡市文物工作者对国家考古事业及历史研究做出的重要贡献。

战国墓葬　战国墓葬形制主要为土坑竖墓穴，即在原地挖掘平面为长方形的土坑后直接埋葬。形制分两种：一种为接近墓底时留一个二层台，以便放置随葬品，个别墓葬有腰坑。另一种为无二层台，直接在头前或两侧放置随葬品。至战国末期，开始出现在头前挖小龛放置随葬品的现象。第一种墓葬形制为战国中晚期，第二种墓葬形制延续到战国末至西汉初年。

随葬品组合主要有两种：一种为陶鼎、壶、盘、罐等，一种为碗、罐等。第一种器物组合年代为战国中晚期，第二种器物组合可延续至西汉初年。第一种墓葬形制和随葬品组合的墓主人身份应该比较高，第二种墓葬形制和随葬品组合的墓主人身份为一般平民百姓。

西汉墓葬　西汉墓葬形制分两种：一种为土洞墓，另一种为砖室墓。

土洞墓葬发掘数量较多，占总数的80%以上。一般为前有竖井式墓道，后有掏出来的土洞墓室。这种土洞墓从形制规模上又可分为两种：第一种为宽墓道窄墓室，第二种为窄墓道宽墓室。

宽墓道窄墓室一般为单葬，其形制大，埋葬深。在墓道两侧或一侧掏有耳室或小龛，以放置随葬品。墓室内均有木棺，葬式为仰身直肢。墓道东壁，并排建有一个小龛和一个耳室。墓室长3.6米，宽1.4米，高1.7米。室内有腐朽的木棺痕迹，长1.9米，宽0.8米，内脏骨架一具，仰身直肢。耳室内随葬品有陶质圆形饰品，墓室内棺前随葬铁鼎2件、铁壶2件、陶罐1件，其他还有铜带钩1件、玉带扣1件等。

窄墓道宽墓室一般为合葬，形制规模

不一。一般无耳室，个别的在墓室内有小龛。随葬品多放置在墓室内头前或骨架两侧，有木棺作为葬具。

砖室墓的发现数量少。其基本形制为：墓道为竖井式，墓室与墓道基本等宽，用木板封门。墓室平面为长方形，四壁用青砖垒砌。顶部分两种，一种为砖券顶，另一种为木板顶。其形制较小，墓道和墓室总长不超过5米，宽在1.5米左右。此类墓葬的年代约在西汉中期前后。随葬品主要有铜、铁、陶器和钱币。铜器主要有鼎、釜、盆、带钩等。铜鼎仅出土2件，年代为西汉早期。铁器的形制有鼎、壶、釜、铲、刀、剑、剪等。2003年发现的大型铁制容器是其重要收获之一，出土铁鼎4件、铁壶3件、铁釜2件。陶器的出土数量最多，其中又以彩绘陶器居多，特别是鼎、豆、盒、钫、壶、马头、俑头等器形，90%为彩绘陶器。出土钱币共有两种，即四铢半两和五铢钱。四铢半两一般出现在西汉初至西汉早期墓中，与陶器组合的A、B、C类相对应。五铢钱出在D、E陶器组合类墓中，年代在西汉中晚期。

东汉墓葬　东汉墓葬形制主要有两种：一种为土洞墓，另一种为砖室墓。

土洞墓的基本形制与西汉晚期的相同，只是墓道加长，一般在3米以上，最长可达6米。墓室也变宽变长，多为合葬。在墓室内棺前和墓门之间有一空间，专门放置随葬品。墓前一般用青砖或石头封堵。此种形制东汉前期出现，东汉后期流行。

砖室墓基本可分为两种：第一种为长方形砖室墓，这种墓葬一般前有斜坡土墓道，墓道长均在3米以上，墓室平面为较长的长方形，一般长度在3～6米，多数墓室前低后高。墓室分为两部分，前室置放随葬品，后室为主墓室，置放墓主人。墓门一般用青砖封堵。墓室壁用青砖顺置平砌，墓顶一般为券顶。此种形制主要在东汉前期常见，后期演变为多室砖墓。

随葬品主要有铜、铁、陶器和钱币。

在凤凰山西汉墓中，出土了一大批铁制礼器，如鼎、壶、釜等。特别是铁壶，高近0.5米，是近年来国内发现的西汉时期最大的铁壶，能一次性铸造如此大的铁器，说明西汉时期新乡市的冶铁业已经相当发达。

西汉墓中出土的大量彩绘陶器，也是该墓地的一大特色。在极其有限的空间里用红、黄、蓝、紫、白等颜色，绘制出那么多动物、植物、几何形纹饰等，充分展现了汉代人在美术、数学、几何等方面的才能，是古代新乡人对祖国陶瓷艺术所做的杰出贡献。

凤凰山战国两汉墓地集中了上千座墓葬，是研究当时经济、文化、艺术的珍贵实物资料，也是祖先为我们留下的珍贵文化遗产。

西明寺造像碑

新乡县翟坡镇小宋佛村，旧有西明寺。西明寺年代久远，由于种种历史原因，西明寺所有宫殿廊宇年久失修，现已荡然无存，仅有北魏造像碑尚保存完整。1955年河南省进行文物普查时，对北魏造像碑进行了调查登记。“文革”期间造像碑遭到了破坏，被推倒断为三截。群众为保护起见，将北魏造像碑埋于地下。1970年文物普查时，文物工作者多次访问群众，但他们心有余悸，不愿透露实情，也有个别人在座谈中说，埋于地下，但不知具体地点。经过十几年的大量思想工作，群众也感觉到国家真正重视文物了，于1992年1月15日，主动要求进行发掘，并且不让国家承担任何经济开支，经过五天奋战，掩埋于地下的北魏造像碑得以重见天日。

西明寺造像碑

为保护好这一文化遗产，人们将造像碑从西明寺旧址迁移到小宋佛村西北角，对已损坏的造像碑进行了粘接、复原，并修建了一座仿唐宋风格的古建筑，对造像碑进行保护。2000年9月25日，该处被河南省人民政府公布为省级文物保护单位。

该北魏造像碑为青石高浮雕石造像，背光呈莲瓣形。佛像高4.13米，底座高0.65米，通高4.78米。正面雕一佛二菩萨，本尊为无量寿佛，胁侍（左右）为观世音、大势至，均跣足站像，胁侍站在狮子上。无量寿佛右手施无畏印，左手提香包，身着双领下垂式通肩大衣，内着僧祇支，胸前素带作结，下垂至腹下，右襟搭于左肘。观世音位于左侧，头部残缺，宝缯垂至肩上尚清晰可见，右手屈肘上举，握一莲蓓至胸前，左手下垂执净瓶，双肩披帛，交于腰下，上折于双肘，然后垂于双侧，下着裙，腰束带，作一小结。右为大势至，双手屈肘做合十状，捧一莲蓓至胸前，双肩披帛交于腰下，上折于双肘，然后垂于双侧，下着裙，腰束带，作一小结。

背光为莲瓣状，最宽处为1.75米，呈锐角向前弧倾。下面外沿饰火焰纹。第二层上部，中为博山炉式的火焰宝珠，两边各一供养天，下部本尊两侧浅雕七尊佛像，左四右三，七佛均作禅定状坐于莲座上，也为莲瓣形背光。第三层上中以莲蓬隔开，浅浮雕供养十五天尊，左七右八。第四层浅雕十三尊坐佛，均为禅定像坐于莲座上，有桃形背光。第五层为本尊头光，饰以莲花。各层佛像中均填有花朵和流云。背光双侧上部有浮雕龙纹各一个。背光背面浅刻一帷幔，观世音坐于方形莲座上，两侧各有一侍女，右边菩提树下有五人在倾听观世音道场说法。背光左下部有题记“大德八年”四字，从字体上看，与座上题记的字体不同，为后人所刻。

基座呈方形，上刻仰莲，边长2米，高0.65米，正面右侧有题记一方，原17行，现存8行，满行14字，均为捐资人题名。座右侧有题名20行，现存18行，满行10字。座左侧有题名17行，满行18字。所刻书体为楷隶之间，字体工整，为魏碑体。

造像风格：佛头部为高肉髻，长脖，颈上无纹饰，身躯瘦长。服饰作密集阶梯式衣纹，菩萨双肩披帛下垂，上折处刀法呈钝角，平直。披帛双肩处外折呈“3”形。飞天上身挺直，下部呈“乙”形，不露足，类似巩义市石窟飞天，均戴花冠。

综上所述，该造像碑年代为北魏时期。其整体雕刻细腻，线条流畅，被誉为“年代之早，形体之大，雕刻之精，中原之冠”。明末兵部尚书张缙彦为造像碑题诗一首：“天竺来灵圣，慈航不溺水。峨峨真实相，渺渺虚无旨。白鸟翔鹫云，慈风落昙芷。不知几何年，犹出五狮子。”

该造像碑的发现为研究新乡地区北魏时期的佛教及石刻艺术提供了实物资料。

• 馆藏文物 •

■ “祖辛”卣

“祖辛”卣通高25.7厘米，口径9.2～10.6厘米。造型古朴庄重，由提梁、卣盖、腹部和圈足四部分组成；通体铸雕多层花纹，周身分别以瑞鸟、夔龙、兽面等组成多区或对称图案，并以细密的云雷纹铺地。提梁可以活动，立放自如，梁身饰有四条夔龙，两两相对。梁之根部各饰一只双脚怪兽，圆瞪双目，狰狞神秘，十分威严。盖之顶部中心的蘑菇状柄向下分开四条对称扉棱，形成四区，区间各饰一只吉祥瑞鸟，盖之下部又有四只夔鸟双双相对，仿佛欲飞又止，栩栩如生。通体纹饰雕铸细腻，富丽堂皇。整个器形端庄稳健，纹饰高雅神秘，给人以富贵祥瑞之美感。其腹内刻有“祖辛”二字铭纹，确切地记载该器为商代第十五世王祖辛之器，属王室御用礼器。

「祖辛」卣

平原博物院

该卣1965年出土于辉县褚丘，一直是新乡市博物馆的重要文物，1998年河南博物院落成后，调拨省馆展出，为国宝收藏品。

■ “子庚”铜簋

1952年在河南省安阳市出土，同年入藏平原省文物管理委员会，1958年8月被新乡市博物馆收藏。

此簋年代为商代，通高12.5厘米，口径19.4厘米，腹径18.3厘米，底径13.9厘米，重量2510克。

此簋侈口，束颈，鼓腹，圈足。口沿下饰三角蝉纹，颈部饰夔龙纹并铸对称二兽首，腹饰饕餮纹，圈足饰夔龙纹，通体饰上下贯通的六条扉棱，器底铸二字“子

“子庚”铜簋

“止”铜斝

庚”。此器为国家一级文物。

“止”铜斝

1952年在河南省安阳市出土，同年入藏平原省文物管理委员会，1958年8月被新乡市博物馆收藏。

此器年代为商代，通高44.7厘米，口径20.7厘米，腹径15.4厘米，重量6315克。此斝大敞口，伞状柱，底微鼓，三棱锥足，半环形。柱顶饰涡纹和几何纹，颈部饰蕉叶纹；腹部中间有一凹槽，上部和下部均饰以云雷纹为底的饕餮纹，间饰扉棱，器底内铸一字“止”。此器为国家一级文物。

“父已”铜方鼎

1952年在河南省安阳市出土，同年入藏平原省文物管理委员会，1958年8月被新乡市博物馆收藏。

此鼎年代为商代，通高21.5厘米，口径12.7～17厘米，底径10.05～14.5厘米，重量2670克。

“父已”铜方鼎

此鼎为长方体，直口，折唇，方形环耳微侈，柱足。颈部饰鸟纹，间饰扉棱；腹部饰乳钉纹和勾连云纹；器身四角有扉棱；足上部饰饕餮纹；器内壁一侧铸二字“父已”。此器为国家一级文物。

■ 饕餮纹铜方罍

1952年在河南省新乡市辉县出土，同年入藏平原省文物管理委员会，1958年8月被新乡市博物馆收藏。

此器年代为商代，通高45厘米，口径13.5厘米，腹径24.5厘米，底径12.9厘米，重量8990克。

此罍方形，带盖，直口，广肩，下腹内收平底。盖为四阿式，有纽饰简化饕餮纹；颈部饰目雷纹，肩部对称龙形耳，另两面有对称兽首；腹上部饰圆涡纹和简化饕餮纹，下部饰蕉叶纹。其中一面有兽首穿耳。器腹下瘦，可穴地站立，从而保持稳定。此器为国家一级文物。

■ 三鸟铜尊

1952年在河南省新乡市辉县褚丘出土，同年入藏平原省文物管理委员会，1958年8月被新乡市博物馆收藏。

此器年代为商代，通高16厘米，口径20厘米，腹径15.4厘米，底径12.5厘米，重量2470克。

此尊敞口，宽肩，鼓腹，圈足，颈部饰弦纹一周，肩部卧鸟三只，间饰夔龙纹，腹部饰饕餮纹，圈足饰夔龙纹并有三镂孔。此器为国家一级文物。

兽面纹三鸟铜尊

“耶斐妇媟”带盖铜爵

“耶斐妇嫊”铜爵

1952年在河南省新乡市辉县褚丘出土，同年入藏平原省文物管理委员会，1958年8月被新乡市博物馆收藏。

此器年代为商代，通高23.5厘米，流尾长17.6厘米，腹径7.8厘米，重量1095克。

此爵宽流，尖尾，底圆鼓，三棱锥足，有盖，盖端饰牛头。盖顶饰夔龙纹并有半圆形环，腹饰饕餮纹，龙首形鋬。盖内铸四字“耶斐妇嫊”，内铸二字“妇女”。此器为国家一级文物。

贝纹铜敦

1954年在河南省新乡市辉县出土，新乡市图书馆文物股收藏，1958年8月入藏新乡市博物馆。

此器年代为战国，通高18厘米，口径16.5厘米，重量2457克。

此敦呈扁球体，口微敛，盖饰三兽纽，铺首衔环耳，三矮足。盖饰变形雷纹及菱形几何纹，口沿下饰绳索纹，腹部饰贝纹、绳索纹各一周。此器为国家一级文物。

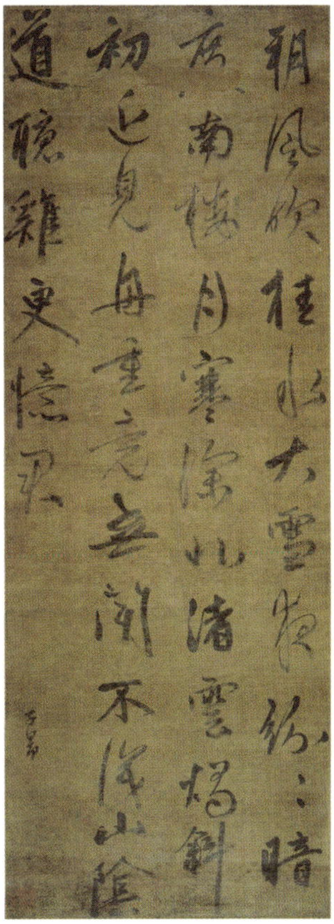

赵孟頫行书条轴

赵孟頫行书七言诗条轴

时代：元

质地：绢

简介：赵孟頫，字子昂，号松雪道人，元代著名书画家。书法诸体皆精，绘画山水、人物、花卉俱工，其作品为世人所重。此七言诗轴，风格俊逸秀雅，书法娴熟而不俗，颇得“二王”之神气，为赵氏存世大字作品之代表。

赵孟頫

吕纪设色桃柳红鸭图轴

陆远青绿山水图轴

吕纪设色桃柳红鸭图轴

时代：明

质地：绢

简介：吕纪，明代画家，擅翎毛、花卉，能工能写，为一代名家。此作兼工带写，物态造型准确，生动而不呆板，设色鲜艳，可人而不落窠臼。作者撷取自然之物象浓缩于一章，构成画面，以过人之笔为我们描摹了一幅“红鸭戏碧水，紫燕弄桃柳”的欣欣向荣的春景。

陆远设色青绿山水图轴

时代：清

质地：绢

简介：陆远，清代画家，善绘山水人物，工写兼能，远涉唐宋，近宗元明，为清代知名画家。其作气势雄健。此作构图开合有度，气势恢宏，设色厚重而不板滞，点景人物虽小却栩栩如生，楼台、云壑、桃花、松茸各安其态，再现之景物可游，可居，可赏，引人遐想，耐人寻味。

周寻墨龙图轴

史春荟水墨风竹图轴

周寻墨龙图轴

时代：清

质地：绢

简介：周寻，清代画家，以绘龙画鸟名于当时。其绘画重写实，善渲染，造型准确，中国墨之五彩于其手得以充分展示，所绘之物象形神俱佳。此作所画墨龙匠心独运，栩栩如生，神情毕现，藏露有度，龙的威严神秘得到最佳展现，大有呼之欲出之感。

史春荟水墨风竹图轴

时代：清

质地：绢

简介：史春荟，新乡辉县市人。光绪进士，能诗文，善书法绘画，尤长松竹，为地方知名书画家。其书法以“二王”为宗，且力摹唐宋诸家，尤以米芾为最，行、隶、草、楷皆工。此作构图稳妥，墨色浓淡适宜，墨气淋漓，竹之迎风舞枝之态跃然尺素，自然生动，可谓妙指挥洒，尺素生风。

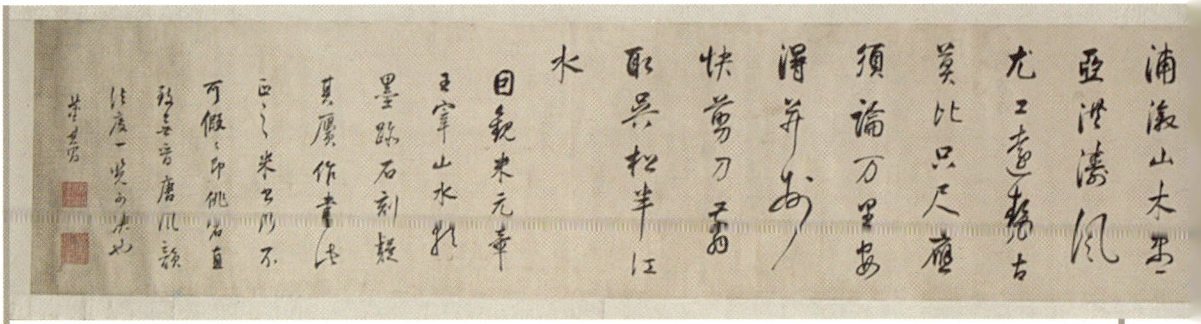

董其昌行书山水歌手卷

董其昌行书山水歌手卷

时代：明

质地：纸

董其昌

简介：董其昌，明代著名学者、书画家。其书法取“二王”及宋元诸家之长，名重当时，对后代书法绘画实践及理论有深刻影响。此作秀雅多姿，笔法多变，董书之飘逸天真、峻秀而不流俗于此可见一斑。

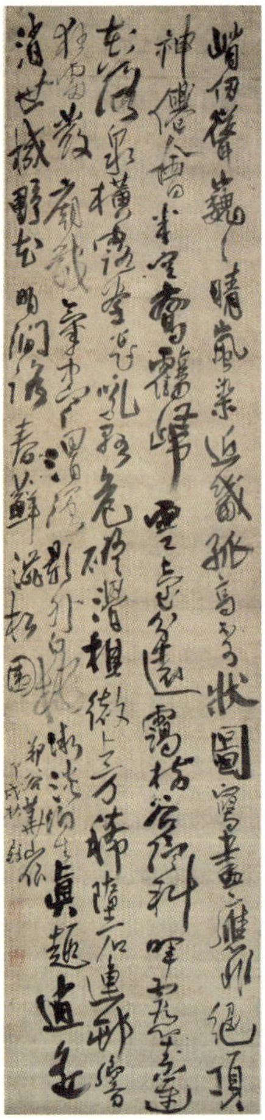

王铎行书条轴

王铎行草五言诗条轴

时代：明

质地：纸

简介：王铎，明代著名书法家，书追“二王”指法，宗摹唐代各家，对宋代“尚法”理念极为推崇，砚田耕耘，终自成家法，对当今书坛影响很大。此作磅礴大气，跌宕多姿，连绵浑然，有较强的视觉冲击力，为王书代表作之一。

傅山草书五言诗轴

时代：清

质地：纸

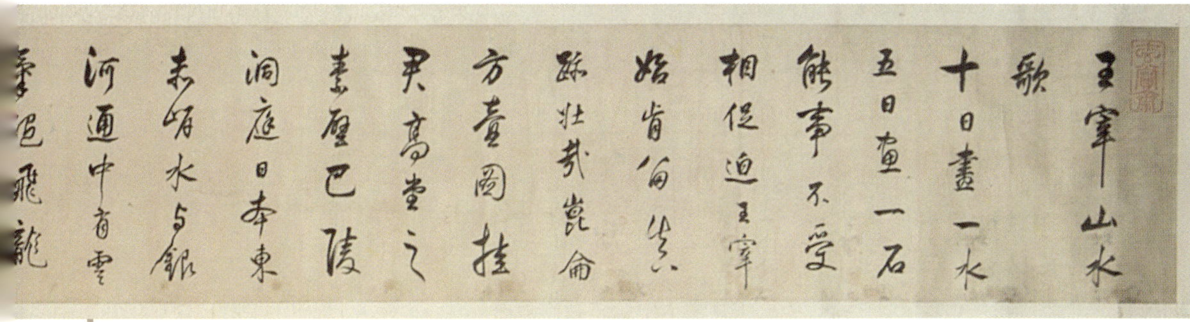

简介：傅山，清代书画家，诗人，能书善画。由于其守儒道，重气节，其人格名节为后世推崇，故书以人贵，人以书传。此五言诗轴气势贯连，浑然一体，提按使转纯熟自如，一气呵成。睹之自然流畅，有渴骥奔泉之势，飞瀑九叠之美，书法流畅一格，由是观之。

郑板桥

郑燮水墨竹、石、兰图轴

时代：清

质地：纸

简介：郑燮，字克柔，号板桥，清代

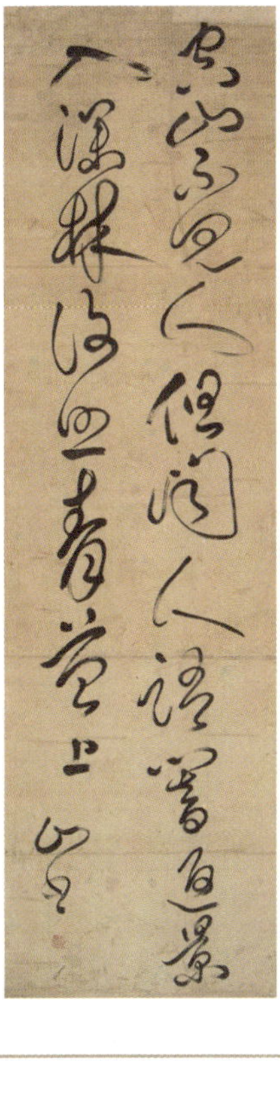

傅山草书五言诗轴

郑燮水墨竹、石、兰图轴

著名书画家，为官有政声，当艺居奇才，名重一时，于今谈及板桥可谓家喻户晓。此作诗书画俱佳，以竹写人，以诗言志，一抒志不得展、不能解民之倒悬、不被理解之心境，策墨精妙，意境深沉，是一幅难得之佳构。

三彩刻花枕

三彩刻花枕，中华人民共和国成立初期平原省文物管理委员会收藏，1952年底拨交新乡市图书馆文物股，1958年8月入藏新乡市博物馆至今。

此枕系宋三彩，高11厘米，长33厘米，呈元宝形状，前低后高，前壁微凹，后壁圆鼓并有一孔。枕面周边饰九朵花卉，内以五条刻线间隔，中央饰菱形图案，并有卷草补白。周边花卉涂黄、白、绿三彩，中间卷草施绿彩。枕周壁上下各刻五道黑线纹，中间刻花卉一周，造型端庄大方，纹饰布局疏密得当，施釉均匀、鲜艳。

三彩刻花枕

青釉亭塔人物罐

青釉亭塔人物罐，1951年平原省文物管理委员会在河南汤阴县征集，1952年年底移交新乡市图书馆文物股，1958年8月入藏新乡市博物馆至今。

此罐通高46.3厘米，腹径14.5厘米，晋代文物，为陪葬明器，盖与器身连为一体。盖上两层雕塑，下层塑门阙跽坐人物，上层塑仓廪、四阿顶式建筑及跽坐人物等，内容繁多，形象生动。器身为多沿方唇、束颈、鼓腹、平底，腹部贴持械人物和立兽五个。通体施绿黄色釉，口沿下有流釉现象，近底处露胎。此类谷仓在南

青釉亭塔人物罐

光绪黄地粉彩玉万寿无疆盘

黑白地黑白花枕

方六朝墓葬中多有出土，北方较为少见，属陪葬物品。

光绪黄地粉彩玉万寿无疆盘

光绪黄地粉彩玉万寿无疆盘，1980年故宫博物院拨交于新乡市博物馆至今。

此盘高5.2厘米，口径21.8厘米。盘内黄地粉彩，盘底一“寿”字，盘壁彩带结中饰一变形“亚”字饰纹，四条彩带结中间隔玉字“万寿无疆”，空间饰粉彩云纹。盘外壁白地饰三组粉彩折板花卉，底部楷书六字“大清光绪年制”红字款。此盘黄釉较浑暗，加饰玉字“万寿无疆”，给人华贵之感。

黑白地黑白花枕

黑白地黑白花枕，中华人民共和国成立初期平原省文物管理委员会收藏，1952年年底移交新乡市图书馆文物股，1958年8月入藏新乡市博物馆至今。

此枕高12厘米，长13.5厘米。其形状为腰圆形，枕面微下凹，两头微翘，枕面正中的主题花纹饰两朵黑色缠枝花卉，花枝分叉后向两边弯曲，花枝上的小卷叶生长茂密，弯曲的枝头分别缀以怒放的花朵，两花中间的花枝上下有位置适中的两片大花叶。线条纹、卷叶纹相互交错装饰在枕面边沿。枕面与枕壁的转折处有条黑色宽带，枕壁绘缠枝花卉一周。此枕釉质光亮，花纹装饰美妙而不俗，刻画技法洒脱流利，艺术价值高，为研究宋代陶瓷绘画史提供了宝贵的实物资料。

康熙青花云龙印盒

康熙青花云龙印盒，中华人民共和国成立初期平原省文物管理委员会收藏，1952年年底移交新乡市图书馆文物股，1958年8月入藏新乡市博物馆至今。

康熙青花云龙印盒

此印盒高3.5厘米，口径10.3厘米，底径6.5厘米。其形状为扁球体，带盖，矮圈足。盖面饰青花二龙戏珠，印盒一周饰青花海水纹。底部双兰圈内有“大清康熙年制”六字三行竖排青花楷书款。此印盒制作规整，绘画、款式、制作工艺等均属康熙时代之官窑风格，为研究当时的制瓷工艺提供了实物资料。

元代白玉鳜鱼坠

原平原省文物管理委员会藏品，1952年年底拨交新乡市图书馆文物股，1958年8月入藏新乡市博物馆至今。

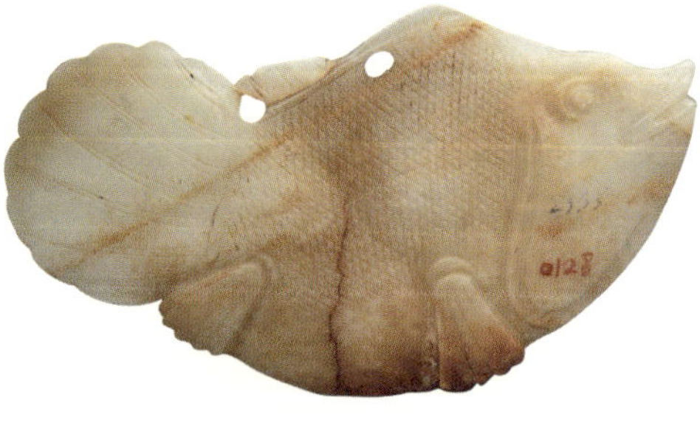

元代白玉鳜鱼坠

白玉鳜鱼坠系和田白玉，长10.5厘米，质地细润，雕刻精美，双面雕刻。鱼嘴上翘，凸刻圆形鱼眼，身上阴刻细密的垂鳞纹，鳍为浅浮雕，背脊上有两个圆形的孔，尾半圆形，周边为花边，上有双阴刻线纹。是元代的典型器物。

清代透雕凤凰牡丹翠牌

原平原省文物管理委员会藏品，1952年年底拨交新乡市图书馆文物股，1958年8月入藏新乡市博物馆至今。

凤凰牡丹翠牌，长5.2厘米，宽3.7厘米，上等翠质，细润光滑，色泽鲜艳。一只透雕凤凰落在一枝透雕的牡丹花上，凤凰呈回首状，尾下垂至底部，头顶透雕一枝牡丹花和多片花叶。牌上有丝带绳，串有半圆形粉色芙蓉石，上有10个圆球形的

清代透雕凤凰牡丹翠牌

明代『光风霁月』狮钮寿山石印章

明代象牙仕女

小珍珠，艺术价值极高。

明代狮钮寿山石印章

原平原省文物管理委员会藏品，1952年年底拨交新乡市图书馆文物股，1958年8月入藏新乡市博物馆至今。

章高7.7厘米，是寿山石中的田黄，质地光滑细润。椭圆形章面，上篆书体，朱文“光风霁月”四字。钮为圆雕大狮小狮，一只圆雕大狮子半蹲在章上，呈回首状，口中衔一枝凸雕灵芝草，背后凸雕一只小狮子趴在大狮子身上，二狮子头相对重，形象栩栩如生。

明代象牙仕女

1952年范县拨交平原省文物管理委员会，1952年年底拨交新乡市图书馆文物股，1958年8月入藏新乡市博物馆至今。系象牙贺雕立形仕女，高21.3厘米。头平身微斜，头后有大型发髻，发丝根根可见。面部丰满安详，眉眼鼻口比较端正，两手左胸前合抱一物。右袖宽大，衣纹较深，自然流畅，下穿长裙覆盖双脚。象牙的自然纹理处微显黑色，右手有残缺。

清代绣花状元袍

原平原省文物管理委员会藏品，1952年拨交新乡市图书馆文物股，1958年8月入藏新乡市博物馆至今。

状元袍长145厘米，宽140厘米，系清末状元张云亭穿过的衣服。衣圆领，马蹄袖，上圆肩呈深蓝色，前后左右对称绣四条金丝龙。通身绣云纹，五彩艳丽。前后身绣二龙戏珠，深蓝色的袖口绣金丝龙一条。衣服下摆有一尺半高，用五彩线分深浅不同绣成水浪翻滚的纹饰。此袍绣工精细，图案优美。

清代绣花状元袍

• 新乡国家级、省级文物保护单位名录 •

国家级							
序号	县（市、区）	名称	时代	类别	地址	公布批次	公布时间
1	凤泉区	潞简王墓	明	古墓葬	凤泉区坟上村	第四批	1996年11月20日
2	卫辉市	比干庙	明、清	古建筑	卫辉市顿坊乡比干庙村	第四批	1996年11月20日
3		望京楼	明	古建筑	卫辉市城内东北角	第六批	2006年5月25日
4	辉县市	百泉	清	古建筑	辉县市百泉镇	第五批	2001年6月25日
5		孟庄遗址	新石器时代至商、周	古遗址	辉县市孟庄镇孟庄村	第五批	2001年6月25日
6		白云寺	明至清	古建筑	辉县市薄壁镇薄壁村	第六批	2006年5月25日
7		共城城址	周	古遗址	辉县市市区	第六批	2006年5月25日
8	新乡县	西明寺造像碑	南北朝	石窟寺及石刻	新乡县翟坡镇小宋佛村	第六批	2006年5月25日
9	辉县市、卫辉市	赵长城遗址	战国	古建筑	卫辉、辉县太行山分界处	第六批	2006年5月25日

省级							
序号	县（市、区）	名称	时代	类别	地址	公布批次	公布时间
1	卫滨区	络丝潭遗址	仰韶、龙山时代	古遗址	卫滨区平原乡络丝潭村	第二批	1986年11月21日
2		水东石经幢	唐	石窟寺及石刻	卫滨区平原乡东水东村学校内	第三批	2000年9月25日
3	卫滨区	河朔图书馆	民国	近现代重要史迹及代表性建筑	卫滨区一横街北头	第三批	2000年9月25日
4		高永乐造像碑	东魏	石窟寺及石刻	新乡市卫滨区平原乡李村	第五批	2008年6月16日
5	红旗区	文庙	明、清	古建筑	红旗区人民政府院内	第二批	1986年11月21日
6		七世同居坊	清	石窟寺及石刻	新乡市饮马口南牌坊街	第二批	1986年11月21日
7	红旗区	东宁寺	明、清	古建筑	新乡市红旗区东台头村	第五批	2008年6月16日
8	凤泉区	鲁堡遗址	新石器时代	古遗址	新乡市凤泉区西鲁堡村北	第一批	1963年6月20日
9	牧野区	中共平原省委旧址	1949年至1952年	近现代重要史迹及代表性建筑	新乡市牧野区和平路大道	第四批	2006年6月8日
10	新乡县	李大召遗址	龙山至先商	古遗址	新乡县大召营镇李大召村	第二批	1986年11月21日
11		合河石桥	明	古建筑	新乡县合河乡合河村	第四批	2006年6月8日
12	辉县市	凤头岗遗址	龙山至夏、商	古遗址	辉县市峪河镇丰城村	第二批	1986年11月21日
13		老爷顶真武庙	明	古建筑	辉县市上八里镇回龙村	第三批	2000年9月25日

续表1

序号	县（市、区）	名称	时代	类别	地址	公布批次	公布时间
14	辉县市	天王寺善济塔（含附近石刻）	元	古建筑	辉县市委后院	第一批	1963年6月20日
15		山西会馆	清	古建筑	辉县市南大街	第三批	2000年9月25日
16		太平兴国禅院碑铭	北宋	石窟寺及石刻	辉县市后辛庄乡西永安山中湖寺下院西侧	第一批	1963年6月20日
17		灵阳观记碑	元	石窟寺及石刻	辉县市胡桥乡请下佛村	第三批	2000年9月25日
18		凌云寺塔	元	古建筑	辉县市高庄镇高庄村	第四批	2006年6月8日
19		辉县文庙	清	古建筑	辉县市西大街	第四批	2006年6月8日
20		琉璃阁遗址	商、周至汉	古遗址	辉县市区东南	第四批	2006年6月8日
21		重门城遗址	汉、魏	古遗址	辉县市高庄镇史村	第四批	2006年6月8日
22		徐世昌公馆	近代	近现代重要史迹及代表性建筑	辉县市牌坊街东段	第五批	2008年6月16日
23		共城百泉书院	明、清	古建筑	辉县市书院街西段	第五批	2008年6月16日
24		南湖寺	清	古建筑	辉县市沙窑乡南湖村	第五批	2008年6月16日
25		文昌阁	清	古建筑	辉县市文昌路东段	第五批	2008年6月16日
26		白鹿山寺院群旧址	明、清	古建筑	辉县市上八里镇鸭口村	第五批	2008年6月16日
27		凡城遗址	西周	古遗址	辉县市云门镇前凡城村	第五批	2008年6月16日

续表2

序号	县（市、区）	名称	时代	类别	地址	公布批次	公布时间
28	卫辉市	山彪镇墓地	战国	古墓葬	卫辉市唐庄镇山彪镇西南	第二批	1986年11月21日
29		镇国塔	明	古建筑	卫辉市城外东南方	第二批	1986年11月21日
30		小店河村民居	清	古建筑	卫辉市狮豹头乡小店河村	第三批	2000年9月25日
31		徐氏家祠	民国	古建筑	卫辉市贡院街	第三批	2000年9月25日
32		陀罗尼经幢	后晋	石窟寺及石刻	卫辉市前街	第一批	1963年6月20日
33		香泉寺石刻	北齐	石窟寺及石刻	卫辉市太公泉镇霖落山中	第三批	2000年9月25日
34		太行军区第七军分区司令部旧址	1943年至1944年	近现代重要史迹及代表性建筑	卫辉市狮豹头乡柳树岭村	第四批	2006年6月8日
35	延津县	大觉寺万寿塔	明	古建筑	延津县城关镇内	第二批	1986年11月21日
36		王法明造七级浮屠	唐	石窟寺及石刻	延津县小店镇马屯村	第一批	1963年6月20日
37		太平天国英王陈玉成就义纪念地	清	近现代重要史迹及代表性建筑	延津县城关镇西大街校场	第二批	1986年11月21日
38		广唐寺塔	宋	古建筑	延津县塔铺乡塔铺村	第四批	2006年6月8日
39		沙门城址	战国至宋	古遗址	延津县胙城乡沙门村	第五批	2008年6月16日
40	封丘县	青堆村遗址	龙山时代	古遗址	封丘县留光乡青堆村	第一批	1963年6月20日
41		黄池会盟故城遗址	春秋	古遗址	封丘县城南坝台村	第二批	1986年11月21日

续表3

序号	县（市、区）	名称	时代	类别	地址	公布批次	公布时间
42	封丘县	东岳庙（宋太祖黄袍加身处）	清	古建筑	封丘县陈桥镇	第二批	1986年11月21日
43		封丘城隍庙	清	古建筑	封丘县东大街西段	第五批	2008年6月16日
44	原阳县	谷堆遗址	商代晚期	古遗址	原阳县城北谷堆村	第二批	1986年11月21日
45		玲珑塔	宋	古建筑	原阳县原武镇东	第一批	1963年6月20日
46		夏家院民居	明末清初	古建筑	原阳县城南街	第三批	2000年9月25日
47		陈平祠	清	古建筑	原阳县阳阿乡阳阿中村	第五批	2008年6月16日
48	获嘉县	同盟山遗址（含武王庙）	龙山至商	古遗址	获嘉县照镜乡桑庄村	第二批	1986年11月21日
49		齐州故城遗址	北朝	古遗址	获嘉县张巨乡杨洛村	第二批	1986年11月21日
50		夏言渡河词碑	明	石窟寺及石刻	获嘉县亢村乡亢村西口	第二批	1986年11月21日

陈玉成延津就义

胜景掠影

——诗意牧野山水秀

新乡市南临黄河，北依太行，用“山河拱卫、源远流长”表达其特征，再贴切不过。也正是得益于这种自然历史文化的滋养，新乡拥有了丰富的山水自然资源和历史文化资源。概括起来，可表述为“一山二河三带四线”。“一山”即太行山，“二河”即黄河、卫河，“三带”即西北部太行山水旅游带、中部牧野文化旅游带、东南部沿黄生态旅游带，“四线”即南太行山水旅游线、牧野古文化旅游线、红色旅游线、沿黄生态休闲旅游线。

南太行山水旅游线

位于新乡境内的南太行群峰竞秀，层峦叠嶂，沟壑纵横，飞瀑流泉，既有雄伟而苍茫的石壁景观，又有曼妙而秀雅的山乡风韵，集雄、峻、奇、险、秀于一体，荟萃了南太行山水之精华。这里人杰地灵，是影视剧创作的拍摄之地，更是诗人、书画家、文学爱好者的创作源地。近年来，随着当地文化与外界的交流，南太行也成了众多国际友人的观光旅游之地。著名景区有八里沟、万仙山、九莲山、宝泉景区、轿顶山、秋沟、天界山、关山、白云寺、龙卧岩等。

壮哉南太行
最美在新乡

人间仙境——八里沟

八里沟景区位于南太行山东麓辉县市上八里镇，因距松树坪八里而得名。距新乡市区50千米，距辉县市区25千米。这里以原始自然风光为主，集生态、观光、休闲、度假、娱乐多种功能于一体，是以山水为主要景观的综合类景区，为国家AAAA级旅游景区。

景区总面积42平方千米，地势西高东低，呈阶梯式层层下降。共有山峰16座，各类景点150多个，岩洞10多个，岩石断层景观3个，潭池17个，渠瀑、帘瀑、沟瀑100多处，茶楼5座，森林覆盖率90%以上。

八里沟风光

八里沟瀑布

八里沟瀑布水帘洞

整个景区因山体峻秀、池潭密集、岩体奇特而久负盛名。2003年9月，北京龙脉温泉有限公司投资1.2亿元，对此处旅游资源进行重新组合，扩景增容，打造一新，景区面貌发生了新的变化。进入八里沟，其旅游路线可分为三路。

第一路：从古色古香的山门而入，过二仙桥、抱犊桥，可沿沟底步道曲折前行，穿片片湖面（也可沿山腰公路捷径）到达羊洲地，至悬崖绝壁处。该路段长达4千米，为八里沟景观密集区。这里的核心景观是悬挂在悬崖绝壁处的八里沟大瀑布。

第二路：沿八里沟大瀑布攀缘绝壁可达瀑布源头处——红石河。这里林木幽深，农舍错落，水流跌泻，极富诗情画意。从悬崖绝壁北侧攀附而上进入“一线天”，这里山体险峻，陡岩对峙，人只可从夹缝中缓慢前行，最为险绝。

第三路：从八里沟瀑布处向西南有一条山道，可攀登玉皇峰。这座山峰被称为南太行主峰，能东观日出，西望云海，南眺黄河，北览千峰竞秀。景区各种旅游功能齐备，山门处建有宽阔的停车场，山门两侧建有商店、茶社等各种服务设施。土特产有芝麻叶、鬼圪针、灰灰菜、山韭菜、芸叶菜、木耳、核桃、山药、党参、天麻等10多种。

八里沟的主要景点有山神庙、大皇龛、桃花湾、抱犊桥、羊洲地、八里沟大瀑布、红石河、一线天。

太行明珠——万仙山

万仙山风景区位于新乡市北部辉县西北部太行山腹地沙窑乡境内，总面积64平方千米，最高海拔1672米，距新乡市70千米。景区可分为影视村——郭亮，清幽山乡——南坪，人间仙境——罗姐寨。1990年万仙山风景区被确定为河南省风景名胜区，2003年被评审为省级地质公园，为国家AAAA级旅游景区。

万仙山汇聚百里太行赤岩绝壁的精华，赤红色的悬崖高越百米。进入万仙山腹地，一座座奇峰，层出叠见，赳赳向上，直刺云天，姿态迥异，似神似仙，云遮雾绕，飘然欲动。甲胄在身的将军峰，挥手遥望的华山石人，仰天侧卧的虎啸石，错落有致的七郎峰，几欲开屏的孔雀，镇定落座的石鹰，体积上万立方米的太行石王。还有那四大龙洞——黄龙洞、白龙洞、红龙洞、黑龙洞；四大崖梯——续梯、天梯、猴梯、寨门梯；四大奇石——日月星石、龙鳞石、神龙石、鸳鸯石；四大古寨——汉王寨、铁打寨、罗姐寨、蔺相如寨。

万仙山最突出的特点是林木茂盛。这里保留着原始次生林，覆盖着古老的植被，生长着千余种植物，二百多种草药，十多种食用菌，可称得上植物类王国的天然宝库。金钱豹、猕猴、黄羊、獾时有出

万仙山景区

没，鹰、山雀、角雉等随处可见。良好的林木植被涵养了丰富的水源，汩汩清泉、淙淙小溪从岩缝中流出，汇成一条条瀑布，冲击出一个个深潭，黑龙潭瀑布、磨剑峰瀑布、白龙潭瀑布、雪山潭瀑布、通天河瀑布似一束束冰丝银纱垂挂在峭壁陡崖上。

自秦汉以来，万仙山上就有人家。刘秀被王莽追杀时，曾路过此地。北宋杨家将西征时曾在这里扎营。一个个古寨的寨墙、屋址依然残存，流传着许多动人的故事。

20世纪80年代，万仙山向世人撩开了神秘的面纱。万仙山峻秀的景色，吸引着众多学者、诗人、书画家、摄影家前来写生、采风。当代诗人陈传福的七律《万仙山》写道："霞是霓裳云是冠，万仙山里会群仙。仙为碧岭迷烟树，路倚红崖上紫巅。倦鸟归来藏谷底，闲云飞去顾山前。参差收入登临目，绿涌翠浮横远天。"将万仙山的特点及地理风貌展现得淋漓尽致，万仙山也因一个"仙"字而闻名遐迩。书画家张仃六进万仙山，题写了"华夏奇观"。张凭、侯德昌、王世龙等书画家、摄影家在这里留下了不少传世之作。中央美术学院、广州美术学院等100多所艺术院校把万仙山定为写生基地，每年有数万名学生在这里临景习作。

走进万仙山，住农舍，食农家饭，观炊烟袅袅，瞧百年老宅，看蓝天白云，听瀑鸟合鸣，走林间小道，吸太行馨氧，坐石凳对弈诵诗，临景挥笔，泼墨丹青，可

万仙山

万仙山

央视网
自然奇观·喊泉之谜

领略时光倒流、归返原始的韵味。

走进万仙山，享森林浴、生态游，观日出、赏明月，登石梯，攀崖壁，探洞穴，濯清泉，认草药，采蘑菇，品山泉甘甜，尝山果醇香，凭吊山寨墟址，发思古之幽情，看影视村天然外景，听村民讲拍摄趣闻，平添几分游乐、几分游兴。

万仙山的主要景点有天池、红岩绝壁大峡谷、莲花盆、五行八卦洞、喊泉、红龙洞、天梯、大黄窑、山神鞭、葫芦峰、汉王寨、七郎峰、绝壁长廊、白龙洞、日月星石、黑龙潭瀑布、磨剑峰、太行石王、红石桥、汉柳、鸳鸯石、铁打寨、友谊峰、蔺相如寨、神龙石、五峰山林海等。

万仙山

群峰相依——九莲山

九莲山形成于距今8亿至5.7亿年的元古代的震旦纪和古生代的寒武纪，位于辉县市上八里镇松树坪村，是南太行最美的一段，为国家AAAA级旅游景区。九莲山景区因九峰相连、酷似莲花而得名，景区总面积25平方千米，由两条峡谷和一条红岩绝壁组成。九莲山景区还是河南省重点风景名胜区、国家地质公园、自然猕猴保

九莲山

护区等。

九莲山景区位于南太行东侧的大断裂地带区，在漫长的地质历程中，经历了频繁的构造运动，尤其受构造断裂作用影响显著。构成山体的岩石主要为二叠系的紫红色石英砂岩、页岩和震旦系地层的石英砂岩、片岩，伴生变质岩类的云母片岩、绿泥片岩和安山汾岩等。景区断崖绝壁林立，山峰巍峨挺拔，瀑布、泉水遍布。景区海拔多在1000米左右，相对高度多在100～500米。

九莲山上植被茂密，原始森林密布，拥有国家一级保护植物红豆杉、二级保护植物青檀、青椴等，还有连翘、藿香、党参、何首乌、柴胡、五味子、山药、丹参、灵芝、冬凌草等中药材。

天壶瀑布　位于九莲山西莲峡尽头三面绝壁之中，瀑布水来自绝壁上的一个大水潭。传说九莲老母抛茶壶于此而成壶形潭，得名天壶。瀑布从壶嘴倾泻而下，落差130米。

天壶瀑布

西莲寺　位于天梯之上海拔1000余米高的山崖上，整个寺庙坐落于十几户人家的西莲村内。西莲寺始建于唐代，建筑坐北朝南，规模宏大，共有五进院落，殿堂数十间，殿堂以供奉九莲老母、无生老母等女性神为主神，几百年来香火旺盛。

后静宫　始建于东汉。相传王莽追刘秀，刘秀逃经此地时饥饿难行，遇一老者赠食相救才得以逃脱。刘秀称帝后，不忘老者之恩，就在这里盖了个院子，叫后静院，让老妇人住进去颐养天年。老妇人去世后，人们趁院建庙，取名后静宫。

孕潭　是九莲山的一处景观，潭中有一块大石头，石头东边瀑布下的水池叫洗手池，北边瀑布下的水池叫濯足池。传说，过去有妯娌两人，婚后多年不能生育，后来嫂子无意中在东边潭水中洗手而怀孕，生了个女儿，弟妹在北边潭水中洗脚而怀孕，生了个儿子。从此，许多人来到这里，洗手求女儿，洗脚求儿子。

猕猴区　九莲山内有猕猴群落分布，为景区提供了动物资源。太行猕猴终年栖息于针叶、阔叶混交林、灌木林及悬崖峭壁之间，在进化系统上属灵长目猴科，为国家二类保护动物。由于太行猕猴是生活在气候较冷、纬度最北的猕猴群，周围环境山峰陡峭，因此猕猴群体大、体壮、毛长尾短，善于攀缘，喜欢跳跃。

莲花洞　也称水莲洞，洞里常年流水不断，洞的最深处再向里也是水。夏天，洞中非常凉爽，还常有风从洞中徐徐向洞口吹来。

九莲山云海　在一定条件下形成的云层，并且云顶高度低于山顶高度，当人们

九莲山云海

在高山之巅俯视云层时，看到的是漫无边际的云，如临于大海之滨，波起峰涌，浪花飞溅，惊涛拍岸，故称这一现象为“云海”。

山水奇绝——宝泉景区

河南宝泉旅游度假区，位于两省（河南、山西）三县（辉县、修武、陵川）交界处的辉县市薄壁镇境内，平均海拔1150米，距辉县市区50千米、新乡市70千米、焦作市60千米，总面积约78平方千米，为国家AAAA级旅游景区。

宝泉风景区山势险峻，沟壑纵横；奇峰怪石，造像逼真，山泉瀑布如白帐飘落；谷深幽静，变幻莫测；诸景荟萃，景观迷人。是一处水上游乐、沟内探胜、环境优美、游览避暑的人间仙境。主要景点有宝泉湖、龙王庙、二龙戏珠、潭头瀑布、西沟四级瀑、西沟水帘等。

宝泉景区森林覆盖率达95%，是国家森林保护区和太行猕猴保护区，坐拥高峡平湖、雄奇峡谷、超高瀑群等太行奇景，犹如一幅鬼斧神工的峡谷画卷，是乾隆御赐“泉盈水灵”之地，自古“宝泉”就是钱币统称，因此景区是一处吉祥福瑞之地。景区还有超高瀑群，分布着双龙瀑、见龙瀑、跃龙瀑、飞龙瀑等十大瀑布。

宝泉景区以水为特点，以“福禄寿喜财”为主题，打造一峡（游龙峡）、四谷（宝泉谷、叠翠谷、天瀑谷、飞虹谷），展示一瀑一谷的自然奇景。有见龙瀑、翡翠潭、飞龙瀑、跃龙瀑、飞虹桥、双龙瀑、凌云台、百鹿湖、奇石走廊、

醉美宝泉

宝泉风光

飞龙瀑

飞龙瀑秋

宝泉幽谷（上）

宝泉幽谷（下）

吸水灵石、五连瀑等100多处旅游景点，一步一景，一景一奇。其中见龙瀑落差达320米，瀑布最大流量可达3000立方米/秒，似云龙飞腾，气贯如虹，号称“中原第一瀑”；翡翠潭碧绿无暇，明丽如画，潭水荡漾，犹如人间仙境，被誉为“太行第一潭”；游龙峡蜿蜒迂回，山崖瑰丽，碧水横溢，堪称原始山水之精品画廊。

宝泉叠瀑

官职文化长廊——轿顶山

轿顶山景区位于南太行腹地辉县市西北部的沙窑乡小井村，北接万仙山，西连王莽岭，南邻回龙天界山，东望候兆川，历史上这里曾是古都朝歌的龙脉所在。景区景色绚丽、文化厚重、魅力独特，总面积达34平方千米，最高海拔1680米。

轿顶山是南太行精华之所在，形似轿顶，状若房屋。轿顶山、御马峰、华盖石，天然构成一幅玉帝行辕图。此山龙行高亢、气脉绵长，属古都朝歌之祖脉，现存赵、魏长城遗址及历史悠久的天云观、神奇独特的摩崖石刻、完美健全的中国古代官制文化等，轿顶山、大华山、刘秀寨、龙山、七彩泉、飞龙潭等大自然鬼斧神工孕育的秀美风光，神采各异，争奇斗

轿顶山紫气东来　摄影：陈俊杰

艳；龙脉长城、精忠书院、天云道观、摩崖石刻等人文景观，交相辉映，相得益彰。观云海圣境，走九五官道，拜道家殿宇，看龙脉长城。这里四季皆景，步趋景移。春来花烂漫，千蝶竞舞；盛夏云海仙山，百鸟鸣涧；秋至层林尽染，多彩纷呈；冬雪如画，山舞银蛇正是轿顶山的真实写照。这里是“人间仙境”“世外桃源”“避暑天堂”。这里是天然大氧吧，景区森林覆盖率达95%以上。

轿顶山

轿顶山华盖石　摄影：李青春

轿顶山是万仙山的东山山岭，远远望去，山形似轿顶，故得此名。清代道光年间《辉县志》载：“在侯兆川西有轿顶山，山极高处，远望如鸟耸翼形。行家言系朝歌祖脉。登其巅，果见直起三龙，一走东南，一走东北，中龙则至侯兆川而止。或起或伏，如雪波卷浪，俯视人寰，真大观也……”后来，凡有名人雅士，临

全景轿顶山　摄影：张振亚

此必拜谒轿顶山，曰：为官者升迁，为商者发财，为民者平安……

轿顶山景区主要景点有华盖石、御马峰、鸳鸯岛、侯兆川、龙脉长城、览秀阁、大华山、刘秀寨、幽泉谷、七彩泉、狮虎瀑、狮虎潭、官职文化长廊、七姑寺、三星洞、玉皇大帝雕像、释迦摩窟、天云观、轿顶山地质博物馆。

轿顶山龙脉长城　摄影：张治国

峡谷壁垂——秋沟

秋沟景区位于辉县市南寨镇境内，距辉县市区50千米，总面积24平方千米，为国家AAA级旅游景区。

境内山高林密，峡谷壁垂，三步一潭、五步一瀑；怪石洞穴、古庙传说众多，景观绮丽，旅游景点繁多，景区内红岩绝壁裂纹横竖，似刀劈斧削，如仙似兽，造型奇特，山区风貌至今仍保留着原始自然特色 。

景区常年活动着太行猕猴、金钱豹、野獾、野猪、野兔、山鸡、苍鹰等几十种野生动物和飞禽，有“天然动物园”之誉；各种花草树木上百种，中草药近千种，又有“植物王国”之称。尤其是这里

轿顶山寻秋　摄影：张治国

的山桃树之多、面积之大，可谓太行山之最，故春赏桃花、秋观红叶，是景区的一大亮点。

特别是新近发现的大量古海洋动植物化石和天然石缸、冰穴等，成为景区新的亮点；人文景观有古老的寺庙和迷人的传说，是一处自然景观和人文景观相映生辉，淳朴民风民俗与太行风情兼备的景区，自古就有“世外桃源”和“人间仙境”之称，成为人们回归自然、向往原始山野风光的目的地。同时，这里植被良好、花果众多，气候湿润，空气清新，环境优美，盛夏凉爽宜人，是一处休闲、度假、观光、避暑、写生绘画之胜地。

秋沟

巅峰圣境——回龙天界山

回龙天界山景区位于辉县市西北部25千米处的太行山深处，总面积20平方千米，与山西省接壤。景区目前形成5个风光各异的观赏区，汇集了数百个景点，为国家AAA级旅游景区。这里自然景观集奇、

回龙天界山景区

险、秀、幽、雄于一体，有泰山之巍峨，黄山之秀丽，嵩山之挺拔，华山之险峻，是生态观光、休闲、度假、品味文化、野营探险、影视写生的绝佳胜地。

山高沟深，气势恢宏 景区内一宽大的山谷，形若游龙，将各座大山相连接。谷底有十里高峡平湖石门水库，碧波万顷，清澈洁净，岸树成行，奇形怪状的石物满目可见。尤其是坐落于湖中的乌龟岭，因大自然的奥妙与神奇的传说充满无穷无尽的魅力，素有“水龟驮太行”之称。

青山密林，云海雾涛 张沟村峡沟忽狭忽阔，迤逦而上，上起十字岭下幽洞

回龙云海

【知识链接】 轿顶山悠久历史文化描绘的奇特风情——西有三湖不行船

“西有三湖不行船”是描述侯兆川四大胜景的话，而侯兆川就是通常所说的辉县盘上。原话是“登上十八盘，望见侯兆川。南有华岩岭，北有紫荆山；东有莲花不生藕，西有三湖不行船。”

三湖，位于侯兆川西部的崇山峻岭中，是南湖、中湖、北湖三座佛教寺院的总称。三座寺院南北排列，寺与寺之间相隔1千米左右。“三湖”的“湖”字，最早的意思应该是“胡”，指胡人创建的寺院（胡人是我国在汉、魏、晋、南北朝时期对西域诸国人的称呼）。元朝时，这三座寺院“各有一泉绕之，汇而成湖，其水伏流入地”（见清道光《辉县志》）。人们根据这种情况，把“胡”改称为“湖”。所以，“三胡”是胡人建造的三座寺院，不是真的湖泊，自然不能行船。

南湖寺：南湖寺又名恩国寺，位于轿顶山下南湖村东部。建于汉代，盛于唐。明代时，寺院被诏封为恩国寺，并赐匾“恩国禅寺”。寺院坐北面南，一进二院，现存建筑11座30余间，均为清代风格，是南太行腹地侯兆川一带三湖寺院之首，规模最大，而且是目前太行山地区除白云寺外唯一保存原有规模和历史建筑的寺院。李梦阳（明代文学家，字献吉，号空同子。河南扶沟人，生于甘肃庆阳）有《下南湖寺一首》：“湖僧骑牝马，相送石门峰。敧反乱石路，日暝渔樵逢。苍茫翠微里，风落青山钟。羡尔岩居者，终期尘外踪。”

中湖寺：中湖寺又称兴国寺，依山傍水，约创建于东晋时期，天竺名僧佛图澄在太行山一带倡建寺院890多所，此寺当为其中之一。宋代称永安山太平兴国禅院，即政府资助建设的寺院，反映出寺院当时的盛况。李梦阳有诗：“中湖果奇绝，逾岭复南湖。石磴回相倚，岩泉有乍无。开窗众壑积，当殿一峰孤。更览千林竹，因怀常啸徒。”

中湖寺的建筑为当今重修，大雄宝殿雕梁画栋，释迦牟尼彩塑金身，正中端坐；十八罗汉拱坐两厢，神态各异。两厢壁画，一面是无生树下释迦牟尼出世，金莲铺路，天女散花；一面是菩提树下，释迦牟尼修成正果，收徒传经。一块块历尽风雨洗礼的古碑，一段段字迹清晰或模糊的碑文，显示了文人志士涉足于此的事迹，反映了当年的暮鼓晨钟、香气氤氲、僧众生活情景。一间房屋门头镶嵌“竹林室”三字，当是古建筑上留下来的石刻安置到了这里。可以想见，当时竹林绕屋、清溪奔流、蝉鸣鸡叫的田园景象，不禁使人感叹：昔人已归去，空留竹林室。

中湖寺的古碑上记载有：“地灵于以永护，人杰于以迭兴，岂非我川之厚幸也哉！”当时封建社会的官吏尚知保护国家文化遗产，保护家乡生态环境，真是难能可贵。

北湖寺：北湖寺在中湖寺北三四里。元至元二年（1336）建，至正十三年（1353）重修。李梦阳诗云：“乱山上云气，孤客发西岭。徒瞻北湖寺，其如东路心。岭猿愁暝雨，岩鸟上空阴。回首行山麓，萧萧松橡林。”

北湖寺环境与南湖、中湖又略有不同。清道光《辉县志》记载：“竹木周匝，背山临水。东有峻岭，西有古寨，南映分水岭，北倚紫荆山。”元至正十三年，侯兆川巡检路思明所立重修北胡禅寺碑，记载了北湖寺的重修概况。巧的是，该碑中的北胡禅寺的“胡”字同样是不带水字边的，也证明了三湖寺属胡人所创无疑。寺里的塑像都很有特色，不论是观音还是如来，都是宽宽的额头、丰润的两颊、笔挺的鼻梁、丹凤的眼睛、四方的嘴唇，很有棱角。

太行深山之中，有胡人建的三座佛寺遗存下来，是很不容易的，其魅力对游人颇有诱惑，加上这三座寺院所处的地理环境优雅、历史文化悠久，前来观赏的人越来越多。

处，入红岩大峡谷。沟底跌宕起伏，溪流或瀑或潭，终年潺潺流淌。

张沟瀑布背后是南太行最高峰十字岭，海拔1725米。

自然景色让游人流连忘返，而张沟村林海的苍茫，小桥的古朴，民宅的清纯，更能体现山乡的风情。张沟林海以石榆树为主，间以松树片片，形成好一派原始风貌。

小桥流水与民居风情是张沟村的另一特色。清代石桥依山傍水曲线流畅，与民宅的石屋、石凳、石磨、石碾相映成趣，成为一道古色古香的亮丽风景。

精品荟萃，奇异景观 龙口乐园集飞瀑溪流、奇峰怪石、名木繁花、珍禽异兽于一体，完美地呈现着大自然的原始风情。

龙口瀑布源于九峰山，归止磨针河，因源头似龙嘴而得名，又因途经两道百丈悬崖，加之神秘的传说而得名“二龙瀑布”。

龙口乐园不仅山水富有灵性，种类繁

回龙老爷顶

回龙云海

多的野生动植物同样令人痴迷。

老爷顶海拔1570米，因山顶建有祖师庙而得名，又因与南顶武当山遥相对望，故又称北顶，素有“南金顶北铁顶，南顶在武当，北顶在太行”之说。老爷顶不仅历史文化悠久，秀丽的自然景观更具特色。沿途迤逦而上，原始植被竞相现翠，野生动物出没林间，摩崖石碑比比皆是，山泉溪流随处可见。

红色品牌——无字碑，通天路 回龙村盘山公路如巨龙腾飞：头系暖窑庙，尾扫磨针河，腰缠13座峰梁，蜿蜒8千米终到清峰关脚下。1000米长的“S”形隧道是在200米高的如天墙一般的红岩绝壁上盘旋而上的，难度之大，令人难以想象，在公路建筑史上实属罕见。特别是在乡村道路史上，专家称此洞为人间创举。中央、省、市诸多新闻媒体对回龙村惊天地、泣鬼神的业绩作了大量的报道。

2001年11月7日，济南军区原政委张文台带着疑虑上山，含着热泪下山，激情满怀为回龙村题词“战天斗地打先锋，造福子孙称楷模”。文人墨客又将回龙村的盘山公路称为“无字碑、通天路”。

央视网

老爷顶传奇

回龙天界山老爷顶日出

回龙天界山归真台

■ 地质遗迹——关山

关山国家地质公园位于河南省辉县市境内，南太行的弧形转折段，因此处有“一夫当关，万夫莫开”的楔状关隘，故号称太行八陉之三。适夕阳当关，紫霞劲射，辉煌耀目，人称紫霞关。此关始于春秋战国之前，至明代，历史上一直为兵家必争要塞，关山由此得名。

关山地质公园由盘古河、花山、百宝洞三大景区组成，西起山西境界，东到石门河，南自山前，北至八里沟，面积34平方千米，是一座以石柱林、一线天为主，以天生桥、大绝壁为辅，以沟谷交错、崖台环抱、飞瀑流泉与清溪幽潭相映生辉为特色的地质地貌型地质公园。

关山地质公园三大景区内有四条旅游线路：一线是以盘古河为主的山水旅游线路；二线是以花山为主的猎奇探险旅游线路；三线是以青石双东坝景台、大松林为主的休闲生态旅游线路；四线是以百宝洞为主的地下迷宫旅游线路。

关山一线天

关山

盘古河景区的主要景点及苑区有天鹅湖、天象戏龙潭、崖壁苑、盘丝洞、逍遥苑、柱景苑等。

花山景区的主要景点及苑区有峰景苑、石景苑、谷景苑、大松林、天生桥、青岗背溶洞。

百宝洞景区的主要景点及苑区有迷宫苑、石柱苑及原始森林。

千年古刹——白云寺

白云寺国家森林公园因白云寺而得名，位于辉县市西的太行山南麓。境内林木茂密，翠竹葱茏，汩汩清泉，景色宜人，虽酷暑盛夏亦无炎日蒸灼之苦。1992年被林业部批准为“国家森林公园”和“油松种子园”。主要景点有：白云寺、唐银杏树、普照大禅师石塔、风水塔、五百罗汉碑、金沙泉、银沙泉、龙浴寺、袁氏山庄、龙口风门等。

白云寺建于唐代，原名白茅寺，又称梦觉寺。元世祖至元二十年（1283）重建，明洪武二十四年（1391）重修后改为今名，清代屡加修葺。单檐悬山大五间，似为明末建筑。其他中殿、山门、东西配殿及出厦阁楼等50余间，多为清代所修。寺后有元代石塔两座，雕刻精致，寺东有宋代五百罗汉碑，纪事翔实。寺西有金沙、银沙二泉，泉旁有地藏殿，建筑奇特。西临石崖，有窟名黑龙洞，深邃莫测。寺前古树参天，盛夏不见日色，为避暑胜地。

白云寺坐北面南，依山势而建。殿

白云寺大门

宇、廊、庑、亭、楼、塔等相得益彰。山门为硬山顶，明间辟门，两侧有掖门。从掖门进去，可达中佛殿。中佛殿也为硬山建筑，脊上饰行龙、荷叶、荷花图案。檐下木构件上均有彩绘。殿前有月台，后墙辟有门，穿堂而过，即为大殿。大殿为悬山顶，上覆以灰瓦，中间有一绿色琉璃瓦方心。正脊饰八条行龙和数朵荷花，两端置龙首鸱吻，异常别致。栏额和雀替均为花卉透雕，十分奇丽。大殿东西两房山下建有硬山灰瓦顶月亮掖门，入门为各面阔三间的东西配殿。另外，大殿两侧还有单檐硬山楼阁式厢房十间，平房六间。整个建筑傍依山势，错落有致，布局合理，结构严谨，雕梁画栋，光彩照人。

寺后山坡上丛林深处有明代方形砖塔三座，元代妙觉大禅师所建圆形石塔一座。此石塔建于元世祖至元二十九年

白云寺中门

白云寺雪景

白云寺建筑群

（1292），为喇嘛塔，甚为妙绝。塔的下部为两层八角形须弥座，其一上刻有伎乐飞天，另一个上雕有卧狮、覆莲、仰莲等。寺后约50米处的旧址上另有元代圆形石塔一座，也为喇嘛塔，工艺精湛。寺外东北200米处还有七级方形砖塔一座，俗名“风水塔”，建于明代弘治年间，现保存完整。

寺院山门前并排有古银杏树五株，树冠覆地约2000平方米，相传为唐代所植。中佛殿后门右侧也有同样大的银杏树一株。这几株古树掩映着寺内殿阁，使白云寺显得越发古朴幽深。尤为奇特的是大殿两侧的两株挠痒树，手挠树干，树叶便合起来，为游人增添了乐趣。

寺西金沙、银沙泉之侧有清代地藏殿，殿西石崖耸立，其壁有一深洞，常年有水从中流出，水深莫测，人称黑龙洞，盛夏至此，凉气袭人。

白云寺环境幽雅，风景秀丽，实为中原地区罕见。历史上有许多名人志士到此游览，留下了许多赞诗颂歌。的确，这醉人的景色实在叫人流连忘返，正像乾隆皇帝游览白云寺所写的诗句那样：

少坐清有余，便去兴未已。

回视失招提，钟声白云里。

普照大禅师石塔　坐落于白云寺后，为一石雕喇嘛塔，5层，高4.9米，是开山住持佛光普照大师的迁化灵塔。元世祖至元二十九年建。纯石结构，塔檐为八角形，塔体为圆柱形，周围有佛像，枋檐上雕有缠枝牡丹、莲瓣、伎乐飞天等图案。

白云寺普照大禅师石塔

白云寺禅院

整个石塔刻工精细，造型优美，为元代石雕艺术珍品，有较高的艺术价值，属省级重点文物保护单位。

天奇塔 位于寺院东北百余米处，为七级方形砖塔。塔前石碑“茕绝老人天奇塔铭”，塔北面石刻记述了天奇塔为大明弘治年间汉藏民族共建的实况。天奇和尚，南昌人，父姓江，母徐氏，在佛教界很有声望。天奇何时住持白云寺，僧传失载。天奇塔实为汉藏两族僧人共建，反映了民族的团结，为省级重点文物保护单位。

五百罗汉碑 位于寺院东侧，为北宋大中祥符元年（1008）所立。螭首、龟座，通高4米，宽1.2米。碑文概述了后周显德四年（957），僧人师彻上人造胜寻幽至此，获得胜地，奏请朝廷核准修建白茅寺，经51年募化布施，筹集资金，将寺建成，并用能工巧匠铸造五百罗汉置于殿内的盛况。后五百罗汉毁于战火，只留下这尊石碑，现被列为省级重点文物保护单位。

龙浴寺 在白鹿山南麓之龙浴山中，故得名。上有兴云山及龙口瀑布。左有花果山，右有虎头山。群山高耸，密林葱郁，景色清幽。寺院创建于唐，朝代更替，不知几经兴废。明天顺年间，僧人净海、净宽重修。清光绪年间，慧照、慧慈重修，山东蓬莱县知县邑人王绍勋撰《龙浴寺重修碑记》。原有大殿、左右耳楼、伽蓝殿、经阁、法堂、方丈禅室、库厨、浴室、山门等建筑物，规模可观。20世纪40年代的战祸灾荒，将大部分建筑摧毁。今仅剩大殿、耳楼被信徒修葺一新。环寺翠柏密林，风起涛响，实太行之幽境也。

■ 人文胜地——龙卧岩

龙卧岩省级森林公园位于卫辉市西北40千米处的狮豹头乡境内，总面积8.4平方千米，有龙鼎瀑布、梯田景观、黄梅草垴、西雕头、千米灌木长廊、武王封林地、公堂鼓楼、卧佛岭、红叶岭、千年古桑等26个自然景点和人文景点。其中黄梅草垴景点为卫辉市最高峰，海拔1069米。

龙卧岩景区 摄影：李青春

龙卧岩森林公园地处苍峪山深山区，紧临沧河，具有优越的自然景观和丰富的人文景观，自古以来就是战略要地，也是中原通往秦晋的要冲。据历史记载，比干之子比坚少年时期就生活在这里，武王伐纣后派姜子牙召回陈氏母子，赐比坚姓林，并封林坚公，这就是著名的“武王封林地”。另据传说，曹操曾在此安营扎寨，岳飞在这里和金兀术大战，朱元璋练兵牧马于跑马岭，捻军在此招募民军聚众起义，等等。这里还是革命老区，1943年建立抗日民主政府，皮定均司令员率部驻守柳树岭时，常来这里打游击战。

龙卧岩森林公园属暖温带大陆性季风气候，四季分明；山区地形复杂，气候随海拔与山势山形变化各异，气象万千。这里泉源丰富，植被茂盛，各种树木和奇花异草种类达200多种。其中有野生山楂、柿子、核桃、桃树、梨树、枣树等山果树，还有连翘、柴胡、葛根、益母草等中草药植物。公园内水源和空气质量极佳，生态环境良好，是名副其实的养生和度假胜地。

皮定均将军在新乡

龙卧岩

• 牧野古文化旅游线 •

新乡牧野文化厚重，以牧野大战为代表的历史遗存遍布全市，其中国家级文物保护单位20处，省级文物保护单位43处。牧野古文化旅游线主要景区有比干庙、百泉、潞王陵、同盟山武王庙、姜太公故里、毛遂故里、张良刺秦处、香泉寺、陈桥驿、文庙与大观碑、徐世昌家祠、平原省委旧址等。

■ 天下第一庙——比干庙

比干庙俗称忠臣古庙，位于新乡市东北20千米处卫辉市境内的顿坊店乡，是著名的文物旅游景点和游览胜地、寻根圣地，1996年被公布为全国重点文物保护单位，现为国家AAAA级旅游景区。

据《史记》载，其墓为周武王所封。494年，北魏孝文帝又亲诣比干墓，祭祀比干，并因墓建庙，使其初具规模。此后，唐太宗、宋仁宗、元仁宗、明孝宗等都曾下诏，对比干庙进行大规模的维修，到清代又有所增建。

现存建筑多为明代所建，有影壁、山门、二门、三门、碑廊、石坊、大殿等。

重点景点为：

庙宇　比干庙区南北长410米，东西宽153米，占地4.7万余平方米，现存的基本格局为明代弘治年间重修后的样子。庙院坐北朝南，主要建筑分布在南北中轴

比干庙门

线上。大殿为歇山九脊顶，拜殿位于大殿前边，紧靠大殿。另外，影壁、山门、石坊、碑廊等基本保存完整。庙宇宏大，建筑巍峨，古朴壮观，显示了我国古代劳动人民的聪明才智和艺术创造力。

墓地 比干墓冢直径20米，高20余米，为一座高大的土丘，是中国第一座有记载的坟丘式墓葬。传说比干死后，天起大风，尘土飞沙掩盖比干尸体，形成了著名的“天葬墓”。墓地呈圆形，像心形，寓意丹心呈现宇宙之意。四周为青石所砌，比干墓静卧于苍松翠柏之中，沐浴日月的光辉。墓前有一石牌坊，其左右分别有石刻的日月，中间有一心形石刻。其寓意为比干公忠心报国，“日月照丹心”。

天下第一碑 在墓地与日月石牌坊之间，有一亭子，亭内竖立着一块墓碑，上面刻着“殷比干墓”四个大字，相传为孔子挥剑所刻，被世人尊为“天下第一碑”。

碑碣石刻 比干庙内保存了大量的碑碣石刻，其书法价值无比珍贵。除了“天下第一碑”外，北魏孝文帝的《皇帝吊殷比干文》系南北朝著名的大书法家崔浩书写，为魏碑体珍品。清乾隆御书的《过殷太师墓有作》为端正的真书，笔韵严整雍容，华丽端庄，充分展示了帝王之风。碑廊左侧第四通石碑，为清朝刘希龙所书的行书“三代孤忠”四个大字，字径0.5米，气势磅礴，端庄得体。碑中精品还有唐太宗的《赠殷太师比干诏》和《祭比干文》，以及元朝刘敏中的《敕修比干墓

比干庙

比干庙

比干庙牌坊

碑》，小楷，字体开阔，十分秀丽。这些都是举世名碑，是我国古代书法艺术的丰富宝藏。同时，也为开展文化旅游提供了良好条件。

资源特色：

古　人古、庙古、事迹古。比干的事迹发生于殷商，墓始建于周朝，庙完善于北魏，距今有几千年的历史，是中国最古老的庙宇墓地之一，对中国的墓葬发展和庙宇有着深远的影响。

特　碑特、文特、书法特。拥有“天下第一碑”——孔子剑刻“殷比干墓”墓碑；有北魏孝文帝的《皇帝吊殷比干文》碑；有清乾隆御书的《过殷太师墓有作》碑；元朝刘敏中的《敕修比干墓碑》小楷碑等，这些都是该地所特有的旅游资源。

全　人全、事全、时代全。从文物上讲，自周朝以来，历朝历代无论是帝王将相，还是文人骚客，多有在此挥笔泼墨，以示对比干公的敬仰，墓碑总数多达64通。

奇　林奇、草奇、故事奇。比干庙拥有奇特的自然植被，如板柏、平冠柏、开

比干庙孔子剑刻碑

心柏、没心菜等，并有许多神奇感人的传说。

中州颐和园——百泉

新乡市西北25千米处，辉县城西北的苏门山南麓，有一个风景秀丽的胜地——百泉。

百泉历史悠久。据文献记载，远在商周时代，百泉就已闻名遐迩。《诗经》云："泉源在左，淇水在右"，"毖彼泉水，亦流于淇"。这里的"泉源""泉水"，据宋代大理学家朱熹的解释，均指百泉。商周之后，经历代劳动人民建造，现在这里亭台楼阁星罗棋布，诗赋碑刻琳琅满目。百泉这颗璀璨的明珠，1990年被公布为河南省省级风景名胜区，2001年被列为全国重点文物保护单位，现为国家AAA级旅游景区，被人们誉为"中州颐和园""北国小西湖"。

百泉湖面积约3.4万平方米，最深处达3米。据记载，早在唐代就已经利用泉水进行农田灌溉，宋代又增挖渠道，明代建闸门5处，清代乾隆年间绕湖岸砌石以防泄水。百泉水南流21千米，入卫河，这段水流名百泉河，故百泉又有"卫源"之说。

百泉湖中的清晖阁，始建于元代，阁顶为重檐卷棚，翼角反翘，造型优美。湖畔有涌金、喷玉、灵源、课桑、放鱼、下马诸亭。诸亭设计古朴，玲珑秀丽，其中以涌金亭为最。亭内四壁镶有宋、元、明、清诗赋刻石50余块。苏轼、许衡以及乾隆皇帝等人的题刻保存完好。凭栏可见

百泉

百泉“子在川上”石坊

串串水珠从湖底冒出，经日光折射，金光闪闪，绚丽多彩，如喷玉，似涌金，蔚为奇观。

景区内的苏门山与百泉齐名，海拔180米。山顶有啸台，为西晋隐士孙登隐居处，因孙登常在此长啸而得名。山腰间的孔庙，建于明代成化年间，修有戟门，上题“高山仰止”四字，再向前为“子在川上”石坊。孔庙西侧有卫源庙，创建于隋，现存的卫源庙大殿为明代重修，造型古朴，气势宏伟。殿旁有唐长安四年（704）孙去烦书《百门陂碑铭》，是研究唐代水利的实物资料。苏门山南坳的长生洞、安乐窝，是北宋理学家邵雍的寓所。苏门山下东侧有饿夫墓，乃明末志士彭了凡殉节处。苏门山西侧的凤凰岭，又称营盘山，乃岳飞抗金的营地。

百泉湖西岸，有宋代的太级书院遗址，系邵雍讲学的地方。元代的许衡、明代的李贽、清代的孙奇逢等深爱这里的山山水水，均留有遗迹。百泉湖东侧，有清乾隆皇帝的行宫（现为疗养院）。湖东北岸上，修有石碑长廊，收集西汉以来散存的碑刻数百块。其中有宋代岳飞的四条屏碑、元代大书法家赵子昂的盘谷序碑，以及唐伯虎等人的12块扇面石刻。碑刻流派不同，各有千秋。北魏2米多高的石佛造像，安详肃穆。宋代崔白作的布袋僧真仪像、清代郑板桥的画作《雨竹图》石刻，生动逼真，均有很高的艺术价值。

主要景点有：

百泉湖　百泉亦叫百门泉，因泉水自

百泉湖

湖底石中喷涌而出，累累如宝珠，故又名珍珠泉。

下马亭　这座亭子原在百泉书院后院（今疗养院），原名思贤亭，创建于明弘治六年（1493），意在为思念百泉先贤孙登、邵雍、林舍、姚枢、许衡、王磐、王恽、姚遂、白栋等人而建，旨在激励后者思贤学贤。

白露园　过去因泉水从此分而复合，中有陆地一块，名曰“白露洲”。洲四面环水，林木参天，曲径通幽，竹韵飒飒，廊厦相连，亭轩错落，实属一处休养消暑游览佳地。

游廊桥　原桥建于清乾隆十五年，长条青石构筑平形，九孔，宽3米，北侧立栏杆，南侧砌有七尺高花墙。开九个扇形窗口，走在桥上，透窗可以望见南野稻浪起伏、绿柳婆娑、银河潺潺的美好风光，故名游廊桥。后人把百泉河比作“天河”，叫它“牛郎桥”。

清晖阁　百泉湖清水一泓，碧波荡漾；红楼耸立，翠柏掩映；绿瓦红柱，画栋雕梁；重檐飞翘，九脊兽望；形态玲珑，气势雄壮；倒影摇曳，涟漪泛光；犹如仙山琼阁，恰似人间天堂。清晖阁是百泉风景的主体，又是百泉楼阁之心脏。道光十五年（1835），河南巡抚杨国桢捐资，知县周际华重修。竣工后，杨巡抚撰写《重修清晖阁记》，题“清晖阁”大匾，悬于正前方。

百泉苏门山

苏门山 又名苏岭、百门山，系太行山的余脉，“苏”的意思是“取草”，“门”为两山对峙。“苏门”者，樵苏者入山之门也。苏轼诗“峰峦相掩映，松柏共阴森”，讴歌的正是这里的山林之胜。阴阳学家说，苏门山的地望“盘龙卧凤”，是难得的风水宝地。山顶啸台，为晋代孙登隐居长啸处。岳飞抗击金兵时曾在山下安营扎寨。山腰有孔庙，孔庙东侧，有袁世凯、徐世昌、锡良捐资修建的三碑亭。 再东系丘处机、刘处元、谭处端修道炼丹的三仙洞遗址。山脚下镌着“民族精神”石碑的土冢，是明末志士彭了凡的殉节处。孔庙西侧有卫源庙，现存的大殿气势恢宏，还保留着明代重修时的风貌。山西坳的安乐窝是邵雍研究易理的寓所。山脚下的碑廊内，镶嵌着历代名人的350多通碑碣石刻……苏门山这座海拔仅180米的小山，之所以能在全国林林总总的名山中争得一席之地，着实印证了刘禹锡所说的“山不在高，有仙则名”。

湖心亭 为1928年冯玉祥将军驻兵百泉时所建，因居湖心而得名，内竖3米高石碑一通，原刻孙中山总理遗嘱，周围石柱上镌满三民主义信条。

放鱼亭 经此可以进入湖心亭，达清晖阁。相传，明成化十八年（1482）河南提学佥事吴伯通，为百泉师生课余游憩之便，在此建一亭，名为集贤亭。后因游泳者多在此更衣，又名更衣亭。据传明万历二十二年（1594），泾阳李公放鲤于此，是夕雷电作于河中，鲤鱼腾空而去，原有碑记，后废，从此改名放鱼亭。民国二十二年（1933），当时的河南省民政厅厅长李培基（河北献县人）为放鱼亭撰联曰：“万顷田畴四时画景，千家砧杵五夜泉声”。

百泉书院 元代太极书院旧址，坐北向南，占地2万平方米。明成化十四年（1478）八月，河南提学佥事吴伯通于境内建四书院（汴梁，睢阳，嵩阳，百泉），百泉为其一。知府张谦力助。明成化十六年（1480）四月动工，十八年（1482）三月工毕，为屋三重，计62间，四

百泉书院

周绕以围墙，大门匾曰“百泉书院”。明弘治六年（1493），督学副使车玺、河南左参政华容王民望、都御史徐海虞、济南王敕、知县李琮重修，增建房屋，弘治八年（1495）落成。正德十五年（1520），御史汪渊檄知府翟鹏、知县李杰增修，置购田产60亩（市制面积单位，1亩=666.7平方米），作为诸廪生膳费来源。嘉靖二十九年（1550），巡按御史霍冀重修。隆庆二年（1568），巡按御史杨家相又修。万历十二年（1584）署县事本府推官龙德孕始议兴复，知府周思宸、知县卢大中同修。康熙二十三年（1684），知府金云凤檄六县捐金，命知县金廷夏扩修，添东西房各五间，翻修前后厅堂，为岁科二试考棚。雍正三年（1725），移考棚卫郡书院，基宇仍存。乾隆七年（1742），抚宪雅尔图檄藩司越城重修。乾隆十五年（1750）改建为翠华行宫，书院再未能恢复。

涌金亭　位于百泉湖北岸，建于北宋年间，北面临路，东南西三面临水，亭下泉眼最多，湖水最深，风光尤为宜人。亭壁至今还镶嵌着苏轼、元好问、许衡、徐世昌等人的50多通诗刻。站立亭台之上，举首北望，苏门山苍松翠柏；极目南望，百泉湖碧波粼粼，一望无际；俯视湖面，水平如镜，无数泉眼如珍珠脱线，浮涌直上，在阳光折射下，溢金流彩，五光十色，满目奇观，被称为辉县八景之“百泉涌金”，亭子也由此而得名。

百泉涌金亭

灵源亭 位于百泉湖北岸、卫源庙前，始建于唐，原名百泉亭，是百泉最古老的亭子。亭中竖碑一通，上题“灵源”两个大字。碑前有口用铁栅栏围着的方井。传说唐时百泉湖有条恶龙，为非作歹，残害百姓。薛仁贵征东路过此地，将宝刀祭向天空而腰斩恶龙。宝刀搠下处，便形成了这口井，百泉从此也有了“搠刀泉”之称。

卫源庙 位于百泉湖北岸苏门山脚下，创建于隋，原是祭祀河伯的地方，唐代重建，宋、金、元年间曾多次重修，明嘉靖三十三年（1554）大加翻修。其后清康熙、乾隆、道光年间又不断整修，形成今日之规模。现存建筑有山门、拜亭、清辉殿、西陪楼、寝殿等，布局合理，做工精湛。主体建筑清辉殿，又称壬癸殿，重檐歇山顶，九脊绿瓦，绘梁画柱，金碧辉煌。正脊有琉璃高浮雕，前雕龙，后雕凤，两端置龙凤大物，中间有琉璃子牙楼，垂直浮雕莲花，上置走兽、青蛙和飞鱼，体现出水神庙之特色，实为古建筑中的珍品。

邵夫子祠 位于安乐窝南、百泉湖西北角。由大门、两配房、两厢房、击壤亭、大殿所组成。明成化六年（1470），知县张锦曾建祠于安乐窝旧址，有拜殿、正殿各三间，后建皇极阁五间。邵雍隐居百泉时，有田园十余亩，广种桃李梨杏之类，时称桃竹园。乾隆十五年（1750），桃竹园内建起了一座击壤亭。传说，古时政通人和，有一老人敲击着大地唱道：“日出而作，日入而息，凿井而饮，耕田而食，帝力于我何有哉？”意思是说邵雍和那位老人一样超凡脱俗。道光八年（1828），知县周际华改建击壤亭为三楹，将祠移于桃竹园内，供邵氏后人及尊崇邵雍思想者祭祀。

孙奇逢祠 位于百泉湖西岸，清晖阁对面，建于清康熙四十五年（1706）。孙奇逢，字启泰，号钟元，原河北容城县人，明万历年间举人，晚年与黄宗羲、李渔并称“清初三大名儒”。明天启初年，魏忠贤窃国弄权，左光斗、魏大中、周顺昌等东林党领袖身陷囹圄。孙奇逢与鹿正、张果中倾力相救，侠义之风名震当世。67岁携家居百泉，聚徒讲学。后移居夏峰村，躬耕自给，又辟兼山堂讲学其中。学生无论出身贫富、智商高低，都能因材施教，使其学有所得，人称“夏峰先生”。一生著作颇多，有《四书近旨》《理学宗传》《中州人物考》等十几种。

他崇尚理学，以象山、阳明为宗，但不囿于门户之见，主张学以致用，融会贯通。他在辉县25年，92岁去世，葬于夏峰村东。道光八年（1828）从祀孔庙。

碑廊 位于百泉湖东北隅，建于1976年。亭廊30余间，分上中下三个院落。壁间嵌有历代碑碣350余通，真、行、草、隶、篆无所不有。其中艺术价值较高的有北宋画家崔白所绘的北魏佛教造像碑，苏轼题记的布袋僧真仪像碑，岳飞的大草四条屏碑，元代赵子昂的玉虚观碑、盘谷序碑，以及明、清十二状元的十二扇面碑。北魏造像碑为古代石刻中的精品；布袋僧真仪像惟妙惟肖，堪称稀世珍品；楷体玉虚观碑苍劲挺拔，柔中有刚；草体盘谷序碑，飞龙走蛇，书法甚佳；唐伯虎的草书扇面引人入胜；郑板桥的画竹妙不可言……碑廊这一国内罕见的艺术珍库，被收入《中国名胜大辞典》。

安乐窝 位于苏门山坳，建于明成化六年（1470），系宋代理学家邵雍隐居写书的地方。邵雍，字尧夫，谥康节。12岁随父邵古来到百泉，白天田园耕作，夜晚挑灯苦读，冬不炉，夏不扇，夜不就席枕，研精覃思，潜研著述，并取《易经·系辞》“君子所居而安者，易之序也；所乐而玩者，爻之辞也”之典故，为自己的寓所题额“安乐窝”，一住就是25年，终于写出了《皇极经世书》《渔樵问对》《击壤集》等传世之作，成为易学一代巨擘。

啸台 位于苏门山巅，系晋代孙登隐居长啸处。孙登是位被人誉为“有诸葛之才”的神秘人物。《晋书·孙登传》载：“孙登字公和，汲郡共人（辉县古称共城），无家属，居郡北山（苏门山）土窟中，夏则裹草为裳，冬则披发自覆，好谈《易》，弹一弦琴，见者皆亲乐之，性无恚怒，或投之水，出而观之，乃复大笑。”当时，号称“竹林七贤”的阮籍、嵇康等人也在百泉西南30千米的山阳村隐居。嵇康随孙登游学三年，孙登没向嵇康说过一句话，嵇康临下山时，孙登才说，你才多识寡，难逃祸事。不久嵇康果然遭人诬陷被杀。杨骏当权后，派人送棉被并请孙登出山，孙登将被子撕碎，仰天大喊“砍砍杀杀”。时间不长，杨骏失势，全家被诛。传说孙登善啸，啸声起时，山雀、孔雀纷纷而至。我国现存最早的《苏门啸旨》，就是阮籍根据孙登的啸音整理而成的。为了纪念这位高士，明正德年间御史许完曾在啸台北建祠。中华人民共和国成立后，汲县人民政府又在啸台上建起了啸台亭。

三清观 位于百泉宾馆后山，建于明隆庆元年（1567），有三元殿、三宫殿、祖师殿、玄武殿、关圣殿、三清殿、王母殿等，是一组不用一木纯用青石建成的道教建筑群，亦有"无梁殿"之称，有很高的艺术价值。相传该观的开山道士吴秋（无求的谐音），系嘉靖皇帝朱厚熜的妃子所生。他厌恶宫中生活，隐姓埋名，择居百泉，修观隐迹，死后就葬在观后的山冈之上。

饿夫墓 位于苏门山东侧，明末志士彭之灿之墓。彭之灿，字了凡，河北蠡县人。清兵入关后，其妻、子相继去世，他含国亡家破之恨，只身来到百泉，寄居孙奇逢门下。清兵再行南下，他过嵩山，奔徐州，欲到确山时，道路已被清兵占领，于是重返百泉，以不食清粟为愿，坐

百泉饿夫墓

在啸台旁说："得与公和（孙登字）为邻足矣。"后来不吃不喝而死。殡葬他时，人们不用棺木，而用两瓮一上一下将其殓入，直立埋于苏门山东侧。孙奇逢悲其志，矜其行，在其墓前题碑"饿夫"。1928年，冯玉祥在其墓前又立"民族精神"四通石碑。

■ 中原定陵——潞王陵

潞王陵坐落在新乡市北郊13千米处的凤凰山南麓，依山坐岭，居高临下，俯视着卫水平原，气势磅礴，雄伟壮观。墓区共有两个城垣高大的陵园，东为潞简王墓，西为其次妃赵氏墓。1996年被公布为国家级重点文物保护单位，为国家AAA级旅游景区。

潞简王朱翊镠系明穆宗第四子，神宗皇帝的唯一同母弟。生于隆庆二年（1568），4岁受封为潞王，万历十七年（1589）就藩于河南卫辉府（今卫辉市）。

潞王陵以"潞藩佳城"石坊为起点。坊之两侧立华表一对，华表的四周皆浮雕云龙宝珠图案。向北列翁仲，石刻16对，其中包括14对石兽，1对文吏，1对牵马吏。石兽中的虎、狻猊等雕刻得十分凶

潞王陵石坊及华表

潞王陵“维岳降灵”坊

猛，神威异常。羊、骆驼、象等安详、驯良，它们或蹲或卧，形态各异，造型生动，栩栩如生。自南向北，分东西两行，依次排列在仪仗线上。整个石刻仪仗群浑然一体，气势雄浑，庄严肃穆。

石刻仪仗群北为陵前水池，池中间架三孔石拱桥。桥两侧精雕白石栏杆，南坡铺鱼鳞石，连接石刻、神道，精美而神奇。

水池以北为城门楼。门楼高10米有余，面阔21米，墙壁全以青条石砌成，下辟三道拱券门，门钉纵九横九。门楼为单檐歇山顶，以绿色琉璃瓦覆盖，九脊十兽，气势雄浑，为坟园门户。

潞简王墓区四周城墙高6米，厚1.5米，南北长320米，东西宽147米，周长934米，全用青石砌成，上修屋脊式墙帽，是该墓区规模最大、保存最为完整的一项主要建筑。它随南低北高的地势，雄峙凤凰山前，气势十分雄伟，不但是墓区的高大屏障，而且增加了墓区壁垒森严的气氛。

城内横向有三道内城墙相隔，把陵园分为四个自然院落。“维岳降灵”石坊为园内建筑群的门户，亦以云龙宝珠为主体图案。坊额正面楷书“维岳降灵”四字，明间两柱书对联一副，“龙卧太行绵玉牒，凤栖毖水濯银潢”，意为潞简王及其妃子埋葬的地方——太行山下和卫水河畔是风水宝地，灵气通天，葬此将子孙绵延，香火不断。该坊全用巨石雕成，屋脊、猫头滴水、吻兽等雕刻形象精致，结构坚固，设计合理，其抱鼓石上的蹲狮形态丰富多彩，趣味横生，表现了高超的艺术水平。

自“维岳降灵”坊至祾恩门的神道两侧，为碑廊，展出潞简王之子小潞王朱

潞王陵神道

常涝的手书唐诗石刻336块，书法遒劲，放逸流畅。上面刻有各种书体的印章，每块少则2枚，多则5枚，真、草、隶、篆齐备，篆体有秦篆、悬针篆、鸟篆、九叠篆等，其印章形状各异，如方印、长方印、圆印、椭圆印、六角印、八角印、葫芦印等，既有白文，亦有朱文，朱白相间，印印有别，实为一批难得的艺术珍品。

祾恩门原为墓区的主要建筑之一。门前台阶13级，中间嵌大型二龙戏珠陛石，整个建筑正在修复，其雄姿即将重新展现出来。

墓区内的享殿及左右配殿，均被清末捻军烧毁，现仅存享殿台基。月台宽广高大，32个大型石柱础分四行排列于享殿台基之上，可知当年享殿的巍峨宏大。月台前置高大雄伟的石狮一对，中间有宝珠云龙陛石，陛石两侧各有踏步九级，左右两侧亦均有台阶可供登临。前、左、右三面精雕云龙石柱栏杆。东南、西南两隅各置大型焚帛炉，炉高3米余。左右设有配殿。

该墓祭碑原有十通，现尚存八通，均为龙首方趺，且有巨石碑楼。享殿东西两侧的两通石碑最为高大，为万历皇帝及东宫遣使所立。明熹宗朱由校，福王朱常洵，朝廷要员及各部、院等衙门以及河南地方官吏所立之碑，则分列于享殿前，蔚为壮观。

潞简王墓　墓区最后一个院落为朱翊镠的基冢所在。以第三道石牌坊为门户，该坊结构特殊，为单间两柱，柱外侧各靠以巨大青石板，板上有脊，又似三间形制，屋脊瓦垄雕刻手法细腻，极为形象。抱鼓石上刻有“月下麒麟”和“犀牛望月”图，其他部位也用花饰图案点缀。石坊向北，为高大的墓碑和石雕“五供”。

谁盗挖了潞王陵

潞简王墓墓碑

墓碑龙首方趺，通高近7米，碑额上书“皇明”二字，碑身刻大字楷书“敕封潞简王之墓”，字体硕大，笔法苍劲，碑阴刻其生卒年月，雕刻甚精。墓碑前置巨石条案，案四周精雕各式图案。案前置“五供”，即香炉一个，花瓶、烛台各一对。香炉高达3米余，两侧的花瓶上刻有鹭鸶荷花、盛开的牡丹、菊花。

墓冢呈圆丘式，高约6米，周长达140米，周围以白条石相砌。下为墓室（地宫），其结构和形式类似定陵地宫，总面积达180余平方米。由主室、左右侧室、甬道、享堂等组成。整个墓室为拱券顶，全部用青条石砌成，宽敞高大，宛如地下宫殿。

次妃赵氏墓　西墓区为次妃赵氏墓，前方后圆，呈马蹄形，占地面积略小于潞简王墓。建筑布局与潞简王墓基本相同，只是门前无石刻仪仗设置，清代时建有高大的影壁墙。城门楼为阁楼式，祾恩门高大壮观。其第二道石坊完整无缺，坊柱顶置蹲兽，坊顶正中雕有火焰状石壁，两侧刻有日、月，柱上部外侧刻有云朵。柱及大小额坊正面刻有花卉图案。刻工均甚精细，显示出明代高超的雕刻技艺。墓碑碑楼完整，碑正中刻楷书“敕封潞藩次妃赵氏墓”九个大字，字两侧有花卉云龙图案。墓冢高10余米，墓室面积达230余平方米，其布局与潞简王墓相同。

明代有50名亲王封国建藩，王府、王墓遍及全国。潞王陵是迄今保留下来的最为完整的一座明代藩王墓。两个坟园保存的石刻，展示了明代石刻艺术的高超水平，实为罕见的艺术珍品。

潞王陵五大谜团　潞简王墓为什么如此宏伟？其妃子墓的辉煌更在其上，神道上雕琢精细、栩栩如生的14对石兽，其中有5对为全国独有，并难以进行动物分类，至今尚无名字，此乃谜之一。

墓园内建筑石雕中以龙的浮雕最多，

潞王次妃赵氏雕像

潞王陵神道石刻

牌坊、陛石、白玉栏杆、华表等全为高浮雕龙图，整个陵园建筑中雕塑了多少条龙，至今没有人查得清数目，此乃谜之二。

祾恩殿为供奉牌位和举行上陵祭祀活动的地方，从遗址的柱础可以看出其规模之宏大，这一建筑是后期被毁还是当时就没有建成，各有其证。柱础上石槽未刻完是没建成的例证，砌墙的痕迹是建成被毁的证据。究竟历史状况该执何说？此乃谜之三。

祭碑两侧所耸立的一对华表，三面高浮雕龙的图案雕刻得十分精致，其中一面为浅浮雕花形图案，却只有华表的三分之一长度。其余长度为毛石形状，棂星门两侧石雕花边也对称存在雕刻不到头的现象。在形成缺陷美的同时，此为设计原形还是由于历史社会原因留下的痕迹？此乃谜之四。

墓碑前石供案及石雕“五供”为墓园内石雕最为精华的部分，按照明朝王陵的建筑规制“五供”应置放在石供案之上，而这里“五供”由于体形巨大和石供案不成比例，摆在供案前边，是当初设计出了差错，还是另有其他原因？此乃谜之五。

全国唯一祭祀周武王的场所——同盟山武王庙

同盟山在新乡市西17千米处获嘉县境的彦当村北。它是平原上一座巍然丘阜，高约数丈，占地数十亩。多少年来，有关同盟山的神奇传说和《封神演义》中荒诞怪异的描绘交织在一起，常常把人们的思绪带向3000多年前的古战场上。

武王雕像

武王庙正殿

武王庙院景

早在殷商末年，纣王残虐暴戾，民心丧尽，天下大乱。周武王兴师东进讨伐纣王，大军渡过黄河后在宁邑（今获嘉）休整，数十万大军捧土造坛，武王与八百诸侯在此同盟誓师，共伐无道。后人就把这座坛叫作“同盟山”。

同盟山上的武王庙，始建于周末，元末曾毁于兵火。明代初年重建，以后历代均有修葺。中华人民共和国成立后，人民政府又两次拨款进行维修。现存有山门、拜殿、大殿、后殿、东西配殿以及武王饮马池、太公校阅台、20余通历代碑刻、唐槐等文物古迹。

山门前有一对精工细雕的石狮子，昂首挺胸，形态逼真。顺着台阶可以拾级而上。大殿面阔三间，进深三间，单檐歇山式，殿顶覆盖琉璃瓦，浮雕花脊。后殿也称玉皇殿，面阔三间，进深一间，是较为典型的明代建筑。整座建筑殿宇嵯峨，格局严谨，雄浑肃穆，掩映在苍松翠柏之间，愈发显得古朴苍劲。

在这一组保存较好的文物古迹中，拜殿前的那株唐槐非常引人注目。据传说，武则天改唐为周当了皇帝后，曾经巡游到此，认为自己的国号“周”与武王的国号相同，而且自己又姓武，和周武王应该是一家。于是种下一棵槐树，权当对先周列祖列宗的怀念。然而周武王神威不悦，愤愤地说，大唐有什么不好？身为唐王的嫔妃，偏要改唐为周，可见其心已坏。后来这株槐树长得又粗又高，可是树心却枯死了。现在的这株唐槐有三枝杈，而且是从两条老根上长出来的，所以人们说，这是武则天对唐王朝三心二意的结果。

如果在傍晚雨后天晴彩虹飞架的时候，站在同盟山两边的落纣村（传说因曾挂过纣王首级而得名）旁，还可以看到一个奇异无比的自然景观——同盟夕照：一弧长虹东架，同盟山恰好笼在其中，瑞霭袅袅，云蒸霞蔚，宛如蜃楼再现。

武王庙

百家宗师——姜太公故里

卫辉市西北约13千米处的太公泉村，是西周大军事家、政治家姜子牙的故乡。太公泉村西依太行，东临卫水，风景秀丽，山势峻峭，历史悠久，交通便利，同比干庙并肩相邻，恰似两颗历史文化明珠，使卫辉闪烁着民族文化的光辉。

太公故里物华天宝，地灵人杰，几千年来，太公后裔尊姜为宗，以吕为氏。姜氏后裔遍布海内外，目前全国各地及海内外纷纷成立吕氏（姜）宗亲会，研讨吕氏文化，缅怀太公功绩，弘扬太公精神。2002年9月举办了中国卫辉首届太公文化节。

村内至今保存有一座太公庙，其附近立有“周姜太公茔葬处”石碑，为清康熙年间卫辉知府立。据《河南通志》载：“在府城西北太公泉，尚昔避纣居东海之滨，后徙渭滨，封国于齐，还葬于此。

村后有一南北长约5千米的沟壑，当地人称钓鱼沟，这里山峰夹峙，流水潺潺，环境十分幽静。人们传说当年太公就是在这里垂钓的，所以也就称其为磻溪。

有研究者认为磻溪在今陕西宝鸡市陈仓区，太公钓鱼处就在这个蹯溪河畔的伐鱼堡南，是在两山之间的一巨大岩石上，据说上边还有姜太公双膝跪坐的痕迹。可卫辉市的磻溪出处确凿，是有史可证的。北魏著名地理学家郦道元在他的《水经注》卷九就曾写道：“（汲）县（今卫辉市），故汲郡治，晋太康中立。城西北有石夹水，飞湍浚急，人亦谓之磻溪，言太公常钓于此也……城北三十里，有太公泉，泉上又有太公庙，庙侧高林秀木，翘楚竞茂，相传云太公之故居也。晋太康中，范阳卢无忌为汲令，立碑于其上，太公避纣之乱，屠隐市朝，遁钓鱼水，何必渭滨，然后磻溪？苟惬神心，曲渚则可，磻溪之名，斯无嫌矣。”

智勇名士——毛遂故里

成语典故“毛遂自荐”妇孺皆知，比喻自告奋勇，自己推荐自己担任某项工作。毛遂，战国时期赵国人，其故里在今原阳县师寨镇路庄村。毛遂墓地处官桥镇西南部，京沪铁路西侧，位于薛国北城外350米处，原址在官桥火车站票房处，1908年建津浦铁路时迁往道西50米。1957年首次文物普查见有明代和民国初年碑碣各一通，“文革”中被毁。1991年春重修此墓，同年秋完成，并立碑三通。1992年完成青砖小瓦的围墙和大门建设，1993年夏又在墓前建造一座冒尖碑，高5米，锥形四面书有大字，台阶高1米。

毛遂故里原阳考

相传，毛遂在朝歌云梦山师从鬼谷子先生，云梦山鬼谷祠旁，亦有一毛遂庙，为游览瞻拜之胜地。

张良刺秦处——博浪沙

今原阳县城东关外，有一通高大的石碑傲然屹立，上书“古博浪沙”四个大字，赫然醒目，刚劲苍逸。这里就是张良击秦处。

张良谋刺秦始皇虽然没有成功，但博浪沙击秦的故事一直流传至今。1914年，周恩来在天津南开中学读书时，就曾写下“极目青郊外，烟霾布正浓。中原方逐鹿，博浪踵相踪”的著名诗句，以表达他拯救祖国的决心和气概。清末女革命家秋瑾也曾以张良在博浪沙击秦的故事吟唱出悲壮的诗句“挎沙有愿兴亡楚，博浪无椎击暴秦”，哀叹中华之沉沦，人民之离乱。今天，一条柏油公路横卧在高大的“古博浪沙”碑旁，来到这里，你仍然会见到当年“黄河浪怒蛟龙号，博浪沙吹卷怒涛”的历史遗迹。

豫北第一古刹——香泉寺

香泉寺是我国北方著名的佛教寺院之一，位于河南省卫辉市太公泉镇西北霖落山中，始建于北齐天保七年（556），隋大

香泉寺香泉佛

香泉寺石刻

业五年（609）重建，唐垂拱元年（685）建造安禅师砖塔，唐开元十六年（728）建造石窟，唐建造稠禅师石塔两座，唐、宋、金、明、清均有石窟、石刻雕像。

中华人民共和国成立前，香泉寺是卫辉市最早的革命根据地之一。2000年被公布为河南省重点文物保护单位。

香泉寺以山势区隔，分为东、西两寺。东寺有泉水从石隙涓涓流出，穿云越石，飞溅壑崖，泻成瀑布，映出飞虹悬空，气象万千。由青石踏步七十二阶可登至南天门。一座面阔一间、高4米的石坊枕崖而立，两面横额镌楷书“淑海香天”，为孙征澜题，上为凸雕花卉人物图，坊柱有挂轴楹联：“西天既许分东土，南海当移住北方。”穿石坊而上，迎面照壁镌刻卧佛一尊，楹联：“岑风湾龙佛遗传经神弟子，崖云泉雨天留救世善菩提。”东崖有华严壁，上有摩崖《大方广佛华严经》，左壁有千佛洞，为唐开元年间物。石窟开凿在山崖上，石壁正中开窟门，圆拱形，上饰尖拱楣，高3米，深3米，宽2.5米。后壁雕刻着一佛二弟子，释迦牟尼面部丰满，慈眉善目，垂肩大耳，神态自若，交足而坐，为唐代雕刻风格。弟子阿难、伽叶分立两侧，弟子阿难文静温顺，衣着朴实，伽叶沉着认真。左壁雕刻观音菩萨，两侧雕刻善财龙女，右壁雕刻佛，两侧雕刻小佛像。洞壁雕小佛龛达千尊。寺后有筑石方池，方不及丈，为香泉之源。泉水由石佛脐孔和龙口中流出，因泉水涓涓不息，清凉幽香，故名香泉。泉旁石崖壁上书“香泉”二字，字上部有阴刻篆书“潞国亲笔”。旁有线刻麻姑像，铁笔流畅，气韵潇洒，衣带欲飘，形象生动，署名为唐代著名画家吴道子所作，有

"吴带当风"之誉。

西寺原有稠禅师殿，面阔三间，进深一间，现仅存莲花柱础。殿前有唐塔遗址（塔毁于"文革"）。据《大唐卫州霖落寺大德塔铭》记载：永淳元年（682）九月十二日安禅师仙化，三年后，垂拱元年（685），众弟子为安禅师建塔。塔两侧有稠禅师石塔两座（其中一座残毁严重）。石塔残高3.65米，呈正方形，由塔座、塔身、塔顶组成。塔座四周有浮雕天王像12尊（面部均残）、乐舞人8尊。塔身正面中间开圆拱形窟门。塔门两侧各雕天王，上部雕有飞天、祥云。龛内一佛二弟子二菩萨，佛像后背有项光，面部丰满，表情严肃祥和，衣着袒胸袈裟，足踩仰莲座。二弟子朴实谦顺，二菩萨立于仰莲座上，面容丰腴，表情温厚亲切，肌肤饱满光润，轻纱绕身，十分华贵，身体呈S形倾立，优美地站立着，头部微仰，弯眉凤眼，樱唇微翘，体现出庄严慈祥和雍容华贵的气派，生动的神情体态刻画、精彩的装饰充满了青春活力，是美丽多姿、惹人喜爱的现世人物的真实写照。

另有千佛石阁一座，清康熙元年（1662）立，通体青石质，石阁由三部分组成，阁座为须弥座。阁身高4.40米，为长方形，正背两面各雕佛像150尊，碑上横书篆体字"南无十方，三世诸佛"。中间篆体，正面"独尊梵天"，背面"流祥云旦"。上为歇山式阁顶。附近山崖上还有十个遗龛，有一个较大的石龛雕有七尊道教造像。山巅有眺月台、狮子崖、舍身崖

香泉寺摩崖华严经

等景观，登山极目四望，近山远野，空旷无际，尘念俱寂，犹如置身仙境。似此胜境，岂可不珍！

北齐时期，天竺（北印度）僧人那连提黎耶舍来到这里创建了中国第一个麻风病院——疠人坊。据史载，疠人坊是在旧殿废基上所建，由此可知香泉寺始创时间更早，唯无据可考。

今据文字记载，自北齐天保七年（556）始，至唐开元十六年（728）止，经历172年，前赴后继，苦心经营，香泉寺初具规模。又据考古学家考证，其浮雕建筑，系与敦煌石窟、大同摩崖、洛阳龙门等一脉相承。元代著名文人王恽所著《霖落山游记》即感赞曰：“再折而抵华岩壁，下有摩崖，为之作隶书刻《华岩部》，特精可观，字万余……”

摩崖华严经：书法类于汉魏之间，笔势凌厉，风格峻峭，用笔挺拔，布局严谨，刀笔俊秀，比之著名的“孝文帝吊比干”碑刻毫不逊色，以此大面积摩崖，实为罕见，确是稀世之宝，异常珍贵。

盛唐时期各种造像：在盛唐时期，艺术家们在佛教题材中不断加入现实人的形象，更加明显地走向世俗化，也进一步体现了当时的现实生活，表现了当时雄健豪迈的时代精神。释迦牟尼的严肃祥和，菩萨的温和妩媚，阿难的朴实谦顺，伽叶的深沉认真，天王的威武强壮，都显露无遗。特别是盛唐时期的菩萨造像，犹如朵朵怒放的牡丹，饱满、华贵、完美、自然，望之令人心旷神怡。

体态优美的女乐舞伎浮雕：八尊乐伎盘膝而坐，造型优美，形象真实，她们手执乐器，有排箫、长笛、腊鼓……根据不同乐器的特点，如吹、弹、拍、敲，以及演奏时的轻、重、徐、疾，在姿势动作和表情上，都做了极其真实细腻的刻画。这些作品，生活气息浓厚，刀法简练大方，对演奏动作的真实感和古代妇女姿态神情的优美做了高度的概括，在千百年后的今天看来，仍具有不朽的艺术魅力。

明代“淑海香天”石坊：设计科学，雕刻精湛，为官式建筑风格，具有典型的时代特征。就书法而论，笔锋挺秀、工整洒脱、气象生动。各种立体浮雕故事图案，正好弥补了雕刻不能表现色彩的缺陷。从整体看，不仅注重细部的精雕，其线刻人物花卉，线条流畅，刀工细腻，而且把高浮雕的结构和特征表现得更为准确。元代卫辉人翰林学士王恽曾赋诗赞美香泉寺道：“滴乳岩前挂瀑流，青林飞洒动高秋。玉龙跃入青冥去，堆叠苍烟万壑愁。”

宋太祖黄袍加身处——陈桥驿

陈桥驿位于新乡市封丘县城东南的陈桥镇，因宋太祖赵匡胤在这里发动兵变、黄袍加身而载入史册，可谓一方名胜。

今日的陈桥，南边紧靠黄河北岸大堤。五代后期，后周在这里设驿站，故称陈桥驿。赵匡胤在此发动兵变，又称宋太祖黄袍加身处。宋徽宗赵佶为了显扬祖宗功绩，把驿站改建成东岳庙，志书上也称东岳庙至今。

宋太祖黄袍加身处各代都有维修，1978年又进行了修葺。现存文物有大殿一座，系马槐一株，石碑四通，石刻两块，古井一眼。大殿为单檐歇山九脊，因多次修缮，原貌已改，为清代建筑手法。雕梁画栋，红墙绿瓦，滚龙盘脊，金碧辉煌，登上黄河大堤北望，真是龙兴旧迹，耀眼夺目。

大殿前东侧是系马槐，树高3米有余，树围5.4米。传说当年赵匡胤曾在这株树上拴过马，它历经千年，是此处诸多文物的长者。老树名扬四海，树前有系马槐碑，阳刻“系马槐”三个斗大字样。该碑西侧是宋太祖黄袍加身处碑，碑阴有金梦麟《题系马槐》诗，其字行草相间，书写流畅刚劲。大殿前的西侧，有清代小说家、诗人顾贞观的《满江红》词和张德纯的《念奴娇》碑刻。当年，他们到这里游玩，触景生情，诗兴大发，留下了不朽之

千年古镇 大宋源头——陈桥（上）

千年古镇 大宋源头——陈桥（下）

陈桥驿

陈桥驿系马槐

文庙大观碑

作，不论在文学上还是在书法艺术上，都具有一定的价值。

■ 新乡市区现存最古老庙宇——文庙与大观碑

文庙坐落在新乡市西大街，北邻平原路，南临西大街，西邻双桥小区，东邻学后街。其始创年代无考，宋元祐四年（1089）重建，历经多次重修、扩建。其原有建筑有棂星门、戟门、泮池、大成殿、东西廊庑、明伦堂、尊经阁等。文庙为尊崇孔子而建，孔子为我国儒教的创始人，被尊崇为至圣先师，备受人们崇敬。

新乡大观圣作之碑简称大观碑，位于文庙院内，是河南省级文物保护单位，现建有碑楼予以保护。该碑亦称御制学校八行八刑碑，刻于北宋大观二年（1108）。宋徽宗赵佶亲自撰写碑文并书写，当时的著名书法家、书学博士李时雍摹写石上。碑额“大观圣作之碑”六字行书是当时的权相蔡京所题。碑的正文和书题共27行，满行71字。书体即徽宗独创的“瘦金书体”。该碑高4.47米，宽1.24米，厚0.42米。碑额的上部及两侧是满镌二龙戏珠和十六个缠草组成的三角形浅浮雕图案，碑文四周浅刻藏地卷龙，缠枝牡丹二方连续

文庙

图案花边，下部浅刻云气花纹一道，碑体高大，刻工精致。碑的下部字体稍有损泐，正文共存1007字，经与《金石草编》所录碑文对照，缺损118字。

该碑的史料价值：为我们提供了研究宋代学校制度的宝贵实物资料。

该碑的书法艺术价值：宋徽宗虽然是历史上有名的昏庸、奢侈、怯懦的皇帝，但他能书善画，在艺术上造诣很深。他很重视晋唐以来的墨迹，曾经集所藏前人书札刻《大观碑》传世。自己又学习历代名家的书法，融会贯通，自成一家，他的“瘦金体”和他的绘画一样，有很高的艺术价值。

大观碑是以较大篇幅保存这种书体的实物资料，较之赵佶的其他一些字，更觉瘦直挺拔。试与赵佶其他手迹相较，字体结构笔画完全相同，只是手迹略觉丰腴，而碑文则更为瘦细劲挺。整个碑文从头到尾不论结构、字体都十分协调统一。

1973年，该碑的拓本曾配合“中华人民共和国河南省画像刻石、碑碣拓片展览”赴日展出，受到日本人民的好评。新乡市博物馆曾以《新乡大观圣作之碑及瘦金书体》《应该正确评价大观圣作之碑及瘦金书体》等为题撰文刊发于《文物》上。

中华民国大总统徐世昌家祠——徐氏家祠

徐氏家祠，是民国初年曾任袁世凯的国务卿、后又任中华民国大总统的徐世

徐氏家祠

昌的家祠。它位于河南省卫辉市城内贡院街，1963年由卫辉市人民政府公布为县级重点文物保护单位，1992年归回市文物部门管理，2000年晋升为河南省重点文物保护单位。

1917年，属北洋政府的卫辉用投标办法拍卖官产，徐家由徐世昌堂弟徐世芳出面购买贡院街西头原卫辉府参将衙门旧址一处，所需款项由以徐世昌为首的徐氏昆仲集资，改建徐氏家祠，1921年正式建成。从此，卫辉（汲县）既有徐世昌家族的房产田园，又有祖茔家祠。

该祠堂坐北向南，主体建筑占地面积5250平方米，加上后花园、东部停车场总面积达10 000余平方米，共分四进院落。第一进院落有照壁、东西华门、山门；第二进院落有石坊、碑亭、次门、掖门；第三进院落有东西厢房、三门；第四进院落有东西配殿、拜殿、大殿等。

祠内保存有“创建汲县徐氏家祠记碑”一通，由徐世昌亲自撰文并书丹。该碑详细记述了徐世昌的家史，以及筹建家祠的经过，是研究徐氏家族兴衰史和筹建徐氏家祠珍贵的实物佐证。其建筑群堪称民国初年的代表作，因此，对研究清末民初的历史和建筑史具有较高的价值。

徐氏家祠，四周围墙环绕，院内是封闭的空间，采用我国古代传统式的建筑布局，对封建时代家族的凝聚力，作了恰如其分的渲染。祠堂的建筑规模恢宏，气势雄伟，厅堂轩昂，庭院宽敞，庄严肃穆，布局严谨，设计精湛，砌筑工整，既体现了我国清末建筑的传统风格，又具有南方和北方建筑的鲜明特色，同时有所创新。它的建筑装饰运用了民间的建筑艺术手法，多姿多彩，有滋有味。集木雕、石雕、砖雕等传统的装饰工艺于一身，设计新颖，风格独特，时代感强。这些充分展现了我国劳动人民的聪明才智。

多位知名建筑专家曾先后莅卫考察徐氏家祠，并对这一处优秀建筑赞不绝口，给予充分肯定和高度评价，认为：“徐祠这一建筑真是精美绝伦，是豫北难得的一处具有代表性的近现代优秀建筑群，具有较高的艺术和科学价值。”

平原省省会所在地——平原省委旧址

新乡市和平路中段，蜿蜒而过的卫河环绕着一片灰色苏式建筑群。这里，就是曾在中华人民共和国建立初期做出重大贡献的平原省委旧址。

1949年8月1日，华北人民政府发出了通令，将山东西部、河南北部、河北南部三部分的衔接地区合并，成立平原省。省会设在新乡市。

平原省委办公原址，由新乡地区行政公署接收，后又作为中共新乡地委、新乡市委党校数年。2002年，为纪念平原省的历史功绩，保护历史文化遗产，中共新乡市委、新乡市人民政府决定建立平原省委旧址纪念地，并整修一新。旧址建筑群做工考究，为坡屋顶、木制梁檩、机制波形灰瓦，表现出20世纪50年代建筑特征及我国建筑工人出色的工作品质。

如今，这里已成为新乡人民为之骄傲的一处历史文化景观。

• 黄河滩区生态旅游线 •

千里太行舒画卷，九曲黄河托新城。黄河流经新乡170千米，沿黄滩区面积居全省之首（1290平方千米）。有黄河湿地鸟类国家级自然保护区、青龙湖、万亩刺槐林等众多生态资源，自然天成的资源，将新乡掩藏在绿色之中。黄河滩区生态旅游线主要景区有黄河故道森林公园、黄河曹岗险工、青龙湖、黄河湿地鸟类国家级自然保护区、陈桥万亩石榴园、辉县太行民俗文化园等。

豫北地区最大森林公园——黄河故道森林公园

黄河故道森林公园是在延津林场基础上建立的，位于新乡市正东25千米处。公园拥有豫北地区最大的万亩槐林、千亩果园和万亩湿地白天鹅自然保护区，为国家

森林公园槐树林

黄河故道森林公园

AAA级旅游景区。

主要景点为：

万亩槐林　经过多年的封闭造林，万亩槐林气势壮观，郁郁葱葱，树干高大，枝叶茂盛。由于树木对大自然的调节作用，这里形成了一个独特的小气候，被人们誉为天然氧吧，是休闲、度假、消冬避暑的好地方。

植物园　占地面积13.3万余平方米，共引进栽植各类名贵树木300多种，有广玉兰、紫荆、金叶国槐、美国红栌、黄金槐、刺槐、红叶李、青淡竹等。

色木园　色木园栽植的多是国内外名贵彩色树种，占地面积13.3万余平方米。

百果园　百果园占地约20万平方米，共引进栽植苹果、油桃、猕猴桃、金杏梅等国内外名优特新果树品种100多个。进入百果园，有置身世外桃源之感。

鸟岛　保护区北侧的大沙岗上，长满杨树、楝树、椿树、刺槐等树种，树干高大，枝繁叶茂，枝杈布满密密匝匝的鸟窝，数千只鸟儿在上面栖息，谓之鸟岛。

鸵鸟场　公园十二生肖园东边便是鸵鸟场。前几年，公园专门从南非引进一批野生鸵鸟，性情凶猛，奔跑速度可达每小时40千米。经过管理人员的精心驯养，凶猛的鸵鸟已变得温顺可爱，游人近前，它会翩翩起舞，给游客增添无限乐趣。

此外，丛林野战、横山露营、凯歌狩猎场能令人体验另类休闲、健身方式。

黄河第一险工——黄河曹岗险工

黄河是我国第二条大河，下游由于泥沙淤积，河床逐年增高，高出地面很多，成为悬河。封丘县曹岗黄河险工是清朝乾隆年间确定的，世称黄河第一险工。黄河水流到这里呈南北走向，滔滔的黄河由南向北直冲黄河北堤，波涛汹涌，形成黄河独特的“横河”现象。站在险工南望，可充分领略到母亲河的博大雄浑。党和国家领导人曾多次亲临现场视察防汛工作。

河南最大的淡水湖——青龙湖

青龙湖是河南最大的一处淡水湖，因青龙庙而得名。它位于封丘县曹岗乡境内106国道东侧张寨村东。

清乾隆二十六年（1761），黄河决口

黄河曹岗险工

形成了这一自然湖泊。南北长3000米，东西宽500米，水面300公顷。水脉与黄河相连，湖水数百年不干，即使枯水季节，依然碧波荡漾，平均水深4.8米。湖中水产丰富，有鲤鱼、青鱼、鲢鱼、甲鱼、鳝鱼和鲳鱼等。据中国科学院水产研究所专家论证，此处所产鲳鱼的营养堪称天下一绝。湖边水草丰盛，芦蒲成丛，荷花满塘。水鸟、白天鹅、灰鹤、水鸭、鹭鸶、鸳鸯等成群飞舞，水中戏游，栖息繁殖。这里属

天光云影——青龙湖

青龙湖落日

国家级湿地鸟类保护区。湖面上有游艇、小船，可垂钓观鸟，空气清爽，环境幽静，自成天趣，夏季多有开封、郑州、新乡游人来此度假休闲。还设有典雅的度假村为游客服务。

天鹅、鹤类等珍禽及内陆湿地生态系统保护区——黄河湿地鸟类国家级自然保护区

河南省新乡黄河湿地鸟类国家级自然保护区位于河南省新乡市东部封丘县和长垣县境内，总面积22 780公顷。1988年经河南省人民政府批准建立省级自然保护区，1996年晋升为国家级自然保护区，主要保护对象为天鹅、鹤类等珍禽及内陆湿地生态系统。

本区地处我国暖温带向亚热带的过渡区，其地貌特征为广阔的黄河滩涂和背河洼地，是我国中原人口稠密地区的重要天然湿地。区内生境多样，物种丰富，动植物区系成分复杂，是南北方动植物类群交汇处及通道，也是鸟类南北迁徙的主要途径和华北水禽越冬的北界。目前已发现鸟类161种，其中国家重点保护的珍稀鸟类有白鹳、白头鹤、白鹤、大鸨、天鹅、灰鹤等39种，列入中—日、中—澳候鸟保护协定的候鸟有80余种，每年在此路过、停留、栖息、越冬和繁殖的候鸟达数万只，这在我国内陆平原人口稠密地区实属罕见。

河南省新乡黄河湿地鸟类自然保护区

河南省新乡黄河湿地鸟类自然保护区

农耕文化博览馆——辉县太行民俗风情文化园

辉县太行民俗风情文化园位于辉县市西北5千米处，占地350多亩，园内主要设有农耕文化博览馆、红色文化教育馆、新乡市中小学生社会实践基地，以及配套的就餐、水上游乐园及标准游泳池等，其中农耕文化博览馆是文化园的主题。

截至2016年年底，园中的农耕文化博览馆已初具规模，是迄今为止河南省规模最大、展现农耕器具数量最多、门类最齐全、展示历史最悠久、最具学术研究价值的专业博览馆。展馆中精心展示了近4000件展品，是郭玉忠先生历经十余春秋、行程数万千米精心收集的2万多件农器中最具有代表性的展示。展览分实物展示和场景体验两大部分。其中实物展示分10个展厅40个类别，大部分农器具是在辉县一带

太行民俗风情文化园

农耕文化博览馆

收集的原始物件，囊括了整个豫北地域，展现了中原农耕文化的全貌，同时也起到了对农耕文明源头的研究和历史传承的作用，更活生生地呈现了先辈们生活、生存的智慧结晶。

• 红色旅游线 •

新乡拥有全国知名的先进英模人物群体：有“在群众中享有崇高威望的共产党员的优秀代表”之一史来贺，有全国乡镇党委书记的榜样、“太行公仆”吴金印，有“中国首届十大女杰”之一的刘志华，有自觉实践“三个代表”重要思想的典范张荣锁等，这些先进人物和他们所在的地方，构成新乡别具特色的红色旅游资源。新乡红色旅游线主要景区有刘庄、京华村、唐庄、龙泉村、裴寨社区、回龙村、白马峪村等。

刘庄

刘庄地处豫北黄河故道，紧靠107国道，距新乡市区25千米。全村现有村民350户，110公顷耕地。如今的刘庄初步实现了农村工业化、农业现代化、经济市场化、农民知识化、生产城市化，成为著名的全国农村旅游示范点和河南省旅游景点之一，为国家AAA级旅游景区。

刘庄展览馆

20世纪80年代刘庄率先实现小康，20世纪90年代开始向现代化迈进，家家有空调、彩电、冰箱、洗衣机、摩托车等全套电器，还享受住房、上学、医疗等10多项福利，同时还不断满足群众的精神文化需求。

早在2003年，刘庄工农业产值已达9亿元，资产负债率小于4%，出口创汇3487万美元，上缴税金5546万元，户均存款20万元以上。今天的刘庄人，豪迈地搬进了别墅住宅，物质生活更加富裕，精神生活更加丰富充实，在建设社会主义新农村的征途上为全国做出了榜样。

看刘庄建设成就，学史来贺创业精神，会收到洗礼心灵、升华感情、陶冶情操的奇妙效果。

京华村

京华村位于新乡县小冀镇，现有村民100户，人口362人，办有旅游景区、宾馆、矿泉疗养院、度假村、镁粉厂、房地产等产业，固定资产2.1亿元。京华村民90%在村办企业就业，享有住房、粮油、养老、教育等多种福利。京华实业公司是国家二级企业、全国乡镇企业系统先进企业、全国创建文明村（镇）先进单位。京

京华园

华园旅游景区建于1992年，平均每年接待游客人数达30万人次，为国家AAAA级旅游景区。京华村被中国农村地区发展促进会命名为“中国民俗文化村”和“中国特色基础教育村”。

唐庄桃花

唐庄

卫辉市唐庄镇总面积约70平方千米，辖34个行政村，4万口人。京广铁路、107国道横穿全境。全镇干部群众在党委书记吴金印同志的带领下艰苦创业、奋力拼搏，以经济建设为中心，大力发展区域经济，2016年全镇实现财政收入9000多万元。

该镇由于农业结构调整起步早、基础好，现已形成了以粮食高产开发、林果种植、日光温室高效种植为特色的经济发展格局。为了整合利用秸秆资源，该镇又投入资金300余万元，建成存栏百头以上规模的养牛场19个。每年春天唐庄镇依托万亩桃园举办桃花节。优质高效农业园区及西山生态园，被列为河南省红色旅游线路。

唐庄镇2000年被确定为河南省小城镇建设重点镇，镇区规划面积达4平方千米，已修筑了五横五纵十条高标准沥青面城镇道路，完善了地下供水设施，新建11万伏变电站一座、唐庄镇供水厂一座。为了加大招商引资力度，成立了招商引资办公室，出台了相关优惠政策。目前，已有十几家企业落户唐庄。

近年来，唐庄镇制定了新的发展规划，为今后的发展注入了新的活力，已经取得了显著的成绩。该镇先后被命名为中州名镇、河南省高效农业示范园区、河南省小城镇建设重点镇。2004年被当时的国家发改委、建设部、国土资源部等六部委公布为全国重点城镇。

龙泉村

龙泉村位于新乡市西南10千米处，全村共有6个村民组，801户，3400口人。龙泉村于20世纪90年代初组建了龙泉集团公司，现有14家集体企业，以造纸为主，拥有四大系列20多个品种，年生产能力达8万吨。农业生产全部实现机械化，产、供、销、技术指导一条龙体制，26万多平

龙泉牌坊

方米的休闲农业观光园已初具雏形。新建的村办医院每年免费为村民做健康检查，从幼儿园到高中教育全部免费。村民生活富足，村里民风淳朴，先后荣获省级先进村党支部、省明星村、国家级文明村等称号，为国家AAA级旅游景区。2005年8月，胡锦涛同志曾来这里视察。

裴寨社区

裴寨村位于辉县市张村乡，2010年更名为裴寨社区。

2005年前的裴寨村，全村153户595口人靠着仅有的661亩山冈薄地维持生计，生活条件艰苦，经济收入低下。2005年，裴春亮当选裴寨村村委主任后，带领全村群众艰苦创业，裴寨村开始步入发展的快车道，短短5年发生了翻天覆地的变化。之后，裴寨社区坚持发展经济，构建产业支撑，实现共同富裕。为让群众腰包真正鼓起来，裴寨社区提前谋划，提出了“宜工则工、宜农则农、宜商则商”的发展思路，千方百计增加社区居民收入。

裴春亮个人出资3000万元建设裴寨新村，筹资10亿元建起年产500万吨优质水泥的春江水泥有限公司，带领群众兴修水利发展高效农业，裴寨村民生产生活条件得到极大改观，使这个小山村从一个省级扶贫开发重点村变成了远近闻名的富裕村。

回龙村

回龙村位于辉县市上八里镇北部，地处太行山南麓深山区，与山西省陵川县接壤，总面积26平方千米，由17个自然村组成，2002年成立回龙景区（2009年更名为回龙天界山景区），也是全国劳动模范、2002“感动中国”十大人物之一张荣锁光荣事迹的发生地。

提到回龙村，就会使人想起荡气回肠的回龙精神。2002年“感动中国”十大人物、全国人大代表张荣锁被誉为“现代愚公”，他捐出百万家产，身先士卒，带领党员、民兵、村民修盘山公路，开挂壁隧道，创造了乡村筑路史上的一项奇迹。在他的带领下，回龙村从一个曾经极度贫穷落后的小山村发展成为了闻名全国的社会主义新农村示范村，并先后获得新农村建设示范村、河南省民主法治示范村、河南省生态文明村、河南省特色旅游村和全国文明村等荣誉称号。

白马峪村

辉县市黄水乡白马峪村建有大北农白马玉农庄，以白马峪村千亩核桃园为基地，是一个集绿色种植、生态饲养、爱国主义教育基地和传统书画文化、观光旅游、娱乐休闲于一体的休闲度假地。

大北农白马玉农庄建有郭兴事迹展览馆、文安书院、游泳馆、垂钓园、无土栽培基地、肉奶牛饲养基地及数十种蔬果种植园等。它充分展示了文化旅游及爱国主义教育特色，是国家循环经济教育示范基地、河南省国防教育基地、河南省AAAA级体验型乡村旅游经营单位、新乡市爱国主义教育基地、新乡市休闲农业示范点。

平原游击队李向阳原型——郭兴的故事

名品荟萃

——物华天宝灵秀地

巍巍太行，滔滔黄河，清清卫水，造就了新乡独特的地理、气候条件。新乡人民用文化和智慧在这片土地上编织着锦绣，创造着文明。走进新乡，富饶的物产，美味的饮食，琳琅满目，美不胜收，能使你直接领略新乡风情，体会新乡韵律，感受她的脉动与气息，享受她的文化浸润。

• 原阳大米 •

原阳大米，为原阳县特产，中国地理标志产品，有“中国第一米”之称。

原阳大米种植历史悠久，可追溯至汉朝，东汉时期已成为宫廷专用大米。在原阳县明代墓葬中，发现有碳化的稻谷谷粒。由于黄河洪涝和盐碱的侵扰，原阳水稻种植并未得到传承和发展。

中华人民共和国成立后，重修了黄河大提，原阳人平岗造田，破堤修闸，引来黄河水，用黄河水沉淀泥沙淤住盐碱地栽种水稻。1968年，原阳县原武镇试种水稻成功。接着在黄河大堤以北，县城以南、县城西北大面积种植，到2012年种植面积近30万亩，年产稻谷1.5亿斤，原阳县成了中国大米之乡，建立了中国北方最大的大米专业市场。

原阳大米

原阳大米经国家权威部门检测，长宽比、垩白率、垩白度、透明度、胶稠度、碱消值、直链淀粉含量及蛋白质含量八项指标均达到国家优质米一级标准。经化验对比，原阳大米的蛋白质、淀粉及铜、铁、钙等微量元素含量均高于国际有名的泰国大米，铁含量高出日本大米近5倍，硒元素含量更是国内外许多大米的4～8倍。

原阳大米米质晶莹透亮，软筋香甜，香味纯正，深受人民群众欢迎，成为招待外宾的用米。1991年以来，在国内农产品博览会上，原阳大米多次荣获金奖；1996年通过国家“绿色食品”认证；2002年10月，原阳大米获得国家原产地证明商标；2003年12月，又获得国家原产地域产品保护认证；2003年以来，原阳大米开始出口，开创了河南粳米出口之先河。

原阳大米主要品种有黄金晴、豫原一号、H301等。2003年11月21日，40克1128粒原阳大米稻种搭乘航天卫星遨游太空，使原阳大米进入了“太空育种”时代。

• 延津小麦 •

延津县位于豫北黄河冲积平原，属暖温带大陆性季风气候，延津上沙下黏的“蒙金”土壤，非常适合小麦尤其是强筋小麦的生长。延津从1998年开始种植优质强筋小麦，品种选育在全国是最先进的。现在延津已成为全国优质小麦生产基地、全国绿色食品原料（小麦）标准化生产基地、全国商品粮基地县。延津“金粒”小麦获得第八届中国国际农交会金奖，成为国家级品牌产品，被赞为“中国第一麦”。

延津小麦粗蛋白与湿面筋含量高，沉降值适中，易于加工，容量和纯度高。由于实施了分品种单收单储及规模化种植，延津小麦较好地解决了小麦品质均一性和稳定性问题。经测定，延津小麦品质指标明显优于加拿大小麦和美国小麦。

延津小麦曾被中央电视台、《人民日报》《经济日报》、新华社多次宣传报道，在全国形成了“中国小麦看河南，河南小麦看新乡，新乡小麦看延津”的共识。目前，延津小麦种植面积达95万亩，其中优质强筋小麦面积28万亩，年产量达1亿千克以上，并向东南亚多个国家出口。

延津小麦

延津小麦整齐度、品种纯度、单品种规模化种植水平等，远高于其他地区和市县，使以延津小麦为原料的该县食品企业也因产品质优得以迅速发展，延津小麦已成为国酒茅台、康师傅、达利园、盼盼等知名品牌的原材料。冠生园、克明面业、浙江百川食品、福建精益珍食品、酒鬼酒、浏阳河、河南云鹤食品、河南笑脸食品等知名企业纷纷来延津投资落户。

• 封丘金银花 •

金银花，又名忍冬（忍冬花初时为白色，后转为黄色，故得名“金银花”。又因一蒂二花，两条花蕊探在外，成双成对，故又称“二花”）。系忍冬科忍冬属忍冬种，为多年生常绿木质藤本植物，是我国传统名贵中药材。主要药用花蕾，茎、叶、果也可入药，具有清热解毒、消炎作用，还有降血脂、抑制癌细胞发生与扩散作用。目前，金银花也被广泛用于药品、保健品、化妆用品中。

封丘是金银花的原产地之一，至今已有1500年的种植历史。由于封丘具有独特的土壤和气候条件，加之代代培育，该地金银花花蕾粗长肥厚，色泽艳丽，药用成分高，质量位于全国同类产品之首。优异的地理环境和成功的管理方式，形成了封丘金银花“一直二大三高四碧”的独特性能。直，即封丘金银花呈直立生长，这样养分上下通畅，花蕾的有效成分高；大，封丘金银花株高1.5～2米，鲜花肥大，孕育较多的药用成分；高，即封丘金银花药用成分高且分布均匀，绿原酸含量经检测明显高于他处金银花；碧，即封丘金银花还是上好的茗茶，常饮金银花茶，可清热解毒，减肥健身。

金银花

2003年3月，封丘金银花荣获国家质检总局颁发的原产地标记注册证；2005年封丘县被批准为河南省标准化示范区，2006年被批准为河南省金银花生产基地，2007年被授予河南省十大中药材种植基地；封丘金银花曾三次被评为河南省名牌农产品。

目前，封丘已和科研院所及知名中药企业联名，引进技术和先进的管理方式，使封丘金银花向标准化、规范化、规模化、产业化发展，确保金银花质量稳定，符合无污染无公害的“绿色药材”要求。封丘金银花赢得“封丘金银花，质量甲天

金银花开济世香

下”的美誉，国内不少药企将其列为首选用药。

目前，封丘金银花已畅销国内外，国内市场占有率达40%，出口量约占全国金银花出口总量的80%，销往美国、日本、韩国、新加坡等国家。封丘县金银花现种植面积达20万亩，成为封丘县的支柱产业，封丘县也成为中国最大的金银花生产和出口基地县。

封丘石榴

封丘石榴

石榴原产伊朗和阿富汗中亚地区，于汉晋时传入中国。封丘种植石榴已有三百年历史。封丘石榴集中于封丘陈桥乡裴楼村一带，因此又称封裴石榴。

封丘石榴是河南省的著名地方特产，它以果大皮薄，色泽鲜艳，籽若宝石，晶莹透亮，汁多爽口，甘甜宜人，以及耐贮运等特点而久享盛名。20世纪50年代，周恩来总理曾派人到河南了解封丘石榴生产状况，并用封丘石榴招待外宾。20世纪60年代，封丘石榴就已作为拳头商品销往海外。为保护和发展名特品资源，1986年河南省将封丘定为石榴生产基地。

目前，封丘石榴种植面积已有6000亩，年产量超过200吨。

石粉彩画

石粉彩画是新乡独有的民间工艺品种，为河南十大民间工艺美术画之一。其使用天然矿物质本色粉末颜料，在多种材质的胎板上，经手工嵌丝、晕染等技法制作而成，绘画作品色彩艳丽，永不褪色，故名石粉彩画。

石粉彩画以我国古代岩洞壁画为渊源，在继承发展传统镶丝、镶嵌、螺钿等民间工艺的基础上，融入现代工艺，生成民间工艺美术品牌。新乡第一幅石粉彩画由民间工艺美术家杜爱军设计制作完成，一经面世，便受到专家的关注和商家及大众的欢迎。

石粉彩画充分运用工笔、写意、兼工带写、油画、装饰画等形式，表现人物、花鸟、动物、山水风光的多姿多彩形象。画面虚实得当，层次分明，色彩缤纷，光彩怡人，给人以强烈的艺术感染力。

石粉彩画在平面胎板上制作，揉进了浮雕的艺术手法，画有立体感，石粉又经特制的胶和胎板黏合，画面永不脱落。整个画面用现代工艺和材料罩面处理，亮似瓷釉，光如镜面，耐磨、耐腐蚀。还可以根据需要，制成小到挂件大到大型壁画任意尺寸的工艺品。

2002年4月，石粉彩画《贵妃醉酒》荣获河南省民间文艺（工艺美术类）最高奖“金鼎奖”；2002年10月，石粉彩画《蝶》参加国家级民间工艺展，受到冯骥才先生的好评并荣获金奖；2003年12月，被评为“新乡市十大民间文化”之一。

石粉彩画为纯手工制作，不存在两幅完全相同的作品，这进一步提高了其艺术价值和收藏价值。至今，多幅石粉彩画被国际友人和国内艺术家、艺术馆收藏。

• 大块戏装 •

大块村位于新乡市凤凰区大块镇。过去农耕时代，大块村地处偏僻，民众的文化生活贫乏，但这里临近豫剧的“母亲调”祥符调的发祥地——封丘清河集，受祥符调戏剧文化的影响，戏剧成了那时村里的主要娱乐形式。

清末是祥符调艺术的鼎盛期，名家辈出，演出盛况空前。大块村首富刘瑞，特别喜欢祥符调，出资成立了戏班。有了戏班就必须买戏装。当时新乡无人会做戏装，整个河南也没几家做戏装的作坊，且制作水平十分低劣，与苏杭一带的戏装制作技艺不可同日而语。刘瑞一来为在当地买不到满意的戏装苦恼，二来他是个有商业头脑的人，觉得在新乡办生产戏装的厂子，不仅能解决自己戏班的戏装问题，还会有可观的盈利。于是就在大块村办了戏装厂，请来苏州戏装制作师傅传授技艺。很快大块村的戏装就在新乡、中原一带出了名，被人们称为大块戏装。

巧韵天成物华新 刘宝忠

大块戏装

大块戏装在传承苏杭戏装制作技艺的基础上，结合当地的实际情况、地方习俗和对戏剧文化的理解，形成了自己的风格和技艺。大块戏装以彩线、金线、绒球、雪纺、棉、麻、织锦、色丁、衬布等为原料，通过裁剪、描绘、拓印、刺绣、走金、成割等数十道工序加工而成。每道工艺流程都很复杂，对工艺细腻程度要求都很高。

由于大块戏装用料考究，做工精细，图案精美，绣工精湛，色彩浓淡相宜，表述准确，又能适应演员演出时形体动作的需要，所以受到广大专业戏剧工作者和业余剧团的喜爱，就连戏装生产基地的苏州，也曾有不少剧团来大块考察定制戏装。

• 新乡共砚 •

共砚，又称共山砚、苏门砚，产于新乡辉县市，因出自太行山苏门东北黑鹿河畔之共山而得名。

辉县，远古即为共工部落聚居地，其地相继为共国、共州、共县、辉州、苏门县。辉县文化积淀深厚，邵雍、程颢、程颐、许衡、姚枢、李贽、夏峰等古哲先贤在此授徒讲学，著书立说，不少著作成为中国文化史上的“奇峰”；五代末年始建的太极书院，至宋已成“百源学派”的显学地、中原书院教育的发祥地之一，理学史上享有“宋兴伊洛，元大苏门”之誉。

共山砚的制作与共地文化相依相存。辉县孟庄仰韶文化遗址出土的石器，原始砚至今6000余年。相传共伯和“尊之不喜，废之不怒，逍遥于共山头”，磨石为砚，成为美谈。

共山砚石蕴藏于深山巨崖之中。据地质报告，此为寒武系地层，距今约五亿年。其石经山泉滋润，质地细腻致密，色彩典雅佳丽，温润如玉，犹羊肝之润滑，俗称羊肝石。石品有蟹壳红、鱼籽、羊肝青、榴皮红、麦叶绿、天蓝、红丝等，尤以黑黄相（被誉为“墨玉金带”）为显著特色。

共砚砚式有墨海、淌池砚、抄手砚、箕形砚、吕字砚、伯仲砚、琴砚、随形砚等多种。雕刻采用圆雕、浮雕、透雕、阴刻等技法及玉雕“俏色”技艺，砚面黑红相间，相映成趣，天然典雅，令人称奇。

• 延津火烧 •

火烧是河南豫北地区特有的传统小吃。延津火烧在众多火烧品种中一枝独秀，闻名遐迩。

延津火烧由牛屯火烧传播发展而来。延津县招待客人，除了佳肴美酒外，上几个火烧也是必不可少的。外地人到延津不吃延津火烧，就如同到河南不吃烩面，到安阳不吃道口烧鸡一样，是一件憾事。

延津火烧

延津火烧便宜实惠，好吃不贵，是平常百姓的家常小吃，也是商贾富人、远方来客桌上的美餐。

延津火烧似烧饼但比烧饼大，像肉盒比肉盒焦，浑圆如饼，色如紫铜，中间鼓凸，层次分明，以个大肉多、外焦里嫩、香而不腻、食用方便而备受大众欢迎。

正宗延津火烧制作用的面粉、油料、佐料都必须是上等品，做法十分讲究。和面手法和用水量一年四季不同，面要猛揉慢醒，烘烤用火方法和时间都有严格要领。

延津火烧丰富了延津人的生活，提高了延津县的知名度，成为延津饮食文化中不可或缺的重要组成部分。目前，在延津县城随处可以看到经营延津火烧的门面、小摊，现已发展到百余家。近几年，延津人已到各地做起制作和销售延津火烧的生意。

• 获嘉饸饹条 •

饸饹条是一种汉族面食小吃，主要流行于河南。

饸饹条的主料是面粉和食用碱。把面粉、食用碱和食盐按一定比例和匀，揉成微微发黄、光滑又筋道的面团儿，再蒙上笼布让面醒一下。醒好的面再在案板上和匀揉筋道，之后把面团儿分成拳头大小的剂子备用。轧饸饹要用饸饹床。饸饹床由一条下边有筛眼的圆铁管和一个带力臂的木头墩子组成。把饸饹床支架在锅上方，把季子放到铁管里，用力压木墩子，面就从筛眼里挤出来，成为饸饹条。

饸饹条起源于获嘉县。传说商纣王听闻苏护之女苏妲己相貌奇美，德才俱佳，下诏纳其为妃。苏妲己就由其兄嫂护送前往国都朝歌，途中路经获嘉，住在驿馆。妲己之嫂颇通玄术，夜观天象知道会有妖魔不利于妲己，于是下厨用面粉佐以驱邪镇灾之物做了一碗面，给小姑妲己端过去。走到门口，正好看到来秽乱殷商的九尾狐狸精正在吸取妲己的元神，其嫂法力有限，眼睁睁地看着九尾狐幻化成妲己的模样，与妲己肉身合而为一，惊恐得说不出话。假妲己笑吟吟问嫂嫂所端面食叫何名字，妲己之嫂见天命如此，痛心疾首，只是喃喃道“活啦，活啦……”。获嘉饸饹条由是留名。流传到民间的饸饹条虽然用料简单了许多，不过倒真的是有祛风避寒的功效。尤其是寒冷的冬天，一碗饸饹条会吃得身子暖乎乎的，让人舒舒坦坦。

经过多年的传承发展，饸饹条的卤

获嘉饸饹条

汤已多种多样。获嘉饸饹条口感筋道，耐嚼，味道鲜美，好吃不贵，百吃不厌，为独具特色的经典食品。

新乡在保护和继承中华传统文化的同时，充分利用文化资源促进和推动经济发展。新乡有着悠久厚重的农耕文化，伴随农耕文化习俗产生了大量的手工技艺和产品。新乡人民发挥聪明才智，用新的科技文化使中国人民赖以生存的主粮——小麦和大米，成为品质好、产量高、种植规模大的一流产品，闻名于世；新乡人民传承、发展、利用传统文化，用灵巧的双手，使诸如石粉彩画、共砚、女红、剪纸、戏装、面塑、刺绣等民间工艺品成为传世精品。

河南新乡味道

当今党和政府极其重视传承、发展中华传统文化，新乡人民勤劳智慧、执着奋进，必将会有更多更美更优的具有新乡个性特色的产品诞生于中原大地。

『非遗』概览

——薪火赓续代代传

在漫长的历史发展过程中，中华民族创造了丰富多彩、弥足珍贵的文化遗产，其中既有有形的物质文化遗产，又有主要通过口传心授等方式传承下来的非物质文化遗产。作为中华民族传统文化重要组成部分的非物质文化遗产，是我们的“根”和“魂”，尤其是在当今全球化时代，对它的保护和传承更具重要意义。这些被誉为历史文化“活化石”和“民族记忆的背影”的珍宝，其资源在新乡尤为丰富。

2003年9月，新乡启动“民间文化遗产抢救工程”，对全市民间文化资源开展调查，成为河南省首批对民间文化实施抢救的城市。2005年，新乡市设立新乡市非物质文化遗产保护中心，并成立专家委员会，全面开展非物质文化遗产保护工作。

至今，新乡有国家级非物质文化遗产保护项目4项，有河南省省级非物质文化遗产保护项目29项，新乡市市级非物质文化遗产保护项目77项。

• 国家级非物质文化遗产 •

大平调

（国务院国发〔2006〕18号公布为第一批国家级非物质文化遗产项目）

（2008年文化部公布的第二批国家级非物质文化遗产项目代表性传承人名单中延津县的杜学周、曹秀芝为该项目传承人）

大平调，因伴奏乐器中有5斤重的枣木大梆子，原被称为“大梆戏”或“大油梆”；因其唱腔比高调（豫剧）略低五度，故又称为平调；因其上演剧目多为朝纲大事，演员阵容庞大，称为“大平调”。

大平调是我国古老而又稀有的剧种之一，主要流传在河南北部和东部。据考证，大平调产生在明弘治年间。明万历年间，延津县马庄乡原屯村就有了大平调玩会班。清初，延津已有十几个大平调班社，主要分布在延津县东北部几个乡。

大平调在发展中形成西路平调、东路平调和河东平调三大流派。延津县是西路平调起源和发展的重要地区。

大平调音乐唱腔属梆子腔系统，具有粗犷、朴实、豪迈的艺术风格。

大平调的表演风格独特，演员动作幅度大，出手划大圆，盘腿跨大步。脸谱讲究，用脸谱表现人物形格，如秦琼的红脸五道眉，敬德的黑脸三块瓦，张飞的黑脸倒似钩。

延津的大平调传统剧目有100多部，代表剧目有《下高平》《哭头》《三传令》《铡美案》《闹洪州》等。

传统戏曲大平调（河南·延津）

延津县大平调剧团演出场景

名演员有张发旺、田聚池、曹秀芝、杜学周、于桂香等。2015年4月，中央电视台《乡村大世界》栏目播出《延津传统艺术大平调》，其中演员表演了延津大平调“里腔”和“嗽獠牙”的绝活。

2012年，延津县将大平调剧团转化为延津县大平调艺术传承保护中心。在保留继承剧目基础上，增加了新的剧目，坚持下乡演出，受到人民群众的欢迎和喜爱。

辉县剪纸

（国务院国发〔2008〕19号公布为第一批国家级非物质文化遗产扩展项目）

（2008年河南省文化厅公布的第一批河南省省级非物质文化遗产项目代表性传承人名单中辉县市的李爱荣为该项目传承人）

在辉县固村战国遗址出土的“银箔镂空刻花”是我国现存最早的用薄片剪刻的作品，是辉县剪纸的雏形。辉县剪纸艺术起源于明末清初，来源于山西省，主要分布在辉县市西部的沙窑乡、薄壁镇的50多个村庄，属中国剪纸北方流派。

辉县剪纸是在农耕社会基础上产生的，受地域闭塞、交通不便、生活贫困及工具等因素限制，其剪纸技法单一，天真自然，淳朴大方，题材和内容蕴含民间野

辉县剪纸

趣，适应农民和农村居住特点，具有浓厚的乡土气息和地方特色。

辉县剪纸是辉县民间最为流行的一种艺术形式，为原生态的活版本剪纸。每逢新春佳节或喜庆之时，人们都要张贴剪纸，以烘托节日气氛和装点生活环境。这不仅反映了民众的信仰观念，也体现了人们对美好生活的向往和追求，具有深刻的文化内涵。它所折射出的时代背景、社会心态、民族心理和审美情趣，已远远超出了剪纸艺术本身的价值和意义。

辉县剪纸题材广泛，品种众多。按纹样可分为人物、鸟兽、文字、器具、花木、果蔬、昆虫、山水等；按寓意可分为纳吉、祝福、祛邪、除恶、劝勉、警戒、趣味等；按用途可分为装饰类、俗信类、稿模类、设计类等。主要工具有剪刀、纸，辅助工具有刻刀、蜡盘、锥子、尺子、

辉县剪纸

糨糊等。

百泉药会

（国务院国发〔2008〕19号公布为第一批国家级非物质文化遗产扩展项目）

辉县市位于南太行地区，全市70%为山区和丘陵，独特的地理地貌和气候环境，适合多种中药材生长。辉县药用植物多达1017种，常用药材达150余种，天然的中药材宝库为百泉药会的形成和发展奠定了基础。

隋大业四年（608），人们为敬祀卫河神灵，在湖水北岸修建卫源庙，庙会始起，慢慢演变成百泉药会。明洪武八年（1375）正式形成以中药材为主的定期药材流转市场，享有“春暖花开到百泉，不到百泉药不全”之盛誉。

百泉药会在长期的发展过程中，形成了具有鲜明时代特征和浓厚地域特色的民俗风情。在物质交流的同时，也承载了周边地区人民群众的精神文化生活。药王祭祀活动，表现了人们对健康生活的美好追求，同时也是弘扬和发展中医药事业、规范行医之本、注重医者操守的最直观的教育活动。

百泉药会

百泉药会，也是民间文化的展示场所。期间，观羊、送帖、放水鸭、送河灯等民俗活动，拉洋片、踩高跷、甩鞭、地方戏曲、说唱曲艺等民间艺术展演，吹糖人、捏泥玩等民间手工艺人的现场制作，以及各地传统民间玩会的比赛和外地的诸如吴桥马戏、濮阳杂技的献艺，烘托了百泉药会热烈欢腾的喜悦气氛，吸引了周边人民群众。

百泉药会是传承中药文化和地方民间文化的载体，对研究和保护中华民族的中药文化具有重要而深远的意义。

中州大鼓

（国务院国发〔2011〕14号公布为第三批国家级非物质文化遗产项目）

（2008年河南省文化厅公布的第一批河南省省级非物质文化遗产项目代表性传承人名单中新乡县的李星光为该项目传承人）

中州大鼓原名赵堤大鼓、赵堤大咚

鼓，1988年被河南省文化厅命名为中州大鼓。赵堤村位于新乡市南8千米，隶属新乡市新乡县朗公庙镇。

赵堤大鼓起源于明万历年间。据赵堤村天仙庙碑记载，明万历二年（1574），为抗匪拒寇，击鼓为号聚众，全村村民捐资，购置大鼓数面，并成立鼓会。经过长期的传承，赵堤大鼓已成为这一带民众过年节庆娱乐必不可少的项目。“家家闻鼓而动，人人爱鼓如命”的赵堤人，一代代传承，把赵堤大鼓从对鼓的单一击打，发展成为以大鼓击打为主，配合铙、镲、锣的演奏，加之队形变化和演员们摇摆、蹦跳、眼神传情的鼓与音乐、舞蹈融为一体的鼓舞艺术。

赵堤大鼓直径约1米，重45斤，内中装拉簧，击打有金属声，十分悦耳。鼓谱节奏变化不多，主要有“大忽播炮”和“小忽播炮”。击鼓多打在强拍子上，击打速度和强弱变化无穷。镲的节奏急促、密集而响亮，与鼓形成强与弱、缓与急、响亮与厚重、齐奏与分奏的音响效果。舞镲是赵堤大鼓的绝活。系着1米多长红绿绸的镲和大铙上下翻飞、左右挥动，扛着大鼓的演员们手脚舞动，队形有二龙出水、双凤展翅、仙女散花、龙凤呈祥、欢庆丰收等变化，营造出气吞山河、排山倒海的雄壮场景，给观众以极大的视觉冲击和强烈的心灵震撼。

2001年，在中国文联举办的中华鼓舞

中州大鼓

大赛中，中州大鼓以总分第一荣获全国民间文艺最高奖“山花奖”；2006年，在文化部举办的“华夏一绝”民族民间广场鼓乐舞蹈邀请赛中，荣获金奖；2009年，在国家非物质文化遗产保护中心举办的全国鼓王邀请赛中，荣获“优秀鼓王”奖。

• 省级非物质文化遗产 •

河南省省级非物质文化遗产名录（新乡市）

序号	项目名称及申报地区（单位）	批次	类别
1	柳毅的传说（卫辉市）	第一批	民间文学
2	崔莺莺和张生的故事（辉县市）	第一批	民间文学
3	二夹弦（延津县）	第一批	民间戏剧
4	落腔（辉县市、凤泉区）	第一、四批	民间戏剧
5	卫辉北干祭典（卫辉市）	第一批	民间信仰
6	西河怀梆（新乡县）	扩展	传统戏剧
7	姜太公的传说（卫辉市）	第二批	民间文学
8	小咚鼓艺术（凤泉区）	第二批	传统音乐
9	啸乐（口哨音乐）（新乡市）	第二批	传统音乐
10	马皮舞（获嘉县）	第二批	传统舞蹈
11	独腿高跷（获嘉县）	第二批	传统舞蹈
12	踢棒槌（获嘉县）	第二批	传统舞蹈
13	小冀背桩（新乡县）	第二批	传统舞蹈
14	小宋佛高跷（新乡县）	第二批	传统舞蹈
15	六月送羊（辉县市）	第二批	民俗
16	柳位同裕堂陈氏传统骨病疗法（卫辉市）	第二批	传统医药
17	原武盘鼓（新乡市）	第三批	传统音乐
18	朗公庙竹马（新乡县）	第三批	传统舞蹈
19	五柳集抬阁（原阳县）	第三批	传统舞蹈
20	柳位高跷（卫辉市）	第三批	传统舞蹈

续表

序号	项目名称及申报地区（单位）	批次	类别
21	岳家拳（牧野区）	第三批	传统体育、游艺与杂技
22	杜氏口疮治疗技法（卫辉市）	第三批	传统医药
23	张氏经络收放疗法（新乡市）	第三批	传统医药
24	贵氏针灸（凤泉区）	第三批	传统医药
25	小杨庄木版年画（获嘉县）	扩展	传统美术
26	李氏中医精神病疗法（获嘉县）	第四批	传统医药
27	面塑（卫滨区）	扩展	传统美术
28	李金梅毛笔制作技艺（封丘县）	扩展	传统技艺
29	张氏耳病针灸疗法（牧野区）	第四批	传统医药

柳毅的传说

（河南省人民政府豫政〔2007〕11号文公布为第一批河南省省级非物质文化遗产项目）

柳毅是卫辉市庞寨乡柳位村人，唐高宗时被封为黄河河神，故又称柳毅大王。有关他的传说在黄河流域广为流传。

据记载，过去柳位村叫柳园口。柳毅幼年叫金喜。当时黄河屡次泛滥，唐高宗显庆四年（659），鲁承奉圣命监工治理黄河，住在金喜家。鲁承见金喜办事读书颇有毅力，便为其更名“柳毅”。

后来，柳毅赴京应试，乘船赴京途中，遇卢秀英溺水，他奋不顾身相救，救起了卢氏，他却延误了考期（后卢秀英为报恩嫁于柳毅为妻）。后来，官府又一次对黄河加固修堤，柳毅率民众日夜奋战，表现英勇，被提升为水利监督。柳毅为官任职期间，清正廉明，为百姓除害保平安，受到百姓敬仰。一年，连降大雨，黄河泛滥，柳毅在南华县（今东明县）治水抢险中壮烈殉职。

柳毅死后，唐高宗下旨封柳毅为黄河河神，位居大王之职，其夫人卢氏为“靖国夫人”，民间称为“大王奶”。为纪念柳毅，柳园口村以及封丘、长垣等地建有其庙，把柳毅的生日农历三月二十二日定为庙会，并把柳园口更名为柳毅屯。

此后，民间关于柳毅的传说越来越

多，传说他常显圣保佑人民平安。历代文人也用艺术作品歌颂柳毅的功德，唐朝李朝威撰写了《柳毅传书》，元代戏剧家尚仲贤把柳毅写成杂剧，中华人民共和国成立后把柳毅传说拍成电影，后又选入高中教材。

崔莺莺和张生的故事

（河南省人民政府豫政〔2007〕11号文公布为第一批河南省省级非物质文化遗产项目）

崔莺莺和张生的传说故事起源于辉县市冀屯乡褚丘村，流传在辉县市西部冀屯乡、上八里镇周边村庄。

传说唐朝时褚丘村有个叫崔鹏的人在朝中做官，皇帝曾赐匾额“崔相国”。崔相国因年事已高身体欠佳而辞官，携家小返乡，为祈求神灵保佑，在普救寺住下。崔相国不幸死于寺中，剩下崔老夫人和17岁的女儿莺莺、10岁的儿子和丫鬟红娘。

张生，名珙，字君瑞，时年23岁，风流倜傥，才华出众，赴长安赶考，途经普救寺寓居。张生在寺中遇见莺莺，两人一见钟情。这时居守上八里镇李虎寨的山匪李虎想娶莺莺为压寨夫人。于是李虎围住普救寺，放言不交出莺莺，就将寺院踏平。

崔老夫人和寺内之人商议退兵之策，并许诺谁能退敌有重赏，若年龄相当，可把莺莺许他为妻。张生向崔家献策，请寺院派人送信给他的好友白马将军杜确。杜确闻信后，出兵将李虎匪徒全歼。普救寺平安后，崔老夫人自食其言，导致张生

崔莺莺和张生的故事中的普救寺

《西厢记》故事起源

和莺莺私奔。崔老夫人派人追赶，追到上官庄东北地，将莺莺抓住，张生逃脱。后来，莺莺因相思郁积而亡，被葬在上官庄西北地。张生赴试得中探花，做官后又回来，为莺莺重修了坟墓。

现在这一带的遗迹，诸如上官村的莺莺坟，上八里镇的李虎寨、炮岭，褚丘村西北部的白马将军庙遗址，村西边的平疙道地，村南的小寺地，村东北的城角地，以及现修复的普救寺，都可以佐证张生和崔莺莺的故事就发生在辉县。

姜太公的传说

（河南省人民政府豫政〔2009〕45号文公布为第二批河南省省级非物质文化遗产项目）

据《河南通志》《卫辉府志》《卫辉市志》记载，姜太公，姓姜，名尚，字子牙，号飞熊。姜太公幼年聪颖多谋，青

太公故居

壮年时曾在轩辕山学艺，在朝歌（今淇县）、棘津（今延津）、孟津一带屠牛、卖饭和设摊占卜。在商纣王朝做官期间，营救了周文王。后来姜太公去西歧投奔文王，被文王拜为相父。武王继位后，尊姜太公为师尚父。姜太公指挥了我国历史上以少胜多的牧野大战，一举推翻商朝，开创了周王朝。传说姜太公活了139岁，死后归葬于卫辉市太公泉镇吕村。

姜太公一生在政治、军事、哲学、经济各方面均显示出高超谋略。在唐朝被封为“武成王”，被称为“谋圣”，尊为“韬略鼻祖，百家宗师”。姜太公的神奇和威严，成为祛邪扶正的偶像，被历代百姓称为“神祖”和“封神的神”。

姜太公高尚的人格和不服老、不屈服、追求正义的奋斗精神，是新乡人民和中华儿女的自豪和骄傲。

姜太公的传说在卫辉及周边一带广为流传。传说故事内容涉及姜太公人生中各个时期的生活和事迹，尤其是青少年时期的传说是新乡独有的。大众代代的口耳相传，使姜太公的传说生动有趣，神奇诡异，同体异文特别多。经搜集整理，姜太公身世故里传说、少年时期传说、钓鱼传说、做生意传说、学艺传说、伐纣传说、

小杨庄木版年画

小杨庄木版年画磨具

封神传说等已达150多篇，同时涉及姜太公的成语、歇后语数量也很多，是宝贵的民间文化遗产。

小杨庄木版年画

（河南省人民政府豫政〔2011〕88号文公布为第三批河南省省级非物质文化遗产扩展项目）

获嘉县城北的照镜镇小杨庄过去曾是闻名的木版年画之乡。小杨庄木版年画起源于宋代，明末清初得到较大发展，清中期达到鼎盛，全村80%的农户从事木版年画制作。现尚存古版30多套。

木版年画是古老的民俗工艺品。年画是年的象征，在中国传统文化中，年画是重要的过年装饰品，烘托年的气氛。小杨庄木版年画以神像为主，体态丰盈，别具一格，与朱仙镇的门神年画及杨柳青的民俗年画不同，有自己的特色。

小杨庄木版年画工艺包括套印、手工绘制和印刷添色三个流程，特点是以黑白

冯骥才先生在小杨庄调研木版年画

为基础，色彩则画龙点睛、点到为止，烘托立体效果；点线过渡，善于留白，赏心悦目。

小杨庄木版年画是地道的农民画，植根于民间，土生土长，集中了劳动人民的艺术才能和勤劳智慧，展现了劳动人民淳朴的思想感情和对美好生活的向往。

面塑

（河南省人民政府豫政〔2015〕62号文公布为第四批河南省非物质文化遗产代表性扩展项目）

面塑，俗称捏面人、面花，是中国传统民间造型艺术。据文字记载，汉代已有制作面花习俗。经传承发展，面塑发展为供食用面塑和供观赏收藏面塑两种。新乡的非遗项目面塑是指供观赏收藏的面塑，代表性传承人为刘玉伟。

北方面塑在长期的流传发展中，形成山东菏泽的李派和北京的汤派两大派。新乡与菏泽地域相邻，隔黄河相望，民间艺人来往频繁，李派面塑自然而然传入和影响新乡。

历史悠久的面塑造型艺术，经新乡民间艺术家的传承发展，吸取南方、北方各派的艺术特点，博采众长，形成了自己的艺术风格。新乡面塑从原料面粉上下功夫，已能使作品不霉、不裂、不变形、不褪色；造型惟妙惟肖，形神兼备，讲究“巧、润、爱、精”。尤其是微型面塑，人物小到一厘米，且表情、结构无一丝一毫偏差，令人惊叹。

小咚鼓艺术

（河南省人民政府豫政〔2009〕45号文公布为第二批河南省省级非物质文化遗产项目）

小咚鼓艺术源于新乡市凤泉区耿黄乡东张门村，在凤泉区一带广泛流传。小咚鼓既是一种锣鼓乐的称谓，也是这种锣鼓乐使用的鼓的称谓。小咚鼓是河南的稀有鼓类，小咚鼓锣鼓乐是独具地方特色的鼓乐艺术。

传说小咚鼓是明万历年间，一位东北讨饭人在张门村受到款待，传授了这种锣鼓乐艺术。该艺术的产生，同民间祭祀火神爷有着密切关系。火神爷祭祀活动是民间信仰活动和民间艺术活动的综合体，活动中民众以表演小咚鼓敬奉火神爷，祈求辟邪除灾、迎祥纳福。

小咚鼓既有北方锣鼓特点，又与盘鼓、大鼓表演风格不同，因其下肢动作不严格、不多、不大，行进时走倒八字步伐，稳重缓慢，鼓点节奏不急不躁，被称为“文鼓”。

小咚鼓表演时上肢动作比较复杂多变，古朴大方、姿态优美。小咚鼓艺术使用的乐器有小咚鼓、二锣，马锣，20世纪70年代起把马锣改为了镲。小咚鼓的鼓的携带与其他鼓类不同，由于表演者是站立和行进演奏的，鼓水平系在表演者腰间。

小咚鼓独特的音色组合、鼓谱套路和演奏方式富有浓郁的乡土生活气息，深受群众喜欢。

■ 啸乐（口哨音乐）

（河南省人民政府豫政〔2009〕45号文公布为第二批河南省省级非物质文化遗产项目）

啸乐古时称作啸，俗称口哨，是一种古老的民间技艺，起源和发展与方士和道教的活动有密切关联。啸乐类型主要有口哨及指哨、手哨、喉哨、齿哨、呼麦、口技等。啸乐只靠口腔发出音调，不借助器具，转调容易，音域较宽，有很强的穿透力和表现力。

啸乐在新乡的存在和发展历史悠久。魏晋时期，卫辉人孙登隐居在辉县百泉苏门山顶石窟中，读《易》抚琴，尤善长啸，其声悠扬悦耳，如鸾凤和鸣。后人把孙登长啸之处称为啸台，这是当今中国保存最完整、规模最大的口哨音乐纪念地。

当时，隐居在百泉的“竹林七贤”之一的阮籍，师从孙登，学习啸乐。阮籍不仅是著名的文学家，也是当时杰出的啸乐表演艺术家。通过对道教啸法的演习，阮籍摒弃了啸乐原有的巫术和道教的怪异色彩，使之畅行于士林，成为当时名流达士的习尚。

啸乐的高雅优美，可以愉悦听众，使人身心放松。长期练习啸乐，可以陶冶情操，增强乐感。啸乐还有养生功用，能激发口腔唾液分泌，增强人体消化系统功能；能减少面部皱纹，起到美容作用；能使脉博减缓，降低血压；对纠正口吃也有益处，在医疗上已广泛运用。

■ 原武盘鼓

（河南省人民政府豫政〔2011〕88号文公布为第三批河南省省级非物质文化遗产项目）

盘鼓是一种民间表演艺术。盘鼓直径约50厘米，斜挎在身上进行击打，因鼓较小较轻，更适合演员蹦跳表演。盘鼓在原阳县广为流传，原武盘鼓是原阳县盘鼓的佼佼者，主要是指原武镇的盘鼓。

原武盘鼓艺术源远流长，有史记载源

于唐代。据《原武县志》记载，唐武则天皇后陪高宗泰山封禅，途经原武，时值隆冬，原武百面大鼓相迎，打得出神入化，惊天动地。武则天观后凤颜大悦，亲封原武盘鼓“大得胜”。

原武盘鼓出场似猛虎下山，威风凛凛，锐不可当；中间变化无穷，有“五朵金花”“十字架转动”“大鹏展翅”“蛟龙出海”“狮子舞”“满天星”“子母圈”“金三角”等样式；结尾更似凌空霹雳，戛然利落。整体演出，鼓点或疏或密，镲音或紧或慢，声调整齐，雄浑豪放。

原武盘鼓粗犷不羁、雄壮火爆，时而犹如黄河奔涌，时而万籁无声；动如蛟龙腾跃，静似鸟翔空谷，形成了独特的演出风格。

原武盘鼓近些年来走出新乡，走出河南，鼓声擂遍全国，荣获一个又一个奖项荣誉，受到了群众喜爱和专家好评，被称为“鼓魂”。

马皮舞

（河南省人民政府豫政〔2009〕45号文公布为第二批河南省省级非物质文化遗产项目）

马皮舞也叫耍马皮、神马皮，是全国罕见的民间舞蹈艺术形式，流传在获嘉县徐营镇杜官滩村一带。

马皮舞始于明代，盛于清，由古代旱灾祈雨的祭祀舞，加之民众对马皮（古代宗教中通神之人）的理解和想象，融入自身的武艺特长演变发展而来，是民间武

马皮舞

央视网

马皮舞

马皮舞

术和信仰祭礼舞蹈的组合艺术，以“钉马祭天、皮革制鞭、武舞兼备”的特点，显示了典型的地域特征和浓郁的宗教信仰气息。

马皮舞的道具有山麻大鞭、将架、春秋大刀和拦棍。大鞭用山麻编成，外裹马皮，长7米，重30余斤；将架也叫神架，木制，上缀铜铃，随舞步作响，代替音乐伴奏。

马皮舞表演时，一人扮王爷，赤脚，手执大鞭或春秋大刀居中指挥。八人扮马，身背将架，架上分别彩绘关羽、张飞、赵云等8位将领图像，绕圈作舞。扮王爷者必须身有武功，挥动大鞭，轻松自如，指到哪儿打到哪儿。首先是鞭打四门，扮马者根据鞭向所指变换队形。刀点四门时，王爷挥舞春秋大刀，扮马者根据刀法变化，舞跳“八字花”“拜将花”“四门斗”“二龙戏珠”等。马皮舞中扮王爷的鞭技难度大，挥动美观，有“虎步登山”“青龙甩尾”“缠头过顶”“雾中霹雳”等绝活，刀技“回首望月”“关帝亮相”“鹰击长空”具有典型的武术招数和特色。

马皮舞浓缩了中原地区的民情民俗，成为一种集武术和舞蹈为一体的民间表演艺术。

独腿高跷

（河南省人民政府豫政〔2009〕45号文公布为第二批河南省省级非物质文化遗产项目）

独腿高跷，也叫“蹦蹦猴”，明末清初起源于获嘉县中和镇小营村，主要流传在获嘉西南部大林村、西永安村、徐营镇等村镇。

独腿高跷道具有单只跷脚，俗称“猴腿”。跷腿高低尺寸根据表演者熟练程度而定，无固定长度。猴王手中兵器为“金

独腿高跷

箍棒”，其他小猴任其所需。演出场地没有限制，舞台、街头、庭院等场合均可。

独腿高跷表演一般分为开场、猴王练兵、再次出击等。表演动作主要是蹦跳，有掏花蹦、掏花翻筋斗、单脚跳、俯身跳、蛇蛟蜕裤等。演出内容有《悟空大战老鼠精》《小老鼠上灯台》《马尾雀走娘家》，传统保留节目是《花果山猴王练兵》。

独腿高跷是稀有少见的民间娱乐项目，表演者多装扮成孙悟空和猴子形象，又蹦又跳，活泼滑稽幽默，深受大众尤其是儿童喜欢。

踢棒槌

（河南省人民政府豫政〔2009〕45号文公布为第二批河南省省级非物质文化遗产项目）

踢棒槌是表现劳动人民洗衣服生活的民间舞蹈，起源于获嘉县西南部的东张巨村，形成于清同治年间（1862—1874），主要在获嘉县的徐营镇、中和镇和史庄镇一带流传。

踢棒槌的道具是棒槌。表演用的棒槌形状由生活中洗衣用的棒槌而来，用一根长约一尺多的细木棒，用草或麻在外边缠绕包裹到一定粗细后，外包麻布、丝

踢棒槌

绸，再装饰上丝穗即成，民间又称“花棒槌”。

踢棒槌由16人或20人表演。表演形式有脚踢和手舞两种。表演中，演员们对用丝绸吊起来的棒槌用各种姿态脚踢，或者手持棒槌上下左右翻舞，队形排列进行变换。队形有错错花儿、掏股花儿、卷菜心儿、掏八字儿、雁回头等。

踢棒槌的伴奏乐器有唢呐、鼓、钹、小锣等。主要曲调为唢呐曲《小花园》。在欢快的音乐中，演员用踢和舞棒槌展现了洗衣这一劳作的场面，显示了人民群众劳动的欢乐和自豪。

小冀背桩

（河南省人民政府豫政〔2009〕45号文公布为第二批河南省省级非物质文化遗产项目）

背桩是一种传统民间舞蹈艺术形式，在中原一带广受民众欢迎，至今已有300多

年历史。小冀的背桩规模宏大，具有惊、险、玄、妙的艺术特色，在新乡很有名声，被称为小冀背桩。

新乡县小冀镇自古有敬火神的习俗，每逢好年景和正月初七火神生日，人们都要到火神庙祭祀，起背桩进行娱乐活动助兴。起初背桩只是大人背大人的一种表演形式，清咸丰年间镇上好玩会的人，把4～6岁的儿童打扮成戏剧人物，用专制的铁架把小孩背在空中，并把背小孩的大人打扮成与所背人物吻合的戏剧人物，抬着火神爷神像，配合鼓乐，在镇内大街小巷游走表演，逐渐形成例会，使小冀背桩形成并得以繁荣发展。到清光绪年间，小冀背桩从单人桩发展到双人桩、三人桩，使小冀背桩更加惊险奇巧、丰富多彩。

小冀背桩的主要道具是桩。桩的设计奇特，重心稳定，别具一格，绑桩、卸桩技术性很强。桩上束着化了妆的儿童，

小冀背桩

把桩架绑在背桩人背上，背桩人迈着八字步，摇晃身体，带动桩上儿童翩翩起舞，充满天真可爱、朴实美观的情趣。

小冀背桩挑选上桩的儿童叫采桩，要求4～6岁，长相俊美，并且衣服道具、吃喝费用要自费。小冀人为自家小孩能上桩感到荣幸和自豪，有"上过桩的男女儿童长大找对象不用相"的说法。

小宋佛高跷

（河南省人民政府豫政〔2009〕45号文公布为第二批河南省省级非物质文化遗产项目）

小宋佛高跷是新乡县翟坡镇小宋佛村村民的传统民间表演艺术，有"鄘南民艺瑰宝"之美誉。新乡县志和有关志书资料记载，小宋佛高跷起始于明末崇祯至清初太宗帝年间，至今约380多年。

小宋佛高跷跷腿高，一般跷腿1.5米长，特殊的达2.5米。踩跷者男女老少皆有，还可女扮男妆，男扮女妆，小则几岁十几岁，大则几十岁至六旬老翁。人物扮相依戏曲脸谱化妆，生旦净末丑，样样行当全有。演员的神态动作与戏剧舞台上演员的表演分毫不差。

经过代代传承发展，小宋佛高跷按民间风俗形成演出惯例，组织纪律性强，演

小宋佛高跷

出内容丰富多彩，阵容宏大，动作协调，锣鼓伴奏节奏明快，踩法与众不同。

表演时，三眼火铳是出跷号令，横幅会标领路，五彩旗20面分列两边，为高跷表演保驾护航；十面大鼓、四铙四钹，为高跷助威。在行进踩街表演中，队形套路不断变化，壮观无比。套路有掏花、穿梭、快步、慢步、冲刺、蹦、跃、跳。

小宋佛高跷功夫在腿上，以腿带身，动作自然大方。表演中能唱的演员进行演唱，内容多为地方戏曲唱段，用板鼓、月琴、二胡、笙及打击乐器伴奏。新乡一带流传有“小宋佛高跷，再来来”的谚语。

朗公庙竹马

（河南省人民政府豫政〔2011〕88号文公布为第三批河南省省级非物质文化遗产项目）

朗公庙位于新乡市区南10千米，隶属新乡县朗公庙镇。

朗公庙竹马是将一种竹制的马型道具挂在表演人腰间，表演人用双脚奔跑跳跃做出各种动作的一种民间表演艺

朗公庙竹马

术。据传，朗公庙竹马会始于清道光三年（1823），时值英伯城隍殿落成庆典之际，附近各村的社员来庆贺演出，节目中“龙灯龙舞”最为叫好。因舞龙灯消耗体力较大，众人就想将道具置于人身上表演，又因古有“马似北海龙”之说，人们由此想起“跑竹马”。当时的会首李国安等人就组织和发动了“竹马会”。

朗公庙竹马经历代传承，表演形式威武雄壮，气势恢宏，场面热烈，姿态优美，有万马奔腾之威。朗公庙竹马会表现了古代将士出征打仗、排兵布阵的情景，通过演员的表演表现战马穿林海跨雪原、勇往直前、气冲霄汉的英雄气概，具有独特性、民族性、传统性的表演，受到了人民群众的喜爱和欢迎。

五柳集抬阁

（河南省人民政府豫政〔2011〕88号文公布为第三批河南省省级非物质文化遗产项目）

原阳县师寨乡五柳集在原阳县城西，抬阁是村民融合戏剧、曲艺、舞蹈、杂技等多种艺术而创造的一种流动展示的民间造型艺术。

五柳集抬阁起源于明代火神爷的祭祀活动。民间信仰中农历正月初七是火神爷生日，正月十五日是火神奶生日，这些时候五柳集的民众都要出抬阁庆贺。在长期的传承中，五柳集抬阁得以生存和发展。

五柳集抬阁独特的艺术特征和风格受到当地人民群众的喜爱。五柳集抬阁演出规模宏大，一副阁要16人抬，阁上小演员6人，配之以其他表演形式及乐队和护卫人员，参演人数在200人左右；阁的造型综合木艺、铁艺、设计、装饰多种技巧，阁的造型奇特、巧妙、艺术、惊险。装扮的剧目内容多颂扬真、善、美，鞭笞假、恶、丑，宣传爱国精神、真挚爱情、劳动智慧等。

柳位高跷

（河南省人民政府豫政〔2011〕88号文公布为第三批河南省省级非物质文化遗产项目）

柳位高跷流行于卫辉市庞寨乡东柳位村及其周边地区。柳位高跷起源于唐朝高宗年间，至今已有1300多年的历史。

柳位是“柳毅传书”中主人公柳毅的故里。相传，柳毅为治理黄河水患而亡，被唐高宗封为河神，家乡人为纪念柳毅而举行多种活动并成立了高跷队沿袭至今。

过去，柳位这里的华严寺、柳毅庙香火旺盛，每年正月十五元宵节和农历三月

柳位高跷

柳位高跷

二十二日柳毅大王会，村民都要举行规模盛大的社火演出活动，频繁的民间信仰祭祀活动使柳位的民间文艺演出高度发展。高跷在这样的环境中逐步得以提高和完善，到清光绪元年（1875），高跷艺人焦德组织柳位同乐会，使柳位高跷进入一个有组织的发展阶段。经代代传承，柳位高跷成为远近有名的独具特色的民间表演艺术。

柳位高跷表演队伍庞大，一般有七八十人，表演有文场、武场，刚柔相济，内容丰富，气氛热烈，形式变化多样。柳位高跷的文场以唱为主，加之舞蹈动作；武场要表演一些高难度惊险动作，如上桌、跳桌、翻跟头、仰叉、盘叉、单叉等。文场音乐和舞蹈的配合，演员清美的唱腔，给人以明快酣畅的审美感受；武场往往能引起观众阵阵惊叹声和热烈的喝彩及掌声。

二夹弦

（河南省人民政府豫政〔2007〕11号文公布为第一批河南省省级非物质文化遗产项目）

二夹弦是明清时期由多种民间小调发展而成的剧种，因其主要伴奏乐器胡琴为四根弦，每两根弦夹一束马尾进行拉奏而得名。主要流传在豫北东部及山东西部。清光绪年间（1875—1908），延津县石婆固乡就有了二夹弦班社。

延津县是二夹弦剧种“河南调”的发源地。在延津县二夹弦深受民众喜爱，被称为“半碗蜜”。

二夹弦开始是农民在农闲时说说唱唱、自娱自乐、较为随意的一种民间艺术形式，后来发展成一些人以摆地摊的方式演唱，剧目多为民间生活小戏，只有生、旦、丑角色，化妆也极为简单，没有戏装，旦角胸前挂个红布绣球，丑角腰间束上彩绸即可演出。

二夹弦的特点是善抒情，重唱工，不重做工和武打，没有固定的表演程序。一段戏多则上百句，少则四五十句；发音柔和，音调甜美；唱腔委婉动听，越唱越紧，让人越听越过瘾。二夹弦几乎没武打戏，姑娘小姐戏多，旦行占河南剧种之首。

二夹弦唱腔属多系统板腔体，演唱时一般是真嗓吐字，假嗓送腔，形成真假声频繁交替的声腔特色。基本板式有大板、二板、三板、捻子、攒子、垛子、吧嗒嘴、迷子、娃娃等。演出剧目多是才子佳人、谈情说爱、夫妻家庭纠葛内容，历史戏、袍带戏很少。

二夹弦在传承发展中，吸收融合其他剧种，现在在唱腔、角色行当、伴奏曲牌音乐、脸谱化妆、剧目各方面都有了很大变化。

■ 落腔

（河南省人民政府豫政〔2007〕11号文公布为第一批河南省省级非物质文化遗产项目）

（2008年河南省文化厅公布的第一批河南省省级非物质文化遗产项目代表性传承人名单中辉县市的张明为该项目传承人）

落腔始于“莲花落”小调。莲花落系宋元时期北方散曲，初以竹板击拍为节，是民间行乞者谋生之曲，发展到元代成为唱调，明末出现文词说唱。经过历代传承积淀，形成了今天的艺术样式。落腔因其尾音徐徐下滑而得名，主要流传于豫北滑县、内黄一带，是河南地方戏曲稀有剧种之一。落腔在新乡以辉县市石棚落腔为代表。

落腔属于板腔体，采用“莲花落，落莲花”一类的句子做衬腔或尾声；演唱以大本腔的哭腔为主，声腔自然发出，音质柔滑、淳厚朴实。板式有流水、二板、三板、八板、哭腔、念板等。表演动作细腻柔曼，眼神变化突出。伴奏乐器有板胡、笙、二胡、竹笛等，奏曲清脆悦耳。角色以生、旦、丑为主。

落腔演唱内容多为民间传说、家庭故事、婚恋嫁娶，通俗易懂，群众喜闻乐见。剧目有《双头驴》《对绣鞋》《血衫记》《卖油郎》《张九成私访》《赶嫁妆》等20多个。

辉县市石棚落腔剧团珍藏有清代手工印制的戏曲脚本20余本，是研究地方戏曲发展传承和戏曲艺术的宝贵实物资料。

西河怀梆

（河南省人民政府豫政〔2009〕45号文公布为第一批河南省省级非物质文化遗产名录扩展项目）

怀梆，又名怀庆梆子，流行于河南西北部古怀庆府及周边地区，是河南地方戏曲中的一个古老剧种。清光绪年间传入新乡县西河村和辉县市落安营村，至今已有100多年的历史。

怀梆形成于明末，受古怀庆府当地民间杂曲、地摊、社火、海神戏及晋、陕梆子戏等影响逐步演变而成。百余年来，西河村民传承和发展了怀梆艺术，形成了自己的特色和风格。

西河怀梆角色齐全，声腔、念白、板式、曲牌、音乐都具有浓郁的地方色彩。唱腔以大本腔为主，气发丹田，粗犷豪放，高亢激越。唱功好的旦角则用假腔特高音衬托，别有一番韵味。念白以地方语言加舞台用语，风格别具。过去的武打是真刀真枪真打，没有武打套路。

怀梆戏

西河怀梆曲调优美动听，板式丰富多彩，有大板、二板、流水、二八、垛板、倒三梆、铜器垛、内阳簧、外阳簧等。伴奏乐器为战鼓、边鼓、板胡、唢呐、笙、竹笛等及各种打击乐器。战鼓和笙都是特制的，与别的戏曲发声不同。

西河怀梆演出形式有简单的说说唱、旱船表演和舞台演出三种。旱船形式演出剧目有《鸳鸯坡》《过江》《白玉桥》《周玉善送女》等，全部为口授传承下来；舞台剧目有《反徐州》《搜杜府》《穆桂英征东》《双头马》《火烧柴王》《黄巢别家》等。西河怀梆现存新老剧本70部，是研究戏曲艺术和当地民俗、历史变迁的宝贵资料。

岳家拳

（河南省人民政府豫政〔2011〕88号文公布为第三批河南省省级非物质文化遗产项目）

岳家拳由宋朝抗金英雄岳飞创造，最初用于军中练兵作战，经过不断丰富、完善、整理，已形成一套完整的体系，是中国较为完整地流传下来的拳术之一。

相传岳家拳由岳飞手下名将范祖带到新乡，在新乡得以传承和发展。在传承发展中，形成了范氏岳家拳和张代岳家拳两大门派。

岳家拳以精、气、神为本，手、眼、身、法、步为根，从实战出发，攻防相兼，势势相承，结构严谨。讲究低架束身，速落步跨，脚落手发，手脚并用，跟步连招，管步打人。新乡的岳家拳后人，在全国性的武术比赛中多次拿到擂主。

当前，岳家拳广受少年儿童的喜爱，不少人学练岳家拳，对防身、健体、养生都有很高功效。

李金梅毛笔制作技艺

（河南省人民政府豫政〔2015〕62号文公布为第四批河南省非物质文化遗产代表性扩展项目）

毛笔是我国独特的传统书写、绘画工具，自秦朝大将蒙恬研制以来，已有两千多年历史。毛笔历来受到文人墨客的喜爱，被尊为“文房四宝”之首。

封丘县李金梅笔庄为封丘县城商家老字号，创建于清咸丰年间，与徽笔同宗，至今已有160多年的历史，民国年间曾被地

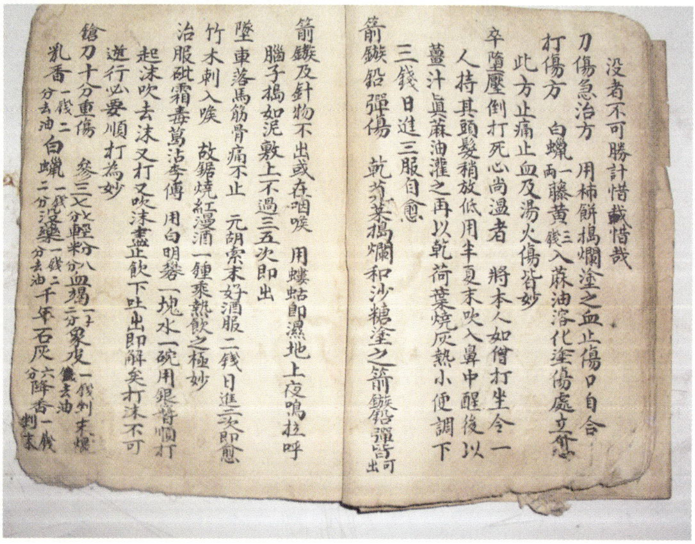

岳家拳拳簿

方政府指定为政府专用毛笔。

据传清道光年间，安徽制笔工杨泰和先生，推独轮车从安徽运送毛笔去卫辉，路过封丘县李马台村时，由于长途劳累病倒在村头。这时，正好李金梅和其父亲李挺宝路过。李挺宝为人心地良善，就把杨泰和搀扶至家中请医诊治。经多日医治调养，杨泰和病愈后道别李家，送毛笔到卫辉府。没几天，杨泰和从卫辉回来，到李挺宝家致谢，两人酒后结拜为兄弟。杨泰和感念李挺宝救命大恩，便将制笔技艺传授给李挺宝，从此，封丘县西北乡就有了制毛笔的作坊了。

李金梅是咸丰年间秀才，十分聪慧，从小在家随父制笔，深得制笔要领，又得杨泰和真传指教。清咸丰六年（1856），李金梅携家人赴封丘县城开设了李金梅笔庄。很快，李金梅毛笔名声大振，远销周边各州府。

李金梅毛笔

现在，李金梅毛笔以保留传承李金梅制作技艺为主，吸取多家制笔技艺精华，以公正为上，毛笔的“尖、齐、圆、健”四德，皆能在李金梅毛笔中体现出来。

李金梅毛笔

柳位同裕堂陈氏传统骨病疗法

（河南省人民政府豫政〔2009〕45号文公布为第二批河南省省级非物质文化遗产项目）

卫辉市陈氏骨科坐落在卫辉市城东庞寨乡西柳位村。同裕堂陈氏骨病疗法源于唐朝。传说“柳毅传书”中的主人公柳毅的父亲柳华雄是一位民间正骨高手。柳华雄行医乡里，广济百姓，其正骨手法一直传承到明朝洪武年间。当时以中医骨科为生的陈氏家族搬迁到柳位村，与柳氏家族相处甚密，经常交流技艺。后来，柳氏骨科唯一的一位传承人看破红尘，到华严寺出家，将柳氏祖传的正骨术和健骨膏药秘方全部赠予陈氏家族。陈氏家族融合两家正骨技艺之长，经多年总结、探索、实践，使中医骨科进一步精深。经历一代代传承，到清朝中叶，陈氏骨科传人陈万里将其发扬光大，正骨医术日臻完善，形成具有特色的陈氏骨病疗法。

陈氏传统骨病疗法有揉药疗法、正骨疗法、膏药疗法、熥火疗法，是陈氏独家掌握的中医药治疗方法，是中华医学奇葩，对治疗骨折、创伤、颈腰椎间盘突出和各种疼痛症状有奇效。

杜氏口疮治疗技法

（河南省人民政府豫政〔2011〕88号文公布为第三批河南省省级非物质文化遗产项目）

杜氏口疮治疗技法，是中医天灸疗法的一个表现形式。目前能掌握天灸疗法的中医微乎其微，而杜氏口疮治疗技法是将古老的天灸疗法传承至今的代表。该治疗技法是把经特殊调配的药物贴敷于特定穴位，使药物通过穴位通经入络，达到温经散寒、活血通脉、调节脏腑功能的效果，既可改善临床症状，又可提高肌体免疫力。

清康熙十八年（1679），卫辉杜氏先祖因军功受皇封世袭做官。嘉庆年间，杜氏先祖杜永兴在卫辉守备任上患了口疮，数日无法进食，生命垂危，寻遍名医，无人能治。后听说乡下有一老人能治此病，便把老人请来，果然药到病除。杜永兴了解到老人祖辈是明朝宫中御医，治口疮秘方是中医天灸疗法的一种。明亡后，老人归隐民间，当下家境贫寒，又无儿无女，杜永兴就留下将其供养。老人心存感激，把医治口疮的秘方传给杜永兴之妻。从此，杜氏家族代代相传，为卫辉百姓解除口疮疾病痛苦。

贵氏针灸

（河南省人民政府豫政〔2011〕88号文公布为第三批河南省省级非物质文化遗产项目）

贵氏针灸起源于清咸丰年间。当时，河南一带瘟疫流行，许多乡民死于非命。贵氏先祖采用针灸疗法，加以中草药配服，治疗效果显著，救助了许多民众，从此名声远扬，受到传颂。

贵氏针灸技艺以口传心授经五代传承至今，贵氏传人传承了先祖的治疗技艺，选穴准确，手法独特，被群众称为“神针”和“贵仙”。

六月送羊

（河南省人民政府豫政〔2009〕45号文公布为第二批河南省省级非物质文化遗产项目）

农历六月姥姥家要给外甥送羊的习俗在全国广为流传，据考始于春秋时期，来历有“民族和睦”“劈山救母”“羊羔跪母”三种说法。

六月送羊这一民俗在辉县已流传200多年，现在的辉县人民仍然在传承着这一习俗。辉县六月送羊习俗是由“羊羔跪母”传说而产生的。

传说，清朝乾隆年间，辉县常村乡燕窝村有母子二人，儿子从小娇生惯养，不孝敬老人。六月里的一天，儿子忽然看见有一只小羊羔跪在母羊身边吸着奶头吃奶，母羊温柔地爱抚着小羊，尽量让它吃得舒服，真像人间的慈母。儿子看呆了，心想羊羔尚知道跪母，难道我连这牲畜都不如吗？他心灵受到震撼，决心痛改前非，从此很孝敬母亲。后来，他舅舅知道了这件事，唯怕外甥旧病复发，每到六月，就牵一只羊送来，提醒他要永远孝敬母亲，不忘养育之恩。村里的人们听说了，认为这是教育和推动人们敬老爱老的好事，就纷纷效仿。只是有些人家穷送不起活羊，就用面捏一对羊蒸熟代替活羊送去，让外甥们不忘孝敬自己的父母，这样就也达到送羊的目的了。年代一长，每到六月姥姥、姥爷或者舅舅给外甥送羊就成了习俗，并在辉县一代代传承下来。

六月送羊

六月送羊的习俗和六月看娘的习俗相互连着。俗话说：“收罢麦打罢场，出门闺女要看娘，看娘一为孝敬娘，二为娘家来送羊”。往往辉县一带每年六月，女儿要拿“麻糖篮”去看望父母，接着父母提着“羊”去送给外甥。这一习俗，对传承孝道和敬老爱幼美德，促进社会和谐有着推动作用，寄托了劳动人民对美满生活的向往和朴素的审美情趣。

卫辉比干祭典

（河南省人民政府豫政〔2007〕11号文公布为第一批河南省省级非物质文化遗产项目）

商朝少师比干的茔葬地位于卫辉西北部。比干是商朝时期王室重臣，屡次强谏纣王暴政，被剖心而死，是我国有史记载的第一位爱国谏臣，为历代帝王和广大民众所推崇。比干墓为周武王所封，迄今已3000余年。比干庙因墓而建，始建于北魏太和十八年（494），已有1500多年历史。

千百多年，人们不仅把比干视为国家忠义之臣，而且民间还奉其为文财神、正财神。财神文化使比干文化成为历史积淀深厚、雅俗共赏的民俗文化的一部分。

卫辉有着长达千年的财神比干信仰，并逐渐成为人们生活中祭祀、祈福、喜庆丰收的民间礼仪习俗。尤其在以比干庙为核心的区域内形成的财富文化习俗、民风

比干诞辰纪念庆典

民俗、节庆活动，更是一种独特的地域文化和民族文化。2006年，中国民间文艺家协会命名卫辉为“中国财神文化之乡”。

卫辉人民就比干而衍生的忠义文化、财神文化，以民间节庆活动比干诞辰纪念庆典为载体进行了传承。过去，卫辉府设有专职殷太师庙春、秋二祭人员，负责官方祭祀。自比干封为财神后，当地有“非比干不敬，在外地不见比干（像）不拜”之风。民俗方面有祭财神、迎财神、送财神、跳财神、送穷、添仓、法会道场、林姓祭祖等传承形式。

• 市级非物质文化遗产 •

新乡市非物质文化遗产由新乡这片热土孕育，由新乡人民创造，历经代代传承，又滋润了新乡大地，反哺新乡人民，发展了社会，创造了物质文明，养育和衍生出了精英文化和文人文化。

新乡的非物质文化遗产，反映了人口众多而耕地有限，资源丰富而人均稀少，历史悠久而灾难重重的新乡人民的勤劳朴实、聪明智慧、乐观向上、不畏困苦的精神风貌。

非物质文化遗产带有明显的农耕时代的印记，新乡的非物质文化遗产多是明清时期定型并流传下来的。我们在传承、发展这些文化遗产时，既要保护原貌原味，又要融入现代的文化符号，以更好地发展和利用它们。

新乡市市级非物质文化遗产名录（共77项）

相思树

“比翼鸟”“连理枝”的文化渊源

竹林七贤在辉县

农民雕刻家——刘玉洲

一、民间文学

相思树的传说	（封丘县）
同盟山的传说	（获嘉县）
十二丞相的传说	（原阳县）
坛山的传说	（卫辉市）
潞王和古琴的传说	（卫辉市）
霖落山香泉寺传说	（卫辉市）
牧野大战传说	（牧野区）
朗公庙的传说	（新乡县）
王莽撵刘秀的传说	（辉县市、九莲山景区）
官渡之战在延津的相关传说	（延津县）
王娘娘的传说	（新乡县）
赵匡胤系列故事传说	（封丘县）
原阳成语典故故事	（原阳县）
庄王城千手千眼佛的传说	（获嘉县）
竹林七贤传说	（辉县市）
邵雍的传说	（辉县市）
七十二塚传说	（获嘉县）

二、传统美术

毛猴	（红旗区）
木雕	（封丘县）
布贴画	（牧野区）
烙画	（辉县区）

三、传统音乐

开明大鼓	（延津县）
门鼓艺术	（凤凰区）
吉庆大鼓	（新乡县）
华夏大鼓	（新乡县）
东同古小鼓	（凤泉区）

续表1

古风鼓	（牧野区）
府庄唢呐	（新乡县）
喜庆大鼓	（新乡县）
火神鼓	（凤泉区）
火神大鼓	（卫辉市）
中原大鼓	（新乡县）

四、传统体育、游艺与竞技

罗汉拳	（获嘉县）
洛寨杂技	（封丘县）
东营武会	（新乡县）

五、传统医药

“宋一贴”正骨疗法	（获嘉县）
马氏正骨疗法	（获嘉县）
赵氏祖传膏药	（新乡县）
史氏痔瘘	（封丘县）
小刘先中医儿科疗法	（红旗区）
界地高氏正骨	（辉县市）
韩氏膏药	（牧野区）
李氏中医疮疡疗法	（卫辉市）
郭峰祖传膏药	（卫滨区）
沈氏疑难疙瘩疗法	（获嘉县）

史氏痔瘘

六、传统戏剧

四夹弦	（原阳县）
祥符调	（封丘县）
落安营怀梆	（辉县市）

中原正声
——祥符调

七、曲艺

河南坠子	（原阳县）
山东快书（高派、杨派）	（牧野区）

八、传统舞蹈

李源屯民间背装艺术	（卫辉市）
扎跷秧歌	（原阳县）
寸跷秧歌	（新乡市）

庞寨舞狮

续表2

大泉旱船舞	（新乡县）
王门高跷	（凤泉区）
口里舞狮	（平原新区）
庞寨舞狮	（卫辉市）
岗头舞狮	（新乡县）
朗中鼓舞会	（新乡县）

九、传统技艺

小店菜刀手工煅制工艺	（红旗区）
牛忠喜烧饼制作工艺	（卫滨区）
纸扎艺术	（新乡县、凤泉区）
翟记薄荷茶制作工艺	（新乡市）
杜记牛肉制作工艺	（卫辉市）
尚村缉锅帽技艺	（牧野区）
风筝制作技艺	（牧野区）
赵记牛肉制作技法	（卫滨区）
牛氏红薯粉条制作技艺	（延津县）
陈氏葡萄酒制作技艺	（延津县）
饸饹条制作技艺	（获嘉县）
鹰猎	（新乡市）
延津火烧	（延津县）
奇村空心面制作技艺	（卫辉市）

十、民俗

九莲山俗神信仰	（新乡市九莲山景区）
姜太公祭奠	（卫辉市）
白云阁道教法事活动	（卫辉市）
老君庵庙会	（卫滨区）

注：新乡市市级非物质文化遗产名录不再列举新乡市入选国家级及省级的非物质文化遗产项目。

城市名片

——继往开来著华章

城市文化是城市人群生存状态、行为方式、精神特征及城市风貌的总体形态，是城市的灵魂，也是城市的文明标志。城市品牌是一个城市文化内涵和自身形象的综合，是城市竞争力的核心所在。城市品牌的打造过程，就是城市文化建设的过程，也即是一个城市提炼和深化独具特色、不可复制的标志性文化的过程。城市品牌是由一张张城市名片构成的，找准文化定位，对于打造城市名片至关重要。诗经之乡、英模之乡、财智之都，即是新乡展示给世界的独具风情的城市名片。

《诗经》之乡

《诗经》这部诗歌总集共收入西周至春秋中叶大约500多年的305篇诗歌。除大雅、小雅（共105篇）和周颂、鲁颂、商颂（共40篇）外，尚有国风等160首。“风”即音乐曲调，“国”即地区与方域。十五国风中，周南、召南、豳都是地名。“王风”是指东周王畿洛阳地区的土乐，其余都是诸侯国的名字。

新乡地区有“邶风”19首、“鄘风”10首、“卫风”10首，共计39首，为十五国风的四分之一。新乡自古就是诗人的摇篮和诗歌的故乡。其实，新乡地区的这三国之风完全可以称为“卫风”，因为几乎所有工具书及其他典籍都有此记载：邶，古国名，在今河南汤阴南，西周初年与鄘并入卫国。鄘，古国名，武王伐纣后，其弟蔡叔居鄘，位于汲县（今卫辉市）东北。卫，古国名，公元前11世纪，周公封武王弟康叔于此，曾先后迁徙建都于新乡地区各处。因此，先秦时期新乡文学，说牧野也好，说卫地也好，皆指新乡。

这39首诗歌就像一轴巨幅画卷，生动形象地展示出了当时的政治、经济、军事、文化及风俗人情，让我们领略到他们的思想情感和他们对生活的认知及其艺术创造力。

卫风的思想内容表现为三个方面：

一是对时政与时风的评述与怨愤。例如《小雅·鹿鸣》：

《小雅·鹿鸣》

呦呦鹿鸣，食野之苹。我有嘉宾，鼓瑟吹笙。吹笙鼓簧，承筐是将。人之好我，示我周行。

呦呦鹿鸣，食野之蒿。我有嘉宾，德音孔昭。视民不恌，君子是则是效。我有旨酒，嘉宾式燕以敖。

呦呦鹿鸣，食野之芩。我有嘉宾，鼓瑟鼓琴。鼓瑟鼓琴，和乐且湛。我有旨酒，以燕乐嘉宾之心。

二是对战争与徭役的控诉。例如《卫风·伯兮》：

《卫风·伯兮》

伯兮朅（qiè）兮，邦之桀兮。伯也执殳（shū），为王前驱。

自伯之东，首如飞蓬。岂无膏沐？谁适

（dì）为容！

其雨其雨，杲杲出日。愿言思伯，甘心首疾。

焉得谖（xuān）草？言树之背。愿言思伯，使我心痗（mèi）。

三是对爱情和婚姻的歌唱。例如《邶风·静女》：

《邶风·静女》

静女其姝，俟我于城隅。爱而不见，搔首踟蹰。

静女其娈，贻我彤管。彤管有炜，说怿女美。

自牧归荑，洵美且异。匪女之为美，美人之贻。

英模之乡

新乡是英模辈出的地方。中华人民共和国成立以来，尤其是改革开放以来，新乡市涌现出10多个全国先进典型，100多个省级先进典型，1000多个市县级先进典型。

60多年来，史来贺、郑永和、吴金印、刘志华、裴春亮、范海涛这些全国典型诞生在这片土地上不是偶然的，他们是600多万新乡人民的优秀代表。

史来贺

60多年来，先进群体这种崇高的典范价值融入了群众血液中，内化为了全市人民的价值取向和自觉行动，推动市民整体素质和城市文明程度的提升。

先进辈出，代代传续，汇成独特的新乡现象。出现了史来贺与刘庄这一享誉全国的先进典型，并带出了一个又一个先进群体：吴金印与唐庄镇、刘志华与京华村、裴春亮与裴寨村等。

如今在新乡，这些先进典型与他们所在的村庄和单位已经形成了一道亮丽的人文景观，成为“红色参观旅游带”。每年到这里参观学习的人有数百万，带动了当地旅游业的快速升温，一批大项目因为先进模范的“名片效应”而在此聚集。

吴金印

刘志华

先进典型“群星灿烂”已成为新乡独有的宝贵财富和资源。这些先进群体中的人物大多是来自基层一线的党组织书记，他们长期扎根基层，抓党建促发展，抓班子带队伍，真正在用“榜样的力量”，验证着市委、市政府长期以来所坚持的“扶持一个致富能人，探索一条致富路子，带动一片致富群众”的党建工作经验。

尽管这些基层干部大多是普普通通的农民，但目标都是“为群众想、带群众干、帮群众富”。在这种先进群体结构内部，典型人物相互之间产生了极强的示范、激励、帮带效应，既相互学习、取长补短、融合发展，又你追我赶、竞相发展，能够与时俱进、科学发展，形成了新乡这个地区独有的树典型、育典型、管典型的有效机制和氛围。

独特的文化传统孕育先进典型

新乡南临黄河，北依太行，地处中原腹地，是灿烂华夏文明的发源地。长期的文化积淀，独特的地理环境，孕育了新乡人独特的人文品格。祖祖辈辈的太行儿女没水吃就凿洞引水，没地种就治坡改耕，没路走就劈山开路，形成了艰苦奋斗、吃苦耐劳的优秀传统；世世代代的黄河儿女与洪水抗争，又孕育了自强不息、百折不挠的抗争精神。在新乡先进典型集体身上，人们感受到了自力更生的愚公精神及团结协作、排除万难的坚强意志。这种品质，都能从历史上找到文化渊源。这种文化底蕴一旦同马克思主义相结合，就会上升为一种理性自觉。中华人民共和国成立以来，这种革命英雄主义精神一直影响至今。“农民的儿子”史来贺、“太行公仆”吴金印、“太行新愚公”张荣锁、

"治穷致富的坚强堡垒"耿庄村党支部等先进模范人物和先进群体的出现，就是对这种革命英雄主义继承与发扬的结果。

■ 老一辈英模人物引领先进典型

全国劳动模范史来贺，生前曾担任全国人大常委会委员，并和焦裕禄、雷锋、王进喜、钱学森一起被中央组织部确定为"在全国人民中享有崇高威望的优秀共产党员"。史来贺自1952年任刘庄村党支部书记至2003年去世整整51年，始终坚定不移跟党走，带领群众埋头苦干。在全国农村中，刘庄不仅率先解决温饱问题，还率先跨入"小康"行列。如今刘庄的现代化建设已经远远走在了全国农村的前列。史来贺的非凡经历和杰出贡献，使他在新乡先进群体中享有崇高威望，成为领军人物、主心骨，并教育和影响了两代、三代农村基层干部、广大党员和人民群众。

■ 良性有序的机制产生先进典型

新乡的先进群体具有良好的产生机制。新乡农村先进群体中既有史来贺等全国著名先进模范，又有一批省级先进典型，还有一大批市、县级先进典型，构建出了一个"宝塔式"的结构。在这种先进群体结构中，形成了有序的内部竞争和比、学、赶、帮、超的精神，这种竞争力量促使那些不富裕、不先进的地区产生一种强烈的融入这个集体中的愿望和决心。也正是这种竞争力量，使得新乡每隔几年就有重大先进典型出现。

■ 有力的组织保障发现先进典型

新乡市委及各级党组织通过结合实际开展争先创优活动，打造新乡农村基层党组织建设的主旋律，形成了县、乡、村三级相互配套、整体推进的发展态势。新乡市委及各级党组织对开展争先创优活动的重视与正确指导，是新乡先进群体产生的有力组织保障。各级党组织既保护又爱护先进典型，积极为先进模范营造良好的社会氛围，为先进典型的成长和发展排除干扰，创造最佳环境。

■ 与时俱进的思想提高先进典型

新乡一批批先进典型之所以能在群众中有崇高的威望，就是因为他们能够与时俱进，不断吸取新的营养，把自己融入大变革的时代主旋律中，使自己始终处于时代的前列。改革开放和实现

基石 献给中国共产党建党九十周年

中华民族伟大复兴的感召，也使得先进模范人物的精神得以不断升华。他们把国家利益与个人利益融为一体，对党和人民的事业充满信心，认准目标，勇往直前地走下去。

央视网

新乡现象：先进辈出 代代传续

财智之都

“谋圣”姜太公与财神比干，一生于新乡，一葬于新乡，故新乡可谓“财智之都”。

财神比干

神灵崇拜是中国民间信仰的一个重要方面，它不仅是一种宗教现象，同时也是民俗文化的一个重要组成部分。民间信仰的文财神，就是殷商纣王的皇叔比干丞相。比干被誉为“亘古第一忠臣”，因直谏商纣被剖心而死。

根据明朝小说《封神演义》，姜子牙封神时，因比干正直纯良，将之封为文曲星君，掌管天下读书人的功名。科举时代，士人学子的功名利禄均从科举中求，因此读书人视比干为财禄之神，久而久之就成了民间信奉的财神之一。在民间，还有种说法跟比干无心有关。没心也就没有贪心，就会心地纯正、不偏不倚，再加上“财帛无心，有德斯昌”，所以人们尊比干为文财神。

比干乃殷商少师，被称为“谏臣极则”，其忠烈为国尽节精神，影响了一代又一代的中国人。比干是商纣王的叔父，为人忠心耿耿，刚直不阿，见纣王荒淫失政，暴虐无道，心急如焚，常常直言劝谏。纣王非但听不进去，且愈加讨厌叔父比干。比干最终被纣王剖心而死。

民间将一些历史人物奉为具有某种功能的神明，有时并不一定与其生平、身份有关，多数是出自民间对他们的怀念和崇敬，比干被民间奉为主管财富的财神即是如此。人们敬仰比干人品，尊其为无心财神，民间大加敬奉，香火极盛。

比干死后，葬于今新乡卫辉，其夫人避难于卫辉山区，生子坚。周武王灭商后，感念比干忠烈，封比干墓，赐比干之子坚为林姓。卫辉为比干的茔葬地，也是林坚公的诞生地，故卫辉有天下林氏根之说。

东方谋圣姜太公

新乡卫辉，故称汲邑、汲郡、汲县，与商末都城朝歌（今淇县）毗邻。西晋汲郡出土的《竹书纪年》载姜太公为“魏之汲邑人”。北魏郦道元《水经注·清水》对卫辉的太公遗存有着详细的记载：“（汲县）城西北有石夹水，飞湍浚急，人亦谓之磻溪，言太公尝钓于此也。”姜太公钓鱼处石夹水，就位于现今的卫辉市太公泉镇。目前卫辉有太公故居、太公墓等遗址，因此有太公故里之称。

姜太公是中国历史上一位全智全能的人物，也是中国文艺舞台上一位“高大全”完美形象的人物，还是中国神坛上居众神之上的神主。姜太公是周文王倾商、武王克殷的谋臣，周朝的开国元勋之一，是齐国的缔造者和齐文化的奠基者，也是中国古代一位影响久远的杰出韬略家、军事家与政治家。历代典籍均尊崇其历史地位，儒、道、法、兵、纵横诸家皆追认他为本家人物，被尊为“百家宗师”。其著述《六韬》又称《太公六韬》《太公兵法》，内容博大精深，思想精邃富赡，逻辑缜密严谨，是中国古代军事思想精华的集中体现。全书有六卷，共六十篇。《六韬》的内容十分广泛，对战争和各方面问题几乎都有涉及。其中，最精彩的部分是它的战略论和战术论。

《太公六韬》分《文韬》《武韬》《龙韬》《虎韬》《豹韬》《犬韬》六部分，书约两万字，以太公和文王、武王对话的形式，记述了姜太公在政治、军事、经济等诸多方面的经典语言。在军事方面，主张“伐乱禁暴”“上战无与战”，强调“知彼知己”“密察敌人之机”“形人而我无形”“先见弱于敌”，要求战争指导者“行无穷之变，图不测之利”，机动灵活地运用各种战略战术。认为作战中最重要的是奇正变化，“不能分移，不可语奇”。对于攻城，认为最好的办法是围困打援，迫敌投降。重视地形、天候对战术的影响，总结了步、车、骑兵种各自的战法及诸兵种的协同战术。重视部队的编制和装备，详细记述了古代指挥机关的人员组成和各自的职责，提出了因士兵之所长分别进行编队的原则。认为“凡三军有大事，莫不习用器械”，详细记述了古代武器装备的形制和战斗性能。重视军中秘密通信，记述了古代军中秘密通信的方式方法。还重视将帅修养和选拔，认为“社稷安危，一在将军”，要求将帅不仅要谙熟战略战术及知进退攻守、出奇制胜的谋略，而且要懂得治乱兴衰之道，要能与士卒同甘苦共安危，并提出了考察将帅的八条方法，即所谓“八徵”。在军事哲理方面，《太公六韬》具有朴素的唯物主义思想。一方面反对巫祝卜筮迷信活动，把它列为必须禁止的“七害”之一，另一方面又主张用天命鬼神去迷惑敌人。它具有朴素的辩证法思想，初步认识到了矛盾的对立和转化，提出了“极反其常”的重要辩证法思想，是对古代辩证法思想的重要贡献。

《太公六韬》中的一些谋略精华，曾深深地影响过三千年以来推动封建王朝更替乃至华夏历史演进的一批谋略大家，如管仲、苏秦、张良、诸葛亮、李靖、刘伯温等。至于当代，研究、推崇《太公六韬》文章及著述者，更是数不胜数。有的学者因《太公六韬》，把姜太公尊为“东方谋圣”；有的把太公列为“影响（世界）历史进程的25位谋略家”之首。司马迁《史记·齐太公世家》称：“后世之言兵及周之阴权。皆宗太公为本谋。”北宋神宗元丰年间，《六韬》被列为《武经七书》之一，为武学必读之书。《六韬》在16世纪传入日本，18世纪传入欧洲，现已翻译成日、法、朝、越、英、俄等多种文字。

后 记

2016年8月，市委宣传部委托我们编一部大型的全面反映新乡历史、文化，具有新乡浓郁特色、图文并茂的富媒体图书。接此任务后，我们迅速组织新乡报社、作协、曲艺等方面的专家，在市委宣传部和市文联领导的关心支持下，在省专家的指导下，经过一年多的艰苦努力，终于完成书稿。

广大读者都知道，新乡有着悠久的历史，是中华民族古代文明发祥地之一，仰韶文化、龙山文化在这里都有文化遗存。古称鄘国，春秋属卫，战国属魏，汉为获嘉，至隋文帝开皇六年（586）始置新乡县，至今已有1400余年。中华人民共和国成立之初，曾是平原省省会所在地。周武王率八百诸侯会同盟的牧野大战，古迹依存；姜尚卫河垂钓、比干剖心忠谏、围魏救赵、张良刺秦、官渡之战、陈桥兵变都源于这方热土；“竹林七贤”聚于太行之上，李白放歌于忠臣之前；张苍逞思于《九章算术》，陈玉成天国殉难；明神宗胞弟潞简王陵，十二丞相青史可鉴……悠久的历史，灿烂的文化，优美的环境，给新乡留下了丰富的文化旅游资源。为编好这本书，我们查阅了大量历史资料，多渠道收集素材，积极参考省专家的意见和建议，把过去已有的研究成果用作本书撰写的基础，本着科学、严谨、求真的态度，进行了增删和调整，有些内容还进行了更新重写。总之，让新乡走向世界，让全世界了解新乡，是我们共同的意愿，也是编写这本书的基本原则。

我们深知，由于水平有限，不足之处在所难免，恳请专家和广大读者不吝赐教。

编 者

2018年2月